LiteraturOrt Berlin

Argon

LiteraturOrt Berlin

Herausgegeben
und mit einem Vorwort
von Günther Rühle

Argon

Satz: AS Satz & Grafik, Berlin
Druck und Bindung: Offizin Andersen Nexö, Leipzig
Umschlaggestaltung: Lisa Neuhalfen

ISBN 3-87024-267-1

Inhalt

Am literarischen Ort

Günther Rühle

Ist Berlin ein literarischer Ort?

Wenn man auf die Entwicklungen sieht, die Gesicht und Geschick der Stadt prägten, könnte man zweifeln. Wanderung und Massierung der Bevölkerung, die neue Macht der Industrie, das Hervordrängen der sozialen Probleme, die Brüche und Katastrophen der Politik führten die Stadt weit weg von der Ruhe und Beschaulichkeit, die einem Literaturort wie Weimar ihr Gepräge gab. Die literarische Kraft Berlins ist nicht jünger und nicht weniger reich als die Weimars. In Berlin haben Nicolai, Mendelsohn und Lessing ihr Jahrhundertgespräch begonnen, hier sammelten sich mit Kleist, Tieck, den Schlegels, mit E.T.A. Hoffmann, Fouqué und Chamisso, mit den Arnims, der Rahel, den Grimms und den Humboldts die Schöpfer einer romantisch-literarischen Kultur; hier wagten die Literaten des Vormärz ihren Vorstoß, und hier schrieb der alternde Fontane der preußischen Lebensform die letzten Tableaus, schon hinüberblickend in das neue Jahrhundert, das sich mit dem Realismus Ibsens und des jungen Gerhart Hauptmann anmeldete. Die literarische Explosion von 1890 rückte abermals eine neue Generation von Schriftstellern ins Licht. Sie war die erste, die sich mit dem neuen sozialen Phänomen der Großstadt, die soviel zur Veränderung aller bis dahin gültigen Lebenskategorien beitrug, auseinanderzusetzen hatte.

Der Menschensammelplatz Berlin zog die Künstler an und bewirkte schließlich jene Befruchtung und Durchdringung der Künste, aus der sich das Kunstwunder der zwanziger Jahre ergab. Seit den Tagen Fontanes haben sich in keiner deutschen Stadt so viele von ihnen versammelt wie in Berlin. Die Stadt wurde für alle, die sich von den wandelnden Kräften der Zeit angezogen fühlten, ein magischer Ort. Sie bestimmte sich seit den achtziger Jahren des letzten Jahrhunderts immer mehr durch zunehmende Vielfalt und Liberalität, durch Fortschritt und Neuerung, nach 1918 schließlich auch durch die Aufnahme amerikanischer Lebensmaximen und großer Scharen von Flüchtlingen aus dem europäischen Osten. Größer konnten die Spannungen in keinem Gemeinwesen sein. Fontane notierte schon: »Was hier geschieht, greift ein in die großen Weltbegebenheiten.« Bald wurde es zur Überzeugung, nur in Berlin sei man im Strom der Zeit, nur dort könne man richtig leben. Strindberg nannte Berlin dann seine »zweite Geburtsstadt«, Joseph Roth sah, von Wien kommend, hier seine Zukunft, Ernst Toller strebte, aus dem bayerischen Gefängnis entlassen, schnell in die Metropole, Piscator »fieberte nach Berlin«, Wedekind und eine Generation später Brecht und Bronnen zogen aus, die Stadt für sich zu erobern. Alfred Döblin bekannte: »Ich gehöre zu Berlin«, und Frida Uhl, selbst die Freundin großer Männer, berichtete nach Wien: »Berlin ist jetzt die Heimstadt großer Männer geworden«.

Aber Berlin war nicht nur Faszination. Viele, die hierherkamen, erschraken auch vor der Mächtigkeit, dem Getriebe und der Unruhe der Stadt. Den zarten Reinhard Johannes Sorge erfaßte der Ekel, er floh und kehrte doch wieder zurück. Fallada schrieb: »Berlin ist mir verhasst und schädlich.« In den Tagebüchern und Briefen vieler Schriftsteller gibt es manch bitteres Wort über die Kälte der Stadt, über die Vereinsamungen in ihr. Hofmannsthal sah in ihrem Wandel um 1919 das Ende aller höheren Kultur in dem Moment, in dem sich neue kulturelle Formationen bildeten.

Die Stadt zeigte offen ihre Widersprüche und konträren Positionen. Sie spiegelten sich in dem, was die Schriftsteller hier wurden und schrieben. Gerhart Hauptmann und Frank Wedekind, Arnolt Bronnen und Friedrich Wolf, Brecht und Däubler, Musil und Döblin, Strindberg und Hofmannsthal, Kafka und Rilke, die Lasker-Schüler und Anna Seghers, Nabokov und Isherwood, Johannes R. Becher und Peter Huchel, Berlin Dada und Arnold Zweig, Uwe Johnson und Hermann Kant, Gombrowicz und Beckett, Botho Strauß und Heiner Müller verweisen, über die Generationen hinweg, auf das Geschiedene im Gleichzeitigen, so wirr und kontradiktorisch, wie die Geschichte selbst, der die Künstler hier ausgeliefert waren. Vom Kaiserreich über die Republik ins totalitäre System und ins Exil und danach in die Trennungen des Kalten Krieges und schließlich wieder ins vereinte Land: das prägte die Menschen und das, was sie schrieben: Fronten, Parteiungen überall. Und doch war Berlin die Geburtstadt der neueren Literatur. Gerhart Hauptmanns frühe Dramen, Musils »Törless« und »Mann ohne Eigenschaften«, Döblins »Wadzek« und

»Alexanderplatz«, Falladas Erzählungen aus dem Mittelstand, Walter Mehrings Balladen und Songs, Erich Kästners spöttische Verse, Gottfrieds Benns Gedichte, Georg Kaisers forcierte Schauspiele sind hier entstanden. Stellte man zusammen, was aus Berlin der deutschen Literatur zufloß bis in die Tage von Günter Grass, Christa Wolf und Heiner Müller, es gäbe eine ganze Bibliothek.

Berlin war und ist ein Treffpunkt noch immer. Freundschaftsbünde, Gesprächsgruppen gibt es durch alle Jahrzehnte hindurch, und ihre Sammelpunkte hießen Romanisches Café, Café des Westens oder Literarisches Colloquium. Als im Mai 1933 im nationalsozialistischen Berlin die Bücher vieler Schriftsteller verbrannt wurden, die hier lebten, zeigte sich nicht nur, für wie gefährlich diese Großstadt-, diese »Asphalt-Literatur« angesehen wurde, es wurde zugleich die Zerstörung des vielfarbigen Berliner Zusammenhangs eingeleitet, und dieser durch einen uniformierten ersetzt.

Dieses Buch will Einblicke geben in das literarische Leben und Schaffen in Berlin seit den Tagen Theodor Fontanes. Es überspannt hundert Jahre. Wir lesen von den Beziehungen und von Feindschaften, von Kämpfen, Erfüllungen und Entäuschungen, blicken zurück in das Leben der Stadt. Es ist freilich nur ein Ausschnitt aus der Fülle dessen, was zu ermitteln und zu berichten ist. – Die Beiträge sind hervorgegangen aus der anhaltenden Bemühung der Feuilleton-Redaktion des »Tagesspiegel«, wieder ein Bewußtsein zu schaffen für den Reichtum des geistigen Lebens in der Stadt und Wissen zurückzugeben, das in den Tagen der politischen Spaltung verloren ging. Aus dem Rückblick entstanden ist das Buch doch auf Zukunft gerichtet.

THEODOR FONTANE

Die Stadt wächst, doch eine Schusterhaftigkeit bleibt

Gotthard Erler

Theodor Fontane, der gebürtige Neuruppiner, hat etwa sechs Jahrzehnte in Berlin gelebt, die Entwicklung der Stadt von 1833 bis 1898 mit wachsender Intensität beobachtet und in Haß und Liebe reflektiert. Sein wandlungsreiches Leben gestaltete sich im Kontext der gewaltigen sozialen, politischen und technisch-topographischen Veränderungen, die den Aufstieg der preußischen Residenz zur deutschen Hauptstadt begleiteten, und sein literarisches Werk ist in der steten Auseinandersetzung mit ebendiesem Berlin und der umliegenden Mark Brandenburg entstanden.

Als der Vierzehnjährige 1833 nach Berlin kam, fuhr in Deutschland noch keine Eisenbahn; als er 1898 starb, verfügte das Deutsche Reich über ein Streckennetz von 50 000 Kilometern, hatte der »Hafermotor« (wie man den Droschkengaul nannte) in den ersten Benzinkutschen eine lautstarke Konkurrenz erhalten, und Otto Lilienthal war mit einem seiner Flugapparate bereits tödlich verunglückt. Als der Apothekerlehrling Fontane im Dezember 1839 im »Berliner Figaro« seine erste Novelle »Geschwisterliebe« veröffentlichte, sammelten die Kinder noch Brennholz im Tiergarten, dem man, wie Fontane im »Scherenberg«-Buch erzählt, »ohnehin aus Sommer- und Herbsttagen her für Champignons und Steinpilze verpflichtet war.« Als er seinen letzten Roman, den »Stechlin«, konzipierte, wohnte er, nahe diesem Tiergarten, »im belebtesten Teil der Potsdamer Straße und schrieb« (nach dem Zeugnis eines Besuchers) »bei geöffnetem Fenster unter ohrenbetäubendem Straßenlärm.« Als die Fontanes 1859 aus England zurückkehrten, bezog die Familie in der Potsdamer Straße 33 eine ganz und gar noch ländlich gelegene »Sommerwohnung«, sog, wie der Hausherr bemerkte, »die echte Berliner Gartenluft (Blumen vorne und Müllkute hinten) in vollen Zügen ein und fand die sarkastische Aussage von Professor Magnus bestätigt, »daß der gute Gesundheitszustand der Berliner in der schamlosen Unbedecktheit ihrer Rinnsteine wurzele.« Als man im September 1898 seine sterbliche Hülle die 75 Stufen im Hause Potsdamer Straße 134 hinuntertrug, war diese Straße längst an die Kanalisation angeschlossen, und die alte Pferdebahn, die seit 1879 durch die Potsdamer nach Schöneberg führte, hatte vor Jahresfrist sogar einer elektrischen Straßenbahn Platz gemacht. Als Fontane 1833 in die Friedrichswerdersche Gewerbeschule von Karl Friedrich Klöden aufgenommen wurde, bestand Deutschland aus drei Dutzend Fürstentümern und vier Freien Reichsstädten; Fontanes vier Kinder wuchsen im Deutschen Kaiserreich auf, das Bismarck 1871 mit »Blut und Eisen« geschaffen hatte. In der Vormärzzeit übersetzte Fontane Verse englischer Arbeiterdichter und schrieb ein Buch über einen ihrer prominenten Vertreter; folgerichtig bat er 1848 seinen Freund Lepel um einen leibhaftigen »Muskedonner«, weil die Konterrevolution »Taten oder doch Wort und Tat« erheische. Als er Ende der neunziger Jahre auf seine Erlebnisse »Von Zwanzig bis Dreißig« zurückblickte, war von dem Radikaldemokraten Theodor Fontane auf den Berliner Barrikaden freilich nicht mehr die Rede. 1860, als er, von Berlin aus, seine Wanderungen durch die Mark Brandenburg begann, postulierte er: »Wer den Adel abschaffen wollte, schaffte den letzten Rest von Poesie aus der Welt.« Aber vierzig Jahre später wird er im »Stechlin« (und zwar bei einem Ausflug zum Eierhäuschen im Treptower Park) die Frage erörtern lassen: »... ob sich der vierte Stand etabliert und stabilisiert ..., darauf läuft doch in ihrem vernünftigen Kern die Sache hinaus.« 1851 hatte er das Festgedicht auf die Enthüllung von Rauchs Friedrich-Denkmal Unter den Linden verfaßt, 1871 läßt er diesen erzenen König den siegreich aus Frankreich heimkehrenden Truppen suggestiv zuraunen: »Nun, Messieurs, ist es genug.« Und 1898 wird ihm bei den chauvinistischen Reden Wilhelms II. »himmelangst«.

Schon die wenigen episodisch verknüpften Fakten deuten die enge Verbindung der Fontaneschen Biographie mit der Geschichte Berlins und Preußens an; sie zeigen, wie sich die widerspruchsvolle Entwicklung des Schriftstellers Fontane synchron mit dem Aufstieg Berlins zur modernen Großstadt, ja zur Weltstadt vollzog. Seit seinem mehrjährigen Aufenthalt in London war es ihm ein Bedürfnis geworden, an einem großen Mittelpunkte zu leben. »Wie man auch über Berlin spötteln mag ...«, schrieb er 1860 an

Heyse nach München, »das Faktum ist doch schließlich nicht wegzuleugnen, daß das, was hier (in Berlin) geschieht und nicht geschieht, direkt eingreift in die großen Weltbegebenheiten.«

Fontane anerkannte gelegentlich, daß Berlin allmählich »eine schöne und vornehme Stadt« werde (1881), aber sein Unbehagen gegenüber dem geistigen Zuschnitt und der psychischen Konsistenz der neuen tonangebenden Berliner wuchs ständig. »Oh, Berlin, wie weit ab bist du von einer wirklichen Hauptstadt des Deutschen Reiches! Du bist durch politische Verhältnisse über Nacht dazu geworden, aber nicht durch dich selbst«, heißt es 1875 in einem Brief Fontanes aus Mailand. Der plötzliche wirtschaftliche Machtzuwachs nach dem Deutsch-Französischen Krieg wurde charakterlich nicht bewältigt, und so etablierte sich, von Fontane kritisch kommentiert, eine »Äußerlichkeitsherrschaft«, ein vulgärer Materialismus voller »Ruppigkeit« und »Protzentum«. In den prunkvollen Tiergartenvillen waren Oberflächlichkeit und Pseudobildung zu Hause, und oft genug hatten die Bewohner ihre Geschmacklosigkeit ungeniert Fassade werden lassen.

Man muß den Roman »Frau Jenny Treibel« und die zahllosen briefverborgenen Äußerungen zusammennehmen, um das ganze Ausmaß von Fontanes Abscheu vor dem »Bourgeoisstandpunkt« (den er mit »Geldsackgesinnung« identifizierte) zu begreifen, »der von Schiller spricht und Gerson meint« (das mondäne Mode- und Warenhaus). Wie weit diese »Verrohung« in die intimen Bereiche des Lebens eingedrungen war, wurde dem Dichter 1887 beim Tode seines ältesten Sohnes George schmerzlich bewußt, resigniert sprach er von dem »fabrikmäßigen« Trauerapparat, der »das Beste, was der Mensch hat, zu bloßer Phrase, ja zur Kunstträne und Gefühlsheuchelei« herabdrücke.

Als er 1891 das Manuskript von »Frau Jenny Treibel«, die er selbst als »humoristische Verhöhnung unsrer Bourgeoisie mit ihrer Redensartlichkeit auf jedem Gebiet« bezeichnete, noch einmal überarbeitete, bekannte er seiner Tochter: »Ich hasse das Bourgeoishafte mit einer Leidenschaft, als ob ich ein eingeschworener Sozialdemokrat wäre. ›Er ist ein Schafskopf, aber sein Vater hat ein Eckhaus‹, mit dieser Bewunderungsform kann ich nicht mehr mit.« 1894 umschrieb er seine Haltung in einem Brief an Georg Friedlaender: »Je berlinischer man ist, je mehr schimpft man oder spöttelt man auf Berlin. Daß dem so ist, liegt nun aber nicht bloß an dem Schimpfer und Spötter, es liegt leider wirklich auch an dem Gegenstande, also an unsrem guten Berlin selbst. Wie unsre Junker unausrottbar dieselben bleiben, kleine, ganz kleine Leute, die sich für historische Figuren halten, so bleibt der Berliner ein egoistischer, enger Kleinstädter. Die Stadt wächst und wächst, die Millionäre verzehnfachen sich, aber eine gewisse Schusterhaftigkeit bleibt, die sich vor allem in dem Glauben ausspricht: ›Mutters Kloß sei der beste.‹«

Fontane hat mehrfach versucht, die sozialpsychologischen Merkmale des »spezifisch Berlinischen« auch essayistisch zu erfassen. Er kam dabei unausweichlich auf ein Charakteristikum, das er als »Kommißknüppelzustand« oder »Pflichttrampeltum« bezeichnete. Er verstand darunter die herzlose, kunstfeindliche preußische Ministerialbürokratie und den Standesdünkel der Beamten, die sich aus ostelbischem Adel rekrutierten und die ein lebensfernes Bildungssystem für die Praxis weitgehend unfähig gemacht hatte. Er hegte eine tiefe Abneigung gegen den »durch sechs Examina gegangenen Patentpreußen«, den »Examensheiligen«, der Schlachten auf dem Papier schlägt, aber keine Sektion über den Rinnstein führen kann. »In Berlin«, bemerkte Fontane 1897, »sind die Menschen infolge des ewigen Lernens und Examiniertwerdens am talentlosesten – eine Beamtendrillmaschine«.

Und doch hat kaum ein anderer dieses Berlin zugleich so liebevoll und kenntnisreich dargestellt wie Fontane – in der städtischen Szenerie wie in einer Fülle liebenswerter Figuren. Wer viel von ihm gelesen hat – Briefe, Autobiographisches, »Wanderungen« und natürlich Romane –, fühlt sich im Berlin des 19. Jahrhunderts einigermaßen zu Hause, in jenem vom Baufieber geschüttelten Berlin der siebziger, achtziger und neunziger Jahre, in dem das biedermeierische Stadtbild verschwand und einem neuen Platz machte, das dann in den Bombennächten des Zweiten Weltkrieges unterging.

Mit Hilfe eines alten Stadtplans sind die Schauplätze der Romane meist aufzufinden, die Landpartien teilweise heute noch nachzuvollziehen. Diese historische »Stimmigkeit« hängt mit Fontanes Berlinerschaft ebenso zusammen wie mit seinen reichen Erfahrungen als Reiseschriftsteller und Wanderer durch die Mark.

Aber er hat immer davor gewarnt, seine »Wanderungen« mit dem Baedeker zu verwechseln, und er war höchst verdrossen, wenn man seine Romane nur wegen der Lokaltreue lobte. Denn ihm kam es auf das Typische, das Charakteristische an, nicht auf simple, naturalistische Übereinstimmung. So hat er beispielsweise das van der Straatensche Stadthaus, das in »L'Adultera« in der Großen Petristraße 4 steht, recht genau nach dem (heute noch vorhandenen) Raven-Haus in der Wallstraße 92/93 gestaltet. Auch die Villa Treibel hat nie in der Köpenicker Straße gestanden, ist aber gleichwohl die genaue Kopie eines Hauses in der Schlesischen Straße 26, das einem Kommerzienrat Heckmann gehörte.

In jedem Roman gibt es Ausblicke aus Fenstern und von Balkonen, und Heimwege und Spaziergänge geraten unter der Hand zu anschaulichen Beschreibungen von Straßen und Stadtvierteln. In »Stine« ist es die Invalidenstraße, wo »Borsig und Schwarzkoppen seine« zur Arbeit gehen; in »Frau Jenny Treibel« die Fischerbrücke mit dem Blick zur Parochialkirche; in »Mathilde Möhring« die Gegend am Bahnhof Friedrichstraße; im »Stechlin« die Jannowitzbrücke und das Eierhäuschen, wo man am östlichen Horizont die Fabrikschornsteine von Spindlersfelde erkennt; in »Irrungen, Wirrungen« Hankels Ablage in Zeuthen; in den »Poggenpuhls« die hinreißende Beschreibung des Potsdamer Platzes usw, usw. Und überall gewährt Fontane scheinbar beiläufig aufschlußreiche Einblicke in die gut- und kleinbürgerliche Wohnkultur und in die Hängebodenwelt der Bediensteten. Und wenn man wollte, könnte man aus seinen Büchern einen Katalog der besten Hotels und der vornehmsten Restaurants, der Wein- und Bierlokale und der Ausflugsgaststätten, der Warenhäuser und Modegeschäfte zusammenstellen und auf diese Weise ein interessantes Stück Berliner Kulturgeschichte rekonstruieren. Er schuf, wie Erich Kästner einmal gesagt hat, Berlin tatsächlich zum zweiten Male.

In ungezählten Briefen und manchen fragmentarischen Aufzeichnungen hat der gelernte Berliner Fontane mit oft bissiger Ironie festgehalten, wie er selbst als »Mensch und Dichter« in dieser Stadt gelebt und gelitten hat: Mädchenwechsel, Mieterhöhung und Umzüge, mörderischer Verkehr und malariaverdächtige Kanalluft, Fluch und Segen der Wasserspülung, die Schwierigkeit,

Schwierigkeit, ein scharfes Rasiermesser zu bekommen, und der moderne Aufwand beim Kauf einer Hose. Auch in diesen intimen Details kommt das Berlin der Fontane-Zeit so deutlich zum Vorschein, daß die Phantasie ersetzen kann, was realiter nicht mehr vorhanden ist. Von den siebzehn Häusern zum Beispiel, in denen Fontane in Berlin gewohnt hat, steht heute kein einziges mehr; auch das in der Potsdamer Straße mußte bereits einem Neubau weichen. Ähnlich ist es mit den vier Apotheken, in denen er Pillen drehte und Verse schmiedete.

Dagegen sind zwei andere seiner »Wirkungsstätten« noch heute zu besichtigen: Schinkels Neue Wache Unter den Linden, wo Fontane 1844 als Einjährig-Freiwilliger auf »Königswache« war und nach eigenem Bekenntnis Karten spielte, uckermärkische Zigaretten rauchte und Weißbier trank, und Schinkels Schauspielhaus am Gendarmenmarkt, wo Fontane an ungezählten Abenden zwischen Tag und Nacht auf dem legendären Parkettplatz 23 saß und sich seine sachgerechte, aber meist unkonventionelle Meinung bildete, sie tags darauf in der »Vossischen Zeitung« veröffentlichte und dabei sukzessive ein bemerkenswertes und 18 Seiten umfassendes Kapitel Berliner Theatergeschichte schrieb. Er amüsierte sich, als sich der von ihm heftig attackierte Star-Schauspieler Theodor Döring mit Glaßbrenner verbündete und dieser in seiner »Montagszeitung« Fontanes Kritiker-Chiffre in »Theaterfremdling« auflöste. Sein späteres Engagement für die naturalistischen Dramatiker bewies, daß er keiner war.

Auch das gehört zum Thema: Berlin als Zeitungsstadt und Fontane als praktizierender Journalist und passionierter Zeitungskonsument. Er konnte von der schönsten und ausgedehntesten Gesellschaft nach Hause kommen – um sich dem Alltag wiederzugeben, las er noch seine geliebte »Vossin«, und es verging kein Tag, an dem ihm nicht (so wenigstens behauptete er) aus dem elenden Löschpapier etwas Hochpoetisches entgegenkam. Und überdies: bei allen oft bitteren Vorbehalten gegen Berlin und das Berlinertum brauchte er das Leben in der Großstadt, den geselligen Umgang mit einem beträchtlichen Freundeskreis, in dem Adolf Menzel der Prominenteste war. Als dann die Kinder ausgeflogen waren, die alten Bekannten starben oder wegblieben, die politische Entwicklung im Deutschland der Nach-Bismarck-Zeit ihn mit großer Sorge erfüllte, da hielt er wenigstens beim täglichen Spaziergang Kontakt mit der pulsierenden Stadt. Mit größter Gewissenhaftigkeit absolvierte er seine »Sport- und Rennstunde«. In allen zeitgenössischen Zeugnissen wird dabei jenes Requisits gedacht, ohne das er auch im Sommer nicht aus dem Hause ging: »das historische dicke Tuch um den Hals« (wie es bei Rodenberg steht) oder den »dicken Wollplaid über die Schultern« (wie sich Gerhart Hauptmann erinnert.)

Ja, der alte Fontane war schon eine vertraute Gestalt am Landwehrkanal und im Tiergarten, und er hatte wohl nichts dagegen, als es 1895 in einer Berliner Zeitung hieß: »Man sieht ihn täglich in der Potsdamer Straße, die Leute kucken ihm nach, und alles in allem wirkt er etwas ›vorgestrig‹.« Soweit es das gesundheitserhaltende »Tachenez« angeht, sicher: Der Träger selbst aber erscheint doch sehr »heutig«, denn seine Bücher und seine Haltung vermögen unser historisches Selbstverständnis zu befördern – in einer prekären Zeit, in der Berlin wieder einmal, und wieder aus einer außergewöhnlichen Situation heraus, Hauptstadt werden soll.

Georg Hermann

Ein Stück vom seltsamen Zauber der garstigen Stadt

Christian Rehse

Wer sich in einem der zahlreichen Antiquariate Berlins auf die Suche nach Romanen von Georg Hermann macht, wird unter »Belletristik« nur selten fündig. Doch in der Abteilung »Berlin« findet sich bestimmt eines seiner Bücher. Das zeigt, wie sehr er zu Berlin gehört. Er war das sechste Kind der jüdischen Familie Borchardt, die erst in Friedenau wohnte, dann – bald nach Georgs Geburt im Kriegsjahr 1871 – in die Bülowstraße ins Zentrum Berlins zog. Hier, »zwischen Kanal und Tiergarten«, verbrachte der Junge seine Kindheit mit seinen Zwillingsschwestern (eine Schwester verstarb schon vor Georgs Geburt) und zwei Brüdern. Der älteste, Ludwig (1863-1938) erlangte als Architekt und Ägyptologe Weltruhm durch die Ausgrabung der Stadt Tell el Amarna in Ägypten, wo auch die Nofretete gefunden wurde.

Heinrich Borchardt (1867-1935) wurde ebenfalls Architekt und baute unter anderem das Kaufhaus Wertheim in Stralsund.

Die Umstände, unter denen die Familie lebte, ließen überdurchschnittliche Karrieren nicht erwarten. In Georgs »viertes bis sechstes Jahr fiel der völlige finanzielle Zusammenbruch seines Elternhauses«. Er hat ihn mit Bewußtsein durchlebt und blieb jahrzehntelang unter dem Druck der Verarmung. Trotzdem besuchten die Kinder das Gymnasium. Georg zunächst das Askanische, später das Friedrich-Werdersche in der Dorotheenstraße. Nach dem späten Schulabschluß machte er eine Lehre in einem Krawattengeschäft; als er wegen einer Lungenentzündung den Militärdienst quittieren mußte, begann er seinen ersten, stark autobiographischen Roman: »Spielkinder«. Er wurde 1896 bei Friedrich Fontane verlegt. Trotz lobender Kritiken war es kein nennenswerter Erfolg. Als Schriftsteller nannte der junge Autor sich nun nach dem Vornamen des Vaters: Hermann.

Das Leben in Armut wurde eines der beiden Motive, die seine Romane prägten; Liebe zu Kunst und Natur war das andere. Von 1896 -99 studierte er an der Berliner Universität Kunstgeschichte, dann wurde er Journalist im Ullsteinverlag. Bald war er ein Kenner der Kunst- und Literaturszene und bewegte sich in dem Kreis der Berliner Sezession, schrieb eine Monographie über den späteren Freund Max Liebermann, heiratete Martha Heynemann und bezog mit ihr eine Wohnung in der Kaiserallee, dem heutigen Haus Bundesallee 108.

Diese Wohnung und den traurigen Tod des ersten Kindes, das schon mit elf Monaten verstarb, beschreibt Hermann zwanzig Jahre später im autobiographischen Roman »Der kleine Gast«. In der Kaiserallee wurden ihm drei Töchter geboren und hier schrieb er abends, neben seiner Tätigkeit als Feuilletonist, seinen zweiten Roman: »Jettchen Gebert«. Die einfühlsam erzählte Geschichte einer jungen Frau, die denjenigen, den sie liebt, nicht heiraten soll, und den, den sie heiraten soll, nicht liebt. Eine Darstellung der Hilflosigkeit eines jungen Menschen, der sich zwischen seinen Gefühlen und der Erwartung der Familie entscheiden muß. Und all das im Berlin des Biedermeier; einer Zeit, die der Autor selbst gar nicht erlebt hat, aber an der sein Herz hing und die er detailliert in all ihren Facetten, von der Politik bis zur Mode, abzubilden vermochte. Der Fleischel-Verlag, der mittlerweile kleinere Erzählungen Hermanns publiziert hatte, reagierte auf die Druckvorlage reserviert, so daß Hermann das Manuskript »zur Konkurrenz« an Arthur Eloesser von der »Vossischen Zeitung« gab. Dieser entschied, ihn zu drucken, obwohl ihm der Ausgang der Handlung noch gar nicht bekannt war. Und die Leser, besonders aber wohl die Leserinnen, gaben ihm recht: »Erfolg stellt sich ein: – eine berauschende Angelegenheit«, ruft Hermann rückblickend aus. »Man gehört zur Gesellschaft!« Die Anerkennung kam Hermann nicht ungelegen, sie stieg ihm auch nicht zu Kopf. Die Fortsetzung von »Jettchen Gebert«, »Henriette Jacoby«, schrieb er im Kreis der Familie, wo es ihm gefiel und ihn überhaupt nicht störte, daß die drei Kinder, sehr klein noch, eineinhalb-, drei- und vierjährig, auf und unter ihrem Vater und seinem Schreibtisch herumkrabbelten.

Die Trabener Straße 19 in Grunewald wurde Georg Hermanns letzte feste Adresse in Berlin. In das repräsentative Haus zog die Famile 1911. Zum ersten Mal widmete sich Hermann in einem Roman einer zeitgenössischen Figur: »Kubinke«. Emil Kubinke lebt im expandierenden Berlin, dessen Stadtbild sich ständig, durch immer neue »hochherrschaftliche Häuser«, verändert. Der zugereiste Friseurgehilfe ist der schnellebigen Großstadt und seinen Bewohnern nicht gewachsen: Immer weiter verwickelt er sich in sein Schicksal, bis er keinen anderen Ausweg mehr weiß, als sich auf dem Dachboden aufzuhängen.

Für die Romane Hermanns ist das kein ungewöhnliches Ende. Fast alle Protagonisten gehen am Schluß in den Tod. So und durch das Motto aus »Jettchen Gebert«: »Es kam alles, wie es kommen mußte«, erklärt sich das Vorurteil, der Autor habe eine fatalistische Weltsicht. Der Leser soll sich jedoch mit den Figuren, heißen sie nun Kubinke, Jettchen Gebert, später noch Rosenemil, Dr. Herzfeld oder Bauer Schmitzdorff (im »Grenadier Wordelmann«), anfreunden, Sympathie für sie aufbringen, um letztlich durch ihren Tod Distanz zu spüren. Distanz zu ihrer Unentschlossenheit und Tatenlosigkeit einerseits, aber andererseits auch zu der Gesellschaft, ihrem Staat und einer Justiz, die sich als unfähig und ungewillt präsentiert, auch ihre schwachen und schwächsten Mitglieder zu schützen.

Als 1914 der Weltkrieg ausbrach, war Georg Hermann dreiundvierzig Jahre alt. Er war gegen den Krieg und stellte sich gegen die Kriegsbegeisterung vieler seiner Kollegen. Die nationalistischen Auswüchse dieser Zeit, die sich nach dem Ersten Weltkrieg durch einen zunehmenden Antisemitismus noch verstärken sollten, konnte Hermann nie nachvollziehen. Das »Menschentum muß immer über der Nation stehen«, war sein kontinuierliches Credo, das er auch auf die Juden bezog; daher begegnete er dem Zionismus mit Skepsis. Aber auch die Hektik der Stadt und die durch wachsende Industrie und den aufkommenden Autoverkehr verschlechterte Luft verdrossen den Naturfreund. Berlinmüde kündigte er 1914 »vorübergehend« seine Berliner Wohnung und bezog das Haus eines Freundes in Neckargemünd bei Heidelberg. Von dort aus besuchte er zwar noch regelmäßig Berlin und Potsdam, kehrte aber nie wieder dauerhaft in seine Heimatstadt zurück. Die beiden »Dr. Herzfeld«-Romane spiegeln die Nachdenklichkeit des Autors in dieser Zeit. Schon der erste, »Die Nacht des Dr. Herzfeld« von 1912, dessen Schauplatz die Kaffeehäuser am Kurfürstendamm sind, in denen sich Hermann mit Vorliebe aufhielt, vermittelt eine Atmosphäre von Einsamkeit und Apathie. Im zweiten Band, »Schnee«, erst nach dem Krieg verfaßt, zeigt der Autor die unmenschlichen Auswirkungen dieses Krieges bis in die unbeteiligte Zivilbevölkerung Berlins.

Als die Ehe nach dem Krieg geschieden war, heiratete er die fünfundzwanzig Jahre jüngere Ullsteinredakteurin Lotte Samter. Glaubt man den Angaben seiner autobiographischen Pentalogie »Die Kette«, einem der umfangreichsten zeitgeschichtlichen Dokumente über das erste Drittel des zwanzigsten Jahrhunderts, so war diese Ehe wesentlich glücklicher als die erste. Sie dauerte nur sieben Jahre, bis zum Tod der jungen Frau. Für die gemeinsame Tochter Ursula, die 1919 geboren wurde, war Hermann nun ganz allein verantwortlich. Trotz des neuen Wohnortes blieb in seinem Werk Berlin weiter der Ort seiner Phantasie. Sein »Grenadier Wordelmann«, die justiz- und militärkritische Geschichte eines Bauern, der durch den Schabernack der übermütigen, zu Sinnlosigkeit verpflichteten Soldaten Friedrichs II. in den Tod getrieben wird, fand freilich kaum noch Beachtung. Der Antisemitismus hinterläßt in dieser Zurückhaltung des Publikums seine ersten Spuren.

In der Woche nach dem Reichstagsbrand floh Hermann nach Holland zu seinem dortigen Verleger Emanuel Querido ins Exil, denn »der Jude G.H., der als linksorientiert und Pazifist bekannt ist . . ., wird für Deutschland und für die Sache des Menschen wie der Menschheit nichts mehr tun können.« Um von Querido Schaden abzuwenden, erschienen seine Exilwerke bei Allert de Lange in Amsterdam. Sie sind, bis auf eine Ausnahme, nur in der Erstausgabe zugänglich. Romane wie »Der etruskische Spiegel« und »B.M., der unbekannte Fußgänger« sind vom strengen Realismus früherer Jahre gelöste »Reiseromane«, die in Südeuropa spielen. Die Ausnahme, und auch noch im alten Stil geschrieben, ist der letzte große Berlinroman »Rosenemil«. Dieser einfache Taschenromanverkäufer, auch eine Art Franz Biberkopf, gerät fast ausweglos in die niedersten Gefilde Berlins. Aber Hermanns Buch ist ruhiger, vorsichtiger als Döblins, ohne dabei weniger genau zu beschreiben. »Ein großes Stück vom seltsamen Zauber des garstigen Berlin ist darin«, bestätigt Sigmund Freud in einem Brief an den Autor. Verblüffend, wie genau der Romancier die Örtlichkeiten, die Sprache und die Atmosphäre dieser Stadt noch darstellen konnte, die schon so weit hinter ihm lag und deren Zugang ihm für immer verwehrt blieb.

Im Juni 1943 wurde Georg Hermann mit seiner Tochter und dem 1941 geborenen Enkelkind von Deutschen verhaftet und in das Konzentrationslager Westerbork eingeliefert. Bis zuletzt hatte er das deutsche Unheil nicht wahrhaben wollen, wenn er es auch nicht unterschätzte, wie der beißende Aufsatz gegen den Antisemitismus »Der doppelte Spiegel« von 1926 beweist.

Von Verwandten aus der Schweiz besorgte Pässe für Palästina erreichen das Lager und retten Tochter und Enkelkind das Leben. Für den Zweiundsiebzigjährigen kam die Hilfe zu spät. Das Informationsbüro des niederländischen Roten Kreuzes bescheinigte, »daß laut der ihm zur Verfügung stehenden Angaben Georg Borchardt . . . am 16. November 1943 aus rassischen Gründen und zwar wegen jüdischer Abstammung vom K.L. Westerbork nach Auschwitz deportiert wurde. Obengenannte Person gilt als gestorben am 19. November in Auschwitz.«

Die Todesanzeige eines Schriftstellers konnte kälter nicht sein. Es ist nicht einmal ganz sicher, ob dieses Leben tatsächlich an jenem 19. November zu Ende ging. Erinnern wir seinen Satz: »Ich habe mich genug menschlich mitgeteilt für euch und für jeden, der später nochmal Sehnsucht haben sollte, mit mir zu reden.«

FRANK WEDEKIND

Die glühenden Augen eines künstlerischen Sadisten

Stefan Eggert

Frank Wedekind kam 1889 das erste Mal nach Berlin. Bis dahin hatte er – noch keine 25 Jahre alt – nur wenig geschrieben und noch keines seiner großen Dramen begonnen. Erst die vielfältigen Erfahrungen in den Großstädten Paris, London und Berlin sollten wichtiges Material für sein literarisches Werk bereitstellen. »Berlin wirkt geistig und körperlich totschlagend, München ist das reinste Phäakennest dagegen, in Kunst und Leben«, schrieb er an den Bruder nach einer ersten Orientierung zwischen Potsdamer Platz, Friedrichstraße und Tiergarten.

Aber nicht nur das geistige und kulturelle Leben animierte Wedekind, der in der Nähe des Tiergartens gezwungenermaßen sehr billig wohnte, auch die vergnüglichen und lasterhaften Seiten der großen Metropole des Kaiserreichs in allen ihren Facetten blieben ihm nicht fremd. Seiner Mutter gestand er: »Um so mächtiger aber tritt einem die Versuchung auf Schritt und Tritt entgegen, und wer noch nicht die richtige Concentration gefunden, dem wird es recht schwer zuweilen, die nothwendigen Bedenken und Einwürfe zusammenzuklauben.« Ein notwendiges Bedenken, nicht allen weiblichen Versuchungen nachzugeben, war Wedekinds finanzielle Notlage, so daß er eher zu einem Beobachter der Prostitution wurde als zu einem ihrer Kunden. In seinen Tagebüchern notierte Wedekind äußerst präzise Glanz und Elend der Berliner Dirnen, die sich in einschlägig bekannten Etablissements unter der Regie wachsamer »Geschäftsinhaber« dem männlichen Publikum anboten. Außerhalb dieses Milieus allerdings, das im Gebiet der Friedrichstraße und des Potsdamer Platzes in unzähligen Lokalen sich entwickelt hatte, behielt sich Wedekind für die Damen der Gesellschaft nur abfällige Bemerkungen vor. Doch in

Berlin pflegte Wedekind auch Kontakte zum »Friedrichshagener Dichterkreis« und zu Gerhart Hauptmann, der weit draußen in Erkner wohnte. Die Beziehung zu Hauptmann war allerdings damals schon von gegenseitigem Mißtrauen geprägt, das auf Seiten Hauptmanns stärker wurde, je erfolgreicher Wedekind in der literarischen Welt hervortrat. Das sollte indes noch dauern.

Vorerst mußte Wedekind Berlin nach sechs Wochen verlassen, da er für eine Aufenthaltsgenehmigung der Polizei nicht die notwendigen Papiere vorlegen konnte. Er schied ungerne. »Ich habe Berlin sehr viel zu verdanken und werde die kurze Zeit meines Aufenthaltes niemals verwünschen.« Kurz darauf schrieb er in München das Drama »Frühlings Erwachen«, das aber erst 1906 in Berlin uraufgeführt wurde. 1896 ging er für kurze Zeit eine Liaison mit der von August Strindberg geschiedenen Frau Frida ein, die ihm dann von München nach Berlin folgte. Aus dieser Verbindung ging zwar ein Sohn hervor, sie zerbrach aber nicht zuletzt an der anhaltenden finanziellen Misere Wedekinds. Mit einer gewissen Koketterie, in der sich eher Sarkasmus als Larmoyanz über den mangelnden Erfolg als Schriftsteller artikulierte, sah Wedekind seine schwierige Position in Berlin: »Ich mache hier die bedenklichsten Salto Mortali, um nicht Hungers zu crepieren ... Im übrigen, und das sage ich mit einem gewissen Stolz, ist im Augenblick kein Schriftstellername in Berlin verrufener als der meine.«

Die Berliner Theaterlandschaft schien damals für alle Dramatiker, Schauspieler und Regisseure ein unentbehrliches Terrain zu sein, obgleich Berlin zur Jahrhundertwende – vor der Ära Max Reinhardts – keineswegs der Nabel der deutschsprachigen Theaterwelt war, sondern allenfalls eine von mehreren wichtigen Etappen.

Viele Dramen Wedekinds, in denen saturierte Bürger und Zensoren immer wieder nur Unzucht und Unmoral walten sahen, sind in Berlin uraufgeführt worden. Dabei hatten sie anfänglich wenig und dann wechselhaften Erfolg, bis Wedekind in Max Reinhardt einen kongenialen Regisseur gefunden hatte und Reinhardt in Wedekind den markantesten Interpreten eigener Figuren. So spielte er den Tierbändiger oder den Dr. Schön in den Lulu-Dramen »Erdgeist« und »Die Büchse der Pandora«, beeindruckte als »vermummter Herr« in seiner Kindertragödie »Frühlings Erwachen«, interpretierte jedoch auch etliche Rollen in Stükken anderer Autoren. Von 1906 an wohnte Wedekind mit seiner wesentlich jüngeren Frau, der Schauspielerin Tilly Newes, fast zwei Jahre in Berlin. »Ich werde jetzt durch den Thiergarten zum Deutschen Theater gehen, um dort als Löwenbändiger aufzutreten«, teilte er der Mutter mit. Wedekinds Dramen waren immer dann besonders erfolgreich, wenn er selbst in entscheidenden Rollen auftrat, die wohl von vielen Schauspielern seinerzeit nicht richtig aufgefaßt wurden. Durch falsche Besetzungen und Mißverständnisse verfehlten anfangs manche Stücke ihre Wirkung auf das Publikum. Obwohl Wedekind zuerst sehr ungerne und etwas ungelenk aufgetreten sein muß, fügte er sich in sein Schicksal und hatte lange Zeit als Schauspieler mehr Erfolg als mit seinen Stükken. Einerseits verstand Wedekind seine Darbietungen in Variétés und anderen Kleinkunstbühnen als politisches Engagement (das ihm auch eine Festungshaft eintrug), andererseits jedoch als einen notwendigen Broterwerb, auch später noch, als er an großen Theatern agierte.

Die große Schauspielerin Tilla Durieux, die in ihrer Berliner Zeit viel mit den Wedekinds verkehrte und einigen seiner Stücke mit zum Erfolg verholfen hat, erinnerte sich gerne an ihn: »Als Schauspieler ist Wedekind schwer zu beschreiben, denn, obwohl seine Gestalten auf der Bühne unbeholfen umherschwankten, obwohl er einen dilettantischen Eindruck machte, war er so eindrucksvoll, zerlegte seine Ideen in so klarer Weise, bohrte seine glühenden Augen derart fanatisch in den Zuschauerraum, daß alle berühmten Schauspieler neben ihm verblaßten.« Gerhart Hauptmann bezeichnete Wedekinds schauspielerische Darbietung abfällig als »Künstlerischen Sadismus«.

Seine Stücke wurden ebenso zwiespältig aufgenommen, denn sie markierten den Bruch mit dem Naturalismus und den Übergang zum Expressionismus. Bei aller anfänglichen Ablehnung durch das Publikum und bei den an klassischen und naturalistischen Dramen orientierten Kritikern hatte Wedekind in Berlin zwei wichtige Fürsprecher: Maximilian Harden, der sich neben seinen politischen Kämpfen gegen die Wilhelminische Justiz nur selten für die dramatische Kunst engagierte, sich aber emphatisch für Wedekind einsetzte, und Alfred Kerr. Mehr noch als die Dramen selbst, die er dennoch unterstützte, bevorzugte Kerr den Balladendichter und Darsteller Wedekind. »Wedekind hat eine Genialität des Schmutzigen. Sein Reich lebt, wo über dem Kot beinah die Ewigkeitssonne scheint. Die Abarten der Liebe sind sein Besitz. Er hat die nacktärschigsten Gedichte in Deutschland verfaßt. . . Wir ehren, inmitten vieler Heuchelei, seine gemeine Aufrichtigkeit.«

Mit Walther Rathenau unternahm Wedekind viele Ausflüge in die Umgebung Berlins. Diese Freundschaft hielt sich auch, als Wedekind nur noch für Engagements und Premieren seiner Stükke nach Berlin kam. Doch vorerst bemühte sich Max Reinhardt um Frank Wedekind, zuerst um den Schauspieler, indem er ihn kurzerhand von einer anderen Bühne abwarb, dann aber zunehmend auch um seine Stücke. Im Deutschen Theater und an den Kammerspielen in Berlin, die unter Reinhardt aufgebaut und lange Zeit von ihm geleitet wurden, hatten sich so namhafte Schauspielerinnen wie Gertrud Eysoldt, Adele Sandrock, Tilla Durieux und Schauspieler wie Alexander Moissi, Fritz Kortner, Werner Krauss und Albert Steinrück gesammelt. Für die Uraufführung von »Frühlings Erwachen« schrieb Reinhardt dann an den für die Zensur zuständigen Regierungsrat Glasenapp eine ausführliche Begründung, weshalb dieses Stück bedenkenlos und mit Anstand und Würde auf der Bühne der Kammerspiele aufgeführt werden könne. Es seien, so Reinhardt, auf Grund der geringen Platzzahl und der hohen Kosten für die Eintrittsbilletts ohnehin nur höhere Gesellschaftskreise anwesend, um deren sittlichen Zustand man sich nicht sorgen müsse. Reinhardt legte für das Stück, in dem die Wünsche und Wirren von Kindern beim Eintritt in die Welt der Erwachsenen vorgeführt werden, beschwichtigende Gutachten von Gerhart Hauptmann, Maximilian Harden und einiger Kritiker bei. Die Aufführung wurde genehmigt, wichtige Szenen mußten allerdings gestrichen werden, doch war ein wichtiger Präzedenzfall auch für andere Stücke geschaffen worden.

Max Reinhardt inszenierte dann 1912 einen ganzen Wedekind-Zyklus am Deutschen Theater, doch da hatte sich Wedekind schon mit ihm überworfen, weil er sich als Autor durch einen festen Kontrakt zu sehr gebunden sah und sich als Schauspieler unterbezahlt fand. »Ich suche Herrn Reinhardt begreiflich zu machen, daß ich nicht zwanzig Jahre um meine persönliche Freiheit gekämpft habe, um schließlich unbezahlter Angestellter der Direktion Max Reinhardt zu sein, um schließlich weniger Rechte in Berlin zu haben als jeder erste beste beliebige andere Schriftsteller«, schrieb er 1908 in sein Tagebuch. Wenige Monate später übersiedelte die Familie Wedekind nach München.

Wedekind wurde dann an fast allen Berliner Bühnen gespielt, und auch er selbst kam als Schauspieler und Autor noch oft an die Spree. Das Publikum strömte damals schon mit den unterschiedlichsten Erwartungen in seine Stücke und Lesungen, wie Alfred Kerr bemerkte: »Ältere Damen und Herren flohen schlotternd. Er aber las, durch nichts gerührt, einfach, in sich selbst geruhig, wie ein assyrischer Gott. Ich höre noch die röchelnden Laute, das halberstickte Kreischen der Verharrenden.« – Der Erste Weltkrieg unterbrach Wedekinds Erfolgslaufbahn nicht entscheidend. Seine Stücke erschienen zwar den Machthabern wiederum nicht opportun, wurden aber dennoch bald wieder gespielt. In einem Gastspiel trat 1917 der gealterte und kranke Wedekind als Dr. Schön ein letztes Mal in Berlin auf. Er starb am 9. März 1918 in München. Bei seiner Beerdigung ereilte den Dichter Heinrich Lautensack der Wahnsinn. Deutschland hatte im letzten Kriegsjahr andere Sorgen.

Hugo von Hofmannsthal

Der Liebhaber auf der Flucht

Peter-André Alt

Wer um 1900 in Österreich als moderner Bühnenautor galt, mußte sein Glück in der Fremde suchen. Wiens konservative Theater bedienten das klassische Repertoire. Von den Naturalisten hielten sie ebensowenig wie von der modischen Psychologie des Ästhetizismus, der die Bühne in einen Seziersaal der Seele verwandeln wollte. Anders lagen die Dinge in Berlin, wo der Zeitgeist regierte. Auf Berliner Bühnen, bei Otto Brahm und Max Reinhardt, triumphierten die Modernen: Ibsen, Strindberg, Hauptmann, Schnitzler, Wedekind. Für den jungen Hofmannsthal stand es daher außer Frage, daß er seine dramatischen Arbeiten den Berliner Bühnen anbieten mußte, wollte er sich einen Namen machen.

Otto Brahm, der Direktor des Deutschen Theaters, wurde zum Mentor des begabten Autors. Im Mai 1898 brachte er Hofmannsthals düsteren Einakter »Die Frau am Fenster« heraus, ein Jahr später »Die Hochzeit der Sobeide« und die Casanova-Komödie »Der Abenteurer und die Sängerin«. Die Presse zeigte sich gelangweilt, das Publikum desinteressiert. Hofmannsthals frühe Dramen, so merkte man rasch, waren lyrische Gedichte ohne szenische Spannung. Auch Otto Brahm, als Förderer Hauptmanns und der skandinavischen Naturalisten bewährt, vermochte aus den Vorlagen keinen Theaterfunken zu schlagen. Enttäuscht schreibt der junge Autor, der mit großen Erwartungen nach Berlin gefahren war, an Arthur Schnitzler: »Hier sind meine armen Stücke von einer beispiellos bösen Presse erschlagen worden und mußten nach dem dritten Mal abgesetzt werden.«

Im Mai 1903 begegnet Hofmannsthal dem nur ein Jahr älteren Max Reinhardt, der wenige Monate zuvor aus Brahms Ensmble ausgetreten war und nun seine Chance als Theaterchef zu nutzen suchte. Reinhardt ermuntert Hofmannsthal, für ihn eine modernisierte »Elektra« zu schreiben. Das Antikenprojekt ist der Beginn einer Zusammenarbeit, die erst durch Hofmannsthals Tod 1929 beendet wird. Schon im Oktober 1903 findet die »Elektra«-Premiere in Reinhardts Kleinem Theater statt. Zweieinhalb Jahre später folgt die Uraufführung von »Oedipus und die Sphinx«; 1910 inszeniert Reinhardt Hommannsthals sehr freie Übertragung des »König Ödipus« nach Sophokles. Die Antike-Dramen bringen einen Bühnenerfolg, den Autor und Regisseur so nicht erwartet haben. Offenbar treffen sie mit ihrer subtilen Psychologie und ihrem artifiziellen Charakter den neuen Geschmack des Berliner Publikums. Hofmannsthals Bearbeitungen haben nur noch wenig gemein mit dem Griechenbild der Weimarer Klassiker; er liest die attischen Vorlagen aus der Sicht Nietzsches und Freuds: seine Helden sind Gehetzte, Opfer ihrer entfesselten Sinnlichkeit, eines ungehemmten Lebenswillens, der kein sittliches Gebot anerkennt. Der Trieb wird hier zum Schicksal, der Eros zum Motor der Selbstzerstörung. Freud, der bekanntlich einen konservativen literarischen Geschmack besaß, hat Hofmannsthals »Ödipus«-Bearbeitungen nicht geschätzt. Er sah in ihnen eine Pervertierung seiner eigenen wissenschaftlichen Absichten: die Verherrlichung der Triebsphäre, deren rationale Kontrolle ihm selbst oberstes Gebot blieb.

Um Hofmannsthals Tragödien zur Wirkung zu verhelfen, setzt Reinhardt die Stützen seines Ensembles ein, Bühnenstars aus zwei Generationen: Eduard von Winterstein, Friedrich Kayßler, Albert Steinrück, Alexander Moissi, Gertrud Eysoldt. Die Premiere des »König Ödipus« im November 1910 wird zum Theaterereignis des Jahres. Sie findet im Zirkus Schumann statt, vor mehr als 3000 Zuschauern, auf einer gigantischen Bühne, unterstützt von einem Chor, der fast 100 Statisten umfaßt. Reinhardt wiederholt das Experiment ein Jahr später bei der Uraufführung des »Jedermann«. Gespielt wird jetzt im Zirkus Busch vor 5000 Besuchern. Hofmannsthal berichtet seinem Freund Eberhard von Bodenhausen: »Gestern war Jedermann zum zweiten Mal – es ist ein fast unvergleichlicher Eindruck, das Ding selbst, das Bildhafte und die 5000 Menschen dazu, die immer stiller und stiller werden, den eignen Applaus niederzischen und dann, wenn es wieder Licht wird, losbrechen.«

Aufenthalte in Berlin bedeuten für Hofmannsthal meist Hektik und Anspannung. In Briefen nach Wien klagt er über Nervosität, Schlaflosigkeit, Appetitmangel. »Den Berliner Begegnungen mit allen Menschen fehlt es an Ruhe und Konsequenz«, schreibt er 1911 an Helene von Nostitz. Andererseits mag er sich dem Reiz der Bühnenstimmung nicht entziehen. Einer Probe Reinhardts beizuwohnen sei, so schreibt er 1910, »etwas sehr Charmantes, so daß der Gedanke daran mich beim Arbeiten anfeuert . . ., wenn ich manchmal müde werde.«

Hofmannsthal wohnt bevorzugt im »Hotel Adlon«, unweit vom Deutschen Theater in der Schumannstraße. Er, der nicht frei von Snobismus ist, schätzt die gehobene Gesellschaft, die hier verkehrt. Die Umgangsformen sind gepflegt. Als Rilke 1910 auf dem gleichen Flur wie Hofmannsthal wohnt, ist es für beide eine Selbstverständlichkeit, daß sie zunächst mehrere Briefe wechseln, ehe sie es zu einem Treffen kommen lassen. Während Hofmannsthal in Rodaun fast völlig zurückgezogen lebt, pflegt er in Berlin rege soziale Kontakte. Nicht ohne Zufriedenheit meldet er im Februar 1908 seinem Vater nach Wien, er müsse jeden Tag mindestens vier Einladungen wahrnehmen. Hofmannsthal wird gerngesehener Gast im Haus Walther Rathenau, dessen Faschingsbälle zu den Höhepunkten des Berliner Festwinters zählen; er lernt die wichtigsten Schauspieler des Reinhardt-Ensembles privat kennen, befreundet sich mit Moissi und der Eysoldt; er verkehrt bei Gerhart Hauptmann, Harry Graf Kessler und Max Liebermann. Die Premieren seiner Stücke werden zu gesellschaftlichen Ereignissen, die die Presse ausführlich kommentiert.

Mitte Februar 1906, kurz nach der »Ödipus«-Premiere, lernt Hofmannsthal in Berlin Richard Strauss kennen. Strauss überredet Hofmannsthal, ihm seine »Elektra« als Vorlage für eine Opernfassung zu überlassen. Noch in Berlin führen beide konzentrierte Gespräche über das Libretto und die dramaturgischen Eingriffe in die Vorlage. Hinzugezogen wird bisweilen Harry Graf Kessler, der Hofmannsthal auch in künftigen Jahren während seiner Arbeit an den Operndichtungen für Strauss berät.

Nur selten kommt Hofmannsthal dazu, Berlin als ruhiger Besucher unbelastet von Pflichten und Terminen zu erleben. 1914 schreibt er Helene von Nostitz, er habe endlich »die Freude an der großen Stadt, an Bildern und Statuen« ungebrochen genießen dürfen. Erst in den Kriegsjahren reist er häufiger ohne festes Ziel nach Berlin, sieht Opern- und Ballettaufführungen, erkundet die Umgebung bei Potsdam und meidet die große Gesellschaft, die ihn Jahre zuvor so sehr fasziniert hatte.

Nach 1918 wächst dann die Distanz zur Stadt. Der neue Berliner Theaterstil ist für Hofmannsthal der Ausdruck künstlerischen Niedergangs und Traditionsverlusts. Die Regieexperimente Jessners, Engels und Piscators betrachtet er als Produkt eines Zeitgeists, dem jeglicher Respekt vor dem kulturellen Erbe fehlt. Eindringlich sucht er Max Reinhardt davon zu überzeugen, daß die Zukunft des deutschen Theaters allein in Österreich liege. Nachdem Reinhardt im Jahr 1920 die Direktion des Deutschen Theaters niedergelegt hat, setzt Hofmannsthal die Zusammenarbeit mit ihm in Salzburg und Wien fort. Den Berliner Bühnen vertraut er neue Stücke nur noch ungern an. Dresden und Wien bringen seine Musikdramen heraus, in München findet die Uraufführung des »Schwierigen« und des »Turm« statt. Während Hofmannsthal in Süddeutschland und Österreich nun Anerkennung erfährt, betrachtet ihn die Berliner Kritik als überholten Autor jenseits jeglicher Aktualität. Mit Hohn und Spott fällt man über den »Schwierigen« her, der im Dezember 1921 in Berlin gezeigt wird, wenige Wochen nach der erfolgreichen Münchner Uraufführung. Das Ganze sei, so erklärt Alfred Kerr, »ein Verlobungslustspiel aus der Komtessenschicht«, verstaubt, ohne Gegenwartsbezug. Hofmannsthals zarte Komödie über den Wiener Stadtadel und die Gesellschaft der verfallenden Monarchie ist im Berlin der Inflationszeit offenbar fehl am Platz.

Nicht besser ergeht es dem »Unbestechlichen«, der 1923 am Lessing-Theater aufgeführt wird. Das Lustspiel, von den Wienern wenige Monate zuvor bejubelt, stößt bei der Berliner Presse auf ein höchst kritisches Echo. In der »B.Z. am Mittag« heißt es, Hofmannsthal habe sich auf das Niveau der Courths-Mahler begeben. Die feinen Nuancen übersieht die Kritik. Hofmannsthal, mittlerweile von den Wiener Zeitungen gefeiert, hat in der neuen Theaterszene Berlins keine Chance mehr.

Der Autor ist von der Boshaftigkeit seiner Kritiker tief getroffen. Max Reinhardt erzählt einige Jahre später Harry Graf Kessler, Hofmannsthal sei am Morgen nach der Premiere des »Schwierigen« unter dem Eindruck der vernichtenden Pressestimmen in sein Büro gekommen und habe geweint. Den gewaltigen Erfolg, der der Komödie fast zehn Jahre nach der Uraufführung in Berlin unter Reinhardts Regie beschieden war, hat er nicht mehr erlebt.

In seinen letzten Jahren verspürt Hofmannsthal einen wachsenden Widerwillen gegen die bemühte Modernität Berlins. Der »Mangel an historischem Sinn« und die »aktuelle Gesinnung« seien, so schreibt er bereits 1917, ein Wesenszug des preußischen Charakters. 1928 heißt es in einem Festartikel zum 150jährigen Bestehen des Bayerischen Nationaltheaters: »Berlin ist nicht die Hauptstadt – kein Münchener, kein Stuttgarter und kein Hamburger wird Berlin für seine Hauptstadt ansehen –, aber es ist eine überwältigend große deutsche Stadt. Wer sie betritt, den umgibt sie mit einer Kraft, die nicht zurückzuweisen ist, – weniger ein Stadtwesen als eine Epoche. Das Heute, das Heute-Allein dominiert in ihr.«

Für den späten Hofmannsthal war diese Herrschaft des Aktuellen und Modernen ein Merkmal kulturellen Verfalls. Ihm setzt er, der zum Ende seines Lebens von einer »konservativen Revolution« träumte, das entgegen, was er als entscheidendes Kennzeichen österreichischer Geisteshaltung betrachtete: »Traditionelle Gesinnung, stabil fast durch Jahrhunderte«.

Moritz Heimann

Doktor Wislizenus im märkischen Kiefernwald

Günter de Bruyn

Unter den vielen Autoren, die um die Jahrhundertwende Berlin zum literarischen Zentrum Deutschlands machten, befanden sich kaum gebürtige Berliner, die meisten kamen von weiter her: Gerhart Hauptmann aus Schlesien, Arno Holz aus Ostpreußen, die Brüder Hart und Peter Hille aus Westfalen, Wilhelm Bölsche aus Köln, Alfred Döblin aus Stettin und Samuel Fischer, der wichtigste Verleger dieser Jahre (der dann auch die österreichische Literatur nach Berlin holte), aus Ungarn über die Zwischenstation Wien. Aber auch Brandenburg war vertreten, und zwar nicht nur durch Klabund, Gottfried Benn und Richard Dehmel, sondem auch durch den von der Literaturgeschichte stiefmütterlich behandelten Moritz Heimann, einen jüdischen Märker, der drei Jahrzehnte lang im literarischen Berlin eine entscheidende Funktion ausübte, ein Zentrum im Zentrum war. Im Juli 1993 hätte man seinen 125. Geburtstag gefeiert, wäre Heimann der Öffentlichkeit, seiner Bedeutung entsprechend, bekannt.

Er war der wichtigste Mitarbeiter Samuel Fischers, seine rechte Hand in literarischen Fragen, oder, wie Peter Altenberg es sagte: »der idealbescheidene Kapellmeister des Elite-Orchesters S. Fischer« oder der »Feldherr in seiner verdeckten Stellung«, der den Sieg der Moderne erzwingt. Er war ein hervorragender Lektor. »Lector Germaniae« nannte ihn Alfred Kerr spöttisch, und Gerhart Hauptmann verstieg sich zu der Behauptung, Heimann sei »das Gewissen der deutschen Literatur«. Er hatte sicheres Gespür für literarische Qualitäten, das sich zum Beispiel bei Robert Musil bewährte, und wenn er irrte, wie bei den »Buddenbrooks«, die er zu kürzen vorschlug, war er auch fähig zur Selbstkorrektur. Die Autoren schätzten ihn als kritischen und verständnisvollen Berater. Als solchen haben sie ihm alle gehuldigt, Thomas Mann und Gerhart Hauptmann, Jakob Wassermann und Hugo von Hofmannsthal, Oskar Loerke und Wilhelm Lehmann, und alle haben sie bedauert, daß sein eigenes Werk, das er wie nebenbei verfaßte, in der Öffentlichkeit nicht die richtige Würdigung fand.

Im August 1914, als die Deutschen (ihre Literaten nicht ausgenommen) in einen Kriegs- und Siegestaumel verfallen waren, schrieb Heimann an S. Fischer: er müsse beim täglichen Läuten der Siegesglocken an die Massen von Getöteten denken, angesichts derer der Sinn literarischer Arbeit nur sein könne, das Leben des einzelnen zum Gleichnis für das aller zu machen. »Ich wollte«, so schließt er, »ich hätte inmitten des Krieges die Kraft des Friedens« – und diese Kraft hat er wohl tatsächlich gehabt. Alle, die ihn kannten und über ihn schrieben, rühmten neben seiner Verläßlichkeit, Toleranz und Weisheit auch seine Güte und seinen humanen Sinn. Er konnte mit Leuten befreundet sein, die miteinander verfeindet waren, und in seinen eignen Publikationen, mit denen er sich an den geistigen und politischen Kämpfen beteiligte, war er so gut wie nie aggressiv. Er stand auf demokratischer Seite, aber jenseits des Parteienhaders, und die Vereinfachungen, mit denen Politik gemacht wird, machte er nicht mit. Er war nicht Parteigänger, Eiferer oder Meinungsmacher, sondern ein kluger Skeptiker, der keine Gewißheiten zu verkünden hatte, solche lieber in Frage stellte. »Antwort«, so heißt es am Schluß eines Essays, »ist Programm, Frage – beinahe – Idee.«

In seinen Essays, Kritiken und Aphorismen, die er, teilweise unter Pseudonymen, in der »Neuen Rundschau« seines Verlages, aber auch in der »Vossischen Zeitung«, der »Weltbühne« und anderen Zeitschriften veröffentlichte, erwies er sich als glänzender Stilist, der besonders Paradoxien liebte, als tiefer Denker und vielseitig gebildeter Mann. Sie fanden bei seiner Mitwelt mehr als seine anderen Werke Beachtung und können auch heute noch helle Freude auslösen, weil sie das Aktuelle von damals immer ins Grundsätzliche wenden, das oft noch Gültigkeit hat. Über das Verhältnis von Politik und Dichtung oder das von Partei- und Allgemeininteresse, über Goethe und Tolstoj, über Walther Rathenau, der sein Freund war, über den modernen Verkehr, die Betriebsräte oder die jüdische Problematik kann man bei ihm gewinnbringend lesen, wobei der Gewinn selten in zitierbaren Resultaten, immer aber in gesteigerter Nachdenklichkeit besteht.

Erfolglos waren und blieben seine Theaterstücke, und auch seine Novellen fanden nur bei wenigen Kennern Beachtung, obwohl zumindest eine von ihnen, die Thomas Mann ein Meisterwerk nannte, ein solches ist. Sie führt den unglücklichen Titel »Dr. Wislizenus«, spielt in der Einsamkeit märkischer Kiefernwälder, hat die Krise eines Intellektuellen zum Thema und ist eine Art Selbstporträt ungewöhnlicher Art.

Wie er in seinen uneitlen und für die dörflichen Verhältnisse seiner Zeit aufschlußreichen autobiographischen Skizzen schildert, ist er 1868 im Dorfe Werder im Kreis Niederbarnim geboren, aber aufgewachsen in Kagel – das man auf der Landkarte leicht findet, wenn man die Reihe der literarisch bedeutsamen Orte, Friedrichshagen (Wilhelm Bölsche, Bruno Wille), Erkner (Gerhart Hauptmann) und Grünheide (Ernst Rowohlt, Georg Kaiser), an der Seenkette entlang nach Nordosten verlängert. Hier betrieben seine Eltern einen Gemischtwarenladen und erwarben ein Haus, das er sich bis zum Lebensende erhielt. Von hier aus sandte er seine ersten Theaterstücke an Otto Brahm, der ihn als Autor entdeckte und mit S. Fischer in Verbindung brachte. Hierhin flüchtete er später, wenn Berlin ihn sich selbst zu entfremden drohte. Hier verbrachte er die letzten, schwerkranken Jahre. Kagel, wo er seine jüdisch-orthodoxe Erziehung genossen, die Schulbank gedrückt und mit den Bauernjungen zusammen die Wälder durchstreift hatte, blieb immer die Heimat für ihn. Das noch immer gängige Klischee von der Wurzellosigkeit des jüdischen Großstadtintellektuellen wirkt angesichts dieses märkischen Juden besonders absurd.

In mehrfacher Hinsicht kreiste sein Leben, wie er selbst sagte, um zwei Mittelpunkte: er ist gleichzeitig Jude und Preuße, Lektor und Autor, Großstädter und Dorfbewohner, sowohl der betriebsame, immer gesprächsbereite Literaturförderer im Verlag in der Bülowstraße als auch der Grübler, den es in die Natur, in die Einsamkeit zieht. Bekannt und beliebt war er bei den Literaten wie kaum einer, blieb aber immer der bescheidene Berater, den es nicht in die Öffentlichkeit zieht.

Sein Haus in Kagel stand (und steht noch, ohne durch einen Hinweis an ihn zu erinnern) inmitten des Dorfes, gegenüber der Kirche, das seiner Kunstfigur Dr. Wislizenus aber steht abseits, mitten im Wald. Da Stadt und Beruf ihn nicht zu sich selbst kommen ließen, hat Wislizenus, offensichtlich ein Lektor, sich hier in der Einsamkeit niedergelassen, erreicht aber nicht die erhoffte Selbstfindung, sondern verstrickt sich in Schuld. Die Bindungslosigkeit rächt sich. Er wird zum Mörder, entgleitet immer mehr der menschlichen Ordnung und entschwindet schließlich, am Arm einer Landstreicherin, spurlos im Wald. Die Wucht, mit der diese unerhörte Begebenheit glaubhaft erzählt wird, hat Julius Bab (neben Thomas Mann einer der wenigen, die diese 60 Seiten zu schätzen wußten), mit der Dostojewskis verglichen, mit Recht. Die Novelle sucht in der deutschen Literatur dieser Zeit ihresgleichen, wurde aber schnell und gründlich vergessen, obwohl 1924 sich der Stummfilm ihrer bemächtigt hatte: Fritz Kortner, Joachim Ringelnatz und Paul Bildt spielten hier nach einem Drehbuch von Willy Haas.

Vielleicht hängt das Vergessen dieses vielfältigen Werks mit seiner hohen Stillage zusammen, die nichts Zeitgemäßes hatte, vielleicht aber auch damit, daß Heimann, nach der Verfemung alles Jüdischen in den Hitlerjahren, nicht zu den Opfern oder Exilierten gehörte, die wiederzuentdecken man nach 1945 als Pflicht empfand.

Denn er starb schon 1925, mit nur 57 Jahren. Oskar Loerke sprach beim Begräbnis von dem Unzerstörbaren in seinem Werk, das uns bleiben würde. Sein Grab, wie auch das von S. Fischer, findet man auf dem jüdischen Friedhof in Berlin-Weißensee.

Rainer Maria Rilke

Was für ein Gedränge und Geschiebe

Dieter Lamping

Rilkes Leben war ein Leben auf Reisen. Seine festen Wohnsitze waren nie sehr fest. Er wechselte, beständig-unbeständig, die Städte und die Länder und von der Stadt aufs Land. Zwischen Spanien und Rußland, Schweden und Italien hat er in fast allen Ländern Europas gelebt, in möblierten Zimmern und kleinen Wohnungen ebenso wie in Villen und auf Schlössern: ein umgetriebener Gast, der überall Gast blieb.

In vier europäischen Großstädten hat er für längere Zeit gewohnt: in Prag, wo er geboren wurde und seine Kindheit verbrachte; in Paris, wo er die Werke schrieb, die seinen Ruhm begründet haben; in München, wo er, widerwillig und zunehmend bedrückt, die Jahre des Ersten Weltkriegs zubringen mußte. Nach Berlin kam Rilke im Oktober 1897; er blieb dort, mit kleineren und größeren Unterbrechungen, bis Ende Februar 1901.

Auch in Berlin war Rilke Gast. Er bezog möblierte Zimmer zuerst in Wilmersdorf (Im Rheingau 8), dann in Schmargendorf (Hundekehlstraße 11 und Misdroyer Straße 1) und verließ die Stadt immer wieder für Reisen. Die größten führten ihn je zweimal nach Italien und Rußland.

Die Stadt und ihre Menschen müssen ihm fremd geblieben sein. Dem Prager, der sich gelegentlich einen Österreicher nannte und der, selbst als er schon in der Schweiz lebte, seine tschechische Staatsbürgerschaft behalten wollte, war alles Preußische suspekt, ja widerwärtig. Berlin erschien ihm noch im Rückblick als »aggressiv«; und die »Kinnbackenbrutalität« der Preußen beklagte er noch Jahre später. Das politische Berlin erregte sein »Grauen«: Für ihn war es die Hauptstadt des Wilhelminismus.

Doch wenn Rilke von »seinem« Paris sagte, es sei »nicht das politische« gewesen, dann gilt das genauso von »seinem« Berlin. Rilke kam einer Frau wegen nach Berlin. Im Mai 1897 hatte er, beim Tee in Jakob Wassermanns Münchner Wohnung, die 14 Jahre ältere Lou Andreas-Salomé kennengelernt. Den Sommer verbrachten sie in Wolfratshausen, südlich von München. Als Lou Anfang

Oktober nach Berlin zurückkehrte, wo sie mit ihrem Mann Friedrich Carl Andreas lebte, folgte ihr Rilke. Durch sie lernte er die Stadt kennen. Sie führte ihn ein bei Sabine und Reiner Lepsius, bei denen er Stefan George kennenlernte. Sie machte ihn mit S.Fischer, Carl Vollmoeller, Richard Dehmel, Gerhart und Carl Hauptmann bekannt.

Durch sie lernte er auch Axel Juncker kennen, der seine Novellen »Die Letzten« 1901), »Das Duell der Bilder« (1912) und die erste Buchfassung des »Cornet« (1900) herausbrachte. Er wurde vor August Kippenberg Rilkes wichtigster Verleger.

Die Berliner Jahre Rilkes waren Jahre des Übergangs, biographisch und literarisch. Nichts war von Dauer: auch die Beziehung zu Lou nicht. Rilke verließ die Stadt Ende Februar 1901, um Clara Westhoff zu heiraten, die er im Jahr zuvor in Worpswede kennengelernt hatte. Nach Berlin ist er nur noch gelegentlich, zu meist kürzeren Aufenthalten, zurückgekehrt.

Literarisch markieren die Berliner Jahre das Ende des noch stark epigonalen Frühwerks. Rilke, der in den 90er Jahren mit dem alten Fontane ebenso wie mit dem jungen Hugo von Hofmannsthal korrespondierte, war noch auf der Suche. Eine Zeitlang schrieb er wie der frühe George – und (fast) gleichzeitig wie ein Naturalist. Er übte sich als Dichter in allen Gattungen: Gedichte, Erzählungen, Dramen, und arbeitete zugleich als Journalist und Rezensent. Wenig von all dem hat die Zeiten überdauert: kaum die elf Erzählungen, die er 1898 unter dem Titel »Am Leben hin« veröffentlichte; auch kaum die »Geschichten vom lieben Gott«, die er im November 1899 in »sieben aufeinanderfolgenden Nächten« in Schmargendorf zu Papier gebracht hat; am wenigsten vielleicht die Kurzdramen, von denen das eine oder andere in Berlin uraufgeführt wurde.

Die Gedichte, die am ehesten noch Beachtung verdienen, sind zumeist in »Das Buch der Bilder« (1902) und »Das Stunden-Buch« (1905) eingegangen. Berliner Gedichte sind nicht darunter: Im Unterschied zu vielen anderen Lyrikern hat Rilke kein Gedicht über diese Stadt geschrieben – sein Gedicht auf Kleists Grab am Wannsee eingeschlossen. Immerhin aber entstand die »Weise von Liebe und Tod des Cornets Christoph Rilke« in der Villa Waldfrieden (Hundekehlstraße).

In Berlin war Rilke vielleicht am wenigsten mit Berlin beschäftigt. Er bereitete, durch den Besuch von Vorlesungen und ausgedehnte Lektüre, seine Reisen nach Rußland und Italien vor. Noch 20 Jahre später erinnerte er sich, als er wieder durch die Hundekehlstraße ging, was ihn damals beschäftigt hatte: »Gestern bin ich, nein vorgestern, draußen am Grunewaldrand durch die Straße gegangen, in der (das Haus steht nicht mehr) dem Walde gegenüber in einer einzigen Herbstnacht der Cornet geschrieben worden ist. Es ist dasselbe Zimmer, wo auch auf mich monatelang die Gegenwart des Fürsten Andrei B. den bestimmtesten Einfluß hatte –, damals las ich Krieg und Frieden in einer langen Folge gleichmäßig verwandelter Abende« (Brief v. 9. 10. 1917). Die Berliner Jahre waren auch Rilkes »russische Jahre«.

Anfang Oktober 1917 ist er ein letztes Mal für einige Wochen nach Berlin zurückgekehrt. Die Stadt hielt ihn nun »in Atem«. Er traf die verschiedensten Menschen: Er frühstückte bei seinem langjährigen Gönner, dem Bankier Karl von der Heydt; er sprach mit Richard von Kühlmann, der Staatssekretär im Außenministerium geworden war und auf den der Kriegsgegner Rilke seine politischen Hoffnungen setzte; er traf sich mit Harry Graf Kessler, besuchte mit Walter Mehring die »Sturm«-Galerie und wohnte der Uraufführung des neuesten Stücks von Gerhart Hauptmann bei. Seine Tage in Berlin, schrieb er, seien alle »unruhig und hastig«, die Stadt erfülle ihn, der den Sommer auf einem westfälischen Gut verbracht hatte, mit »Müdigkeit«. Den Eindruck, den sie auf ihn machte, hat er auf geradezu expressionistische Weise wiedergegeben: »Gott, was für ein Gedränge und Geschiebe, und zwischen allen Menschen die Zeitungen mit ihren Aufschriften und Wortmassen, ich imaginiere manchmal ein expressionistisches Bild, daß diese Durchdringung von Menschenleibern und Journalen zum Ausdruck brächte, Luft, Atmosphäre, Welt ist keine, die Zwischenräume zwischen den Menschen sind mit Zeitungsblättern ausgefüllt, als wäre das Ganze verpackt und sollte weggeschickt werden. Wohin? Ach, in welche Zukunft?«

Als Rilke das erste Mal nach Berlin kam, war er ein junger, weitgehend unbekannter Dichter. Als er sich das letzte Mal in der Stadt aufhielt, war er längst ein berühmter Autor geworden. Die große Ehrung aus Berlin aber erhielt er erst am Lebensende: Am 28. Oktober 1926 teilte Max Liebermann dem Dichter mit, daß er in die Preußische Akademie der Künste gewählt worden sei. Am 2. November übermittelte Rilke, schon todkrank, aus Muzot Liebermann seine Ablehnung. Es sei seine »Regel, keinerlei Titel oder Auszeichnungen anzunehmen«, schrieb er; außerdem »würden die Entfernung meines ständigen Wohnsitzes und meine jetzt geringe Beweglichkeit mich von einer wirklichen tätigen Mitarbeit im Kreise der »Sektion für Dichtkunst« ausschließen. Nach Berlin wollte und konnte Rilke nicht mehr zurückkehren.

Else Lasker-Schüler

Ein Prinz, der Jussuf hieß

Meike Feßmann

»Ich bin wieder in Berlin, wo ich hingehör', ich setze mich immer wieder dorthin. Unbegreiflich! Von hier aus reist man in Gedanken oft nach anderen Städten, hier will man wenigstens fort...« Die paradox formulierte Liebeserklärung charakterisiert nicht nur die Stadt, sondern auch jenige, die ihre Liebe erklärt. Else Lasker-Schüler war eine Großstadt-Nomadin, eine, die sich wegträumte und doch dablieb. Das Leben, das die Großstadt ermöglichte, kam ihr entgegen: Die kulturellen Treffpunkte, die Cafés, Galerien, Theater, erlaubten ein Heimischwerden im öffentlichen und dennoch umgrenzten Raum.

Else Lasker-Schüler, am 11. Februar 1869 in Elberfeld (Wuppertal) geboren, zog 1894, fünfundzwanzig Jahre alt, frisch verheiratet mit dem Arzt Dr. Berthold Lasker, nach Berlin. Sie führte zunächst ein bürgerliches Leben und verfügte, zum Malen und Zeichnen, über ein eigenes Atelier in der Brückenallee 22 in Tiergarten. Am 24. August 1899, die Ehe mit Lasker war bereits im Scheitern begriffen, kam ihr Sohn Paul zur Welt. Im selben Jahr erschienen die ersten Gedichte in der Zeitschrift »Die Gesellschaft«. Die Begegnung mit Peter Hille, der sie in den Kreis der »Kommenden« und in die »Neue Gemeinschaft« der Brüder Hart einführte, markiert ihren Übergang vom bürgerlichen Leben zu jenem bis heute legendären der Berliner Boheme.

Spätestens mit dem ersten, 1902 im Verlag Axel Juncker erschienenen Gedichtband »Styx« wurde Else Lasker-Schüler zu einer stadtbekannten Figur. Dazu beigetragen hat die am 30. November 1903 gechlossene Ehe mit dem Musiker Georg Lewin, dem sie den Namen Herwarth Walden verlieh und der als Herausgeber des »Sturm« und Leiter der gleichnamigen Galerie bekannt wurde.

Else Lasker-Schüler bewegte sich von nun an in einem Kreis von Gleichgesinnten. Sie wurde verehrt und ihres exzentrischen Auftretens und Verhaltens wegen nicht selten auch gehaßt. Die Cafés und Straßen der Stadt wurden zu ihrer Bühne und sie selbst zu einer Figur, die ihrer eigenen Phantasie entsprungen schien. Sie trat auf als Prinzessin Tino oder als Prinz Jussuf. Es waren Figuren ihrer Imagination, deren Möglichkeiten sie in ihren literarischen Texten durchspielte. Das reale Leben der Stadt wiederum, ihre Künstlerfreunde und die Gespräche, die sie führten, fanden Eingang in ihr Schreiben. Die Vermischung von Realität und Fiktion wurde im Briefroman »Mein Herz. Ein Liebesroman mit Bildern und wirklich lebenden Menschen«, der zunächst in loser Folge als »Briefe nach Norwegen« im »Sturm« erschien, auf die Spitze getrieben. Dort ließ sie neben fiktiven Figuren aus früheren Büchern reale Personen aus der Berliner Kunstszene auftreten, zum Beispiel Alfred Döblin, Peter Baum, Hans Ehrenbaum-Degele, Paul Leppin, Max Oppenheimer, Kurt Hiller, Jakob van Hoddis, Oskar Kokoschka, Adolf Loos, Albert Ehrenstein, Heinrich Mann, Kete Parsenow, Karl Schmidt-Rottluff und als Gast aus Wien Karl Kraus. Manche Freunde – darunter Karl Kraus, der sie und ihre Lyrik sehr schätzte – verwahrten sich dagegen, in den »Briefen nach Norwegen« öffentlich vorgeführt zu werden. Doch Else Lasker-Schüler war unerbittlich. Sie zitierte die Einsprüche in einem der nächsten Briefe und verkehrte so, überaus geschickt, jeden Einwand gegen das Projekt in ein Element seiner Fortsetzung.

Mit großer theatralischer Raffinesse hat Else Lasker-Schüler die Rolle der Dichterin verkörpert. Eindrücklich hat Gottfried Benn ihre Wirkung beschrieben: »Es war 1912, als ich sie kennenlernte. Es waren die Jahre des ›Sturms‹ und der ›Aktion‹, deren Erscheinen wir jeden Monat oder jede Woche mit Ungeduld erwarteten... Sie war klein, damals knabenhaft schlank, hatte pechschwarze Haare, kurz geschnitten, was zu der Zeit noch selten war, große rabenschwarze bewegliche Augen mit einem ausweichenden unerklärlichen Blick. Man konnte weder damals noch später mit ihr über die Straße gehen, ohne daß alle Welt stillstand und ihr nachsah: extravagante Röcke oder Hosen, unmögliche Obergewänder, Hals und Arme behängt mit auffallendem, unechtem Schmuck, Ketten, Ohrringen, Talmiringe an den Fingern, und da sie sich unaufhörlich die Haarsträhnen aus der Stirn strich, waren diese, man muß schon sagen: Dienstmädchenringe immer in aller Blickpunkt. Sie aß nie regelmäßig, sie aß sehr wenig, oft lebte sie wochenlang von Nüssen und Obst. Sie schlief oft auf Bänken, und sie war immer arm in allen Lebenslagen und zu allen Zeiten. Das war der Prinz von Theben, Jussuf, Tino von Bagdad, der schwarze Schwan. Und dies war die größte Lyrikerin, die Deutschland je hatte.« Noch heute ist Else Lasker-Schüler vor allem als Lyrikerin bekannt. Die Dramatikerin wurde 1919 an Max Reinhardts Deutschem Theater mit der Uraufführung von »Die Wupper« sichtbar, später durch Fehlings Inszenierung am Staatstheater bestätigt. Ihre Prosaarbeiten dagegen sind weitgehend in Vergessenheit geraten.

Gerade die Prosa der mittleren Berliner Jahre – »Das Peter Hille-Buch« (1906), » Die Nächte Tino von Bagdads» (1907), »Mein Herz« (1912), »Der Prinz von Theben« (1914) und »Der Malik« (1919) – erschließt das Verständnis des Lebenswerks. Hier wird nicht nur im steten Verwirrspiel von Realität und Fiktion die spezifisch Lasker-Schülersche Bildwelt entwickelt – die mittels archaisierter sowie orientalisierter Sprach-, Erzähl- und Verhaltensmuster eine Phantasiewelt aus umgedeuteten Realitätsfragmenten entwirft –, hier vollzieht sich auch jene Verwandlung der empirischen Person in eine literarische Figur, die den Rang Else Lasker-Schülers in der Literaturgeschichte des 20. Jahrhunderts erst zu bestimmen erlaubt. Kein anderer Autor, keine andere Autorin hat auf vergleichbar radikale Weise mit dem Postulat der Avantgardebewegungen ernst gemacht: Kunst und Leben zu vereinen.

Tino von Bagdad und Jussuf von Theben sind jene beiden Figuren der Selbststilisierung, mit deren Hilfe diese Verwandlung gelingen konnte. »Tino«, das war der Name, den Peter Hille Else

Lasker-Schüler verliehen hatte. Um 1910/11 verschwindet allmählich die Identifikation mit Tino, und die an die alttestamentarische Gestalt des Joseph aus Ägypten angelehnte Jussuf-Figur tritt an ihre Stelle. Diese erneute Verwandlung ist im Zusammenhang mit dem Scheitern auch der zweiten Ehe zu sehen. Herwarth Walden heiratete bald die Schwedin Nell Roslund. Die Verwundung durch Waldens Hinwendung zur nordischen, ihr völlig entgegengesetzten Nell Roslund wurde zur Chiffre einer Liebesverletzung, die sich mit der Abweisung durch Gottfried Benn, dem »Giselheer« zahlreicher Gedichte und Prosatexte, noch einmal wiederholt.

Nach der Scheidung von Herwarth Walden lebte Else Lasker-Schüler nie mehr in einer eigenen Wohnung. Sie war Dauergast in Hotels, Pensionen und Untermietzimmern – in Berlin z. B. in einer Pension in der Nürnbergerstraße 46 und lange Jahre im Hotel Koschel bzw. Sachsenhof in der Motzstraße 78. Von ihrer Kunst konnte sie nicht leben, auch wenn sie sich, immer wieder aufs neue, von kühnen (und gescheiterten) Varieté-Projekten die endgültige Rettung erhoffte. Sie schrieb zahlreiche Bittbriefe; nicht selten wurde ihr auch geholfen, doch wenn sie Geld hatte, verschenkte sie es großzügig an Menschen, die sie für noch bedürftiger hielt. Nicht zuletzt mußte sie für den über alles geliebten Sohn Paul sorgen. Er war zeichnerisch hochbegabt, aber auch empfindlich und häufig krank. Als er 1927 an Tuberkulose starb, als auch die letzten Familienbande zerrissen schienen, träumte sie ihren Sohn in den Himmel, zu ihrer früh verstorbenen und ebenfalls innig geliebten Mutter, und sich selbst zurück ins Elternhaus: »Arthur Aronymus. Die Geschichte meines Vaters« ist nichts anderes als eine nach rückwärts phantasierte Biographie. Wahrheit und Erfindung sind hier untrennbar verbunden.

Es war die Figur des Prinzen Jussuf, die Else Lasker-Schüler all die Jahre über Halt gegeben hatte. Mit seinem Namen, seinem Adelstitel oder anderen Attributen – so findet man vor allem in den Briefen der Exilzeit oft die Zusammenfügung »armer Jussuf« – unterzeichnete sie fast fünfunddreißig Jahre ihre Briefe. Jussuf war einst angetreten, um Prinz und Malik in einem Phantasiereich zu werden, das Else-Lasker-Schüler mit der Hilfe ihrer Künstlerfreunde errichten wollte. Doch kaum war diese Idee geboren, erwies sie sich durch den Ausbruch des Ersten Weltkriegs als Phantasmagorie. Die Freunde, die als »Gleiche unter Gleichen« in diesem Phantasieland der Liebe regieren sollten, fielen im Krieg. Die Gedichte dieser Jahre sind eine einzige Sammlung von Grabreden: auf Franz Marc, den »blauen Reiter«, auf Georg Trakl, Peter Baum und Hans Ehrenbaum-Degele. Nach den Schmähreden angesichts der Verleihung des Kleistpreises (1932) und anderen antisemitischen Übergriffen floh Else Lasker-Schüler am 19. April 1933 aus Berlin. In Zürich und Ascona fand sie vorübergehenden Aufenthalt, bis sie auf ihrer dritten, nur auf einige Monate geplanten Palästinareise vom Zweiten Weltkrieg zum Bleiben gezwungen wurde.

Schon lange hatte sie sich in der Phantasie dorthin geträumt, die Realität mußte sie enttäuschen: In den Berichten der Zeitgenossen ist Else Lasker-Schüler, die sich mit unbeugsamem Eigenwillen immer noch »Prinz Jussuf« nennen ließ, eine tragikomische Figur. Doch sie hat standgehalten. In ihren letzten Jahren gründete sie noch einmal einen Kreis, den »Kraal«, und versammelte in ihrem (erst aus dem Nachlaß edierten) Schauspiel »Ich und Ich« ein letztes Mal Freunde und Feinde auf ihrer »Herzensbühne«. »Ich und Ich« ist eines der unheimlichsten Dokumente der Exilliteratur. Else Lasker-Schüler, die aus Deutschland gewaltsam vertriebene Jüdin, deren Phantasie jahrzehntelang orientalisch geprägt war, wendet sich, kaum ist sie in Palästina, dem früheren Ort ihrer Träume, einem Stoff zu, der als »urdeutsch« gilt: dem Faust-Stoff, in der Bearbeitung Goethes. Abgeschnitten vom Land ihrer Muttersprache, des Hebräischen nicht mächtig und an einer Sprache hängend, die in Palästina nicht anders als verhaßt sein konnte, erfindet sich Else Lasker-Schüler noch einmal eine imaginäre Gemeinschaft, die Sprach- und Lebensgemeinschaft zugleich ist: reale Personen treten neben fiktiven Gestalten vor allem der deutschen Literaturgeschichte auf, Zitate aus Goethes »Faust«, deutschen Liedtexten und aus dem Alten und Neuen Testament werden ebenso herbeigerufen wie Zitate aus dem eigenen Werk. Das ganze Schauspiel stellt die Probe eines Stückes von Else Lasker-Schüler dar, einer Faust-Travestie, in deren Zentrum die Vernichtung Hitlers und seiner Gefolgschaft durch Mephisto steht. Daß sich die Jüdin Else Lasker-Schüler in Palästina, dem Land, in dem sie Gott am nächsten zu sein hoffte, die Vernichtung Hitlers nicht anders vorstellen konnte als durch einen magischen Akt – nämlich als Austreibung des Bösen durch dieses selbst, Hitlers durch Mephisto, – und daß sie sogar bereit war, dafür den ihr heiligen Ort des »Herzens« zur Verfügung zu stellen, macht die Unheimlichkeit dieses Stückes aus. An dessen Ende nimmt sie ihren eigenen Tod vorweg: Die Dichterin stirbt in den Armen ihres Alter egos, einer Vogelscheuche. Vier Jahre nach der Niederschrift des unvollendet gebliebenen Schauspiels ist Else Lasker-Schüler am 22. Januar 1945 nach einem Herzanfall gestorben. Auf dem Ölberg wurde sie begraben. Man sprach das hebräische Kaddischgebet und – »etwas Einmaliges bei einem Begräbnis in Jerusalem, ein deutsches Gedicht« (Werner Kraft) – ihr Gedicht »Ich weiß, daß ich bald sterben muß«.

Herwarth Walden

Der Autobus torkelt durch die Potsdamer Straße

Gabriele Prauß

Es herrscht Aufbruchstimmung, als 1904 bei Dalbelli an der Potsdamer Brücke der Lyriker Richard Dehmel und der literarisch ambitionierte Medizinstudent Alfred Döblin rhetorisch die Klingen kreuzen. Polemische Fehden und wortgewandter öffentlicher Schlagabtausch gehören in diesen Tagen zum Lebensgefühl einer literarischen Generation in Berlin, die sich von Gerhart Hauptmann und Stefan George, den »Dichterfürsten« ihrer Zeit, durch ihre ästhetischen Maßstäbe entschieden absetzen will. Einen Ruf als Künstler und Verleger, Veranstalter und Galerist neuen Stils erwirbt sich auf diesem Feld Georg Lewin, geboren 1878 als Sohn eines jüdischen Arztes im Berliner Osten.

1903 heiraten er und die Dichterin Else Lasker-Schüler, von der er bald den Künstlernamen Herwarth Walden erhält. Walden studiert Musikwissenschaft, ist Komponist und ausgebildeter Pianist. Mit Else Lasker-Schüler bezieht er eine Wohnung in der Joachimsthaler Straße. Leicht nehmen sie die Ehe nicht. »Walden, mit seinem Spürsinn, hatte die große Begabung der jungen Frau erkannt, aber ihr Temperament, wie mir scheint, nicht mit derselben Sicherheit«, erinnert sich später Döblin. Glaubt man den Schilderungen ihrer Mitstreiter, verbringen sie die meiste Zeit ihres zehnjährigen Zusammenlebens im legendären Café des Westens am Kurfürstendamm. Walden vertont ihre Dichtungen sowie die Werke von Richard Dehmel, Arno Holz, Alfred Mombert u. a. Eine Persiflage des Cafés, von seinen Besuchern selbstironisch »Café Größenwahn« genannt, demonstriert die Bürgerschreck-Attitüde und die Intensität expressionistischer Boheme-Kultur: »Tief im Innern (kann man) dämonische Gestalten sitzen sehen. Männer mit langen Haaren, schlangenhaft geringelten Locken, wildflatternden Krawatten, sezessionistischen Socken und alkoholfreien Unterhosen leben sich aus. Drücken sich bedeutsam in die Sofaecken, bespiegeln sich selbst und gegenseitig, schleudern sich biertonnengroße Weihgefäße um die stefangeorgischen Ohrmuscheln und bringen durch ruchloses dekadentes Kaffeetrinken die deutsche Kunst an den Rand des Abgrunds.«

Waldens Einsatz für die moderne Kunst ist unermüdlich. 1903 gründet er den »Verein für Kunst«, der erstmals im Architektenhaus in der Wilhelmstraße multidisziplinäre Autorenlesungen und Vorträge von Architekten, Künstlern und Wissenchaftlern in einer Veranstaltungsreihe vereint. Ab 1908 versucht Walden als Redakteur und Mitherausgeber bei verschiedenen Zeitschriften in Berlin Fuß zu fassen. Umsonst. Seine kunsttheoretischen Überlegungen sind zu provokant, seine Persönlichkeit ist zu charismatisch, seine polemische Begabung und seine Leidenschaft für das Wortgefecht rüsten ihn nicht für die hier abverlangte Konvention.

Für die Literatur, die Graphiken und die Bilder des aufkommenden Expressionismus hat er ein untrügliches Gespür. »Expression«, so erläutert Walden in seinen Aufsätzen, heiße »Ausdruck« von innen schaffen und nicht den »Eindruck«, die »Impression« wiedergeben. Anerkannten Kunstrichtungen droht Walden seine energische Kampfbereitschaft an. Folgerichtig gründet er 1910 seine eigene Zeitschrift und nennt sie programmatisch »Der Sturm«. Im ersten Jahrgang dominiert die expressionistische Prosa: Ehrenstein, van Hoddis, Lasker-Schüler, Kokoschka, Rubiner, Schickele, Döblin. Im folgenden beginnt Walden mit dem Abdruck einer Graphik-Serie: Kokoschkas aufwühlende Menschenköpfe.

Mit der Aufnahme der bildenden Künstler gelingt der Durchbruch zum wichtigen Organ der Bewegung. 1911 übersiedelt die Künstlergruppe »Brücke« von Dresden nach Berlin: Walden druckt Noldes, Heckels, Schmidt-Rottluffs, Pechsteins bewegte Landschaften und kantige Mädchenakte und Kirchners Großstadtbilder. Eine Revolution durch Malerei, stellt man sie den in Berlin salonüblichen »botanischen Dingen in Öl« – so Walden – oder den beliebten Marinestücken gegenüber, deren abgebildete Meere »am Überfluten ihres zwei Quadratmeter Bildumfangs nur durch einen Goldrahmen gehindert werden«.

Doch schon bald blickt Walden über die Grenzen Berlins hinaus und wendet sich den abstrakten Expressionisten zu. Mit der Ausstellung der Münchner Malergruppe »Der blaue Reiter« eröffnet er im März 1912 in einer alten Villa in der Tiergartenstraße die »Sturm«-Galerie. Hier wird er die noch unbekannten Bilder der europäischen Modernen erstmals in Berlin präsentieren. Neben Heinrich Campendonk, August Macke, Franz Marc, neben den frühen abstrakten Graphiken des Schweizers Paul Klee zeigt Walden vor allen anderen die russische Avantgarde in Berlin: Jawlensky, von Werefkin, Archipenko, Marc Chagall und Wassily Kandinsky.

»Berlin ist die Hauptstadt der Vereinigten Staaten von Europa«, witzelt Walden, der Berliner mit den kosmopolitischen Neigungen. Er wird sich zwischen allen Künsten, allen europäischen Nationalitäten und auch zwischen allen Fronten bewegen. Im April 1912 holt er die italienischen Futuristen nach Berlin, deren freche Auftritte die Bürger empören. Im »Sturm« druckt er Apollinaires und Marinettis rigorose Manifeste, die den energischen Protest Döblins hervorrufen und zum Erstaunen der Öffentlichkeit in den Straßen als Flugblätter niedergehen.

Waldens multimediales Talent ist durch die Arbeit in Redaktion und Galerie bei weitem nicht ausgeschöpft. Er komponiert, verfaßt Schriften zur Kunst, die europaweit erscheinen, gibt eigene Dichtungen heraus. Einige ihrer Titel, »Das Buch der Menschenliebe« (1916), »Die Härte der Weltenliebe«, »Glaube«, »Leben«, »Trieb« (alle von 1917), verweisen auf den utopischen Kern des Programms. »Der Expressionismus«, schreibt Walden, »ist keine Mode. Er ist eine Weltanschauung, und zwar eine Anschauung der

Sinne, nicht der Begriffe.« Radikale Subjektivität und Spontanität im Ausdruck von Wille und Gefühl stehen auf Waldens Fahnen geschrieben. So hat es auch Nell Walden erfahren, eine aus Schweden kommende Malerin und Musikerin, die sich 1912 mit Walden in London verheiratet und gemeinsam mit ihm in Berlin den Sturm zur Kunstwende entfacht.

»Man kann sich heute beim besten Willen nicht mehr vorstellen, mit welcher Erregung wir abends das Erscheinen des »Sturm« erwarteten, nicht so sehr auf den Rausch des Gedrucktseins bedacht, als vielmehr scharf nach der Möglichkeit lugend: mit Worten angegriffen zu sein, die wie Ätzkalk oder Schwefelsäure wirken konnten«, erinnert sich 1948 Alfred Richard Meyer, selbst Lyriker und Verleger expressionistischer Literatur, mit unverhohlener Bewunderung. Trotz solcher Anerkennung muß Walden, der Magnet, harsche Kritik ertragen. So mißbilligt Klee den polemischen Ton im «Sturm«. »Wir haben jetzt kulturell schon Weltfrieden«, weiß der Schweizer bereits 1916 zu berichten, »ein Sturm scheint unser Glaubensbekenntnis nur den älteren Herrn« zu sein.

Tatsächlich ist während des Ersten Weltkriegs der Höhepunkt der Bewegung bereits erreicht. Das Unternehmen »Sturm«, jetzt in der Potsdamer Straße ansässig, prosperiert. Walden verkauft gut. Dennoch wäre ohne Nell Waldens hervorragend bezahlte Mitarbeit an deutschfreundlichen, schwedischen Zeitungen vieles nicht zu finanzieren gewesen. Denn neben besagten »älteren Herrn« hat Walden sich in kulturkonservativen und national-patriotistischen Kreisen kapitale Gegner gemacht. Nicht nur sein modernes Europäertum war ihnen ein Dorn, sondern auch die von ihm verlegte Lyrik des Offiziers und Sprachkünstlers August Stramm, augenblicksnahe Gedichte von der Front.

In dem zugespitzten politischen Klima nach dem Krieg und der Revolution entscheidet sich Walden, Mitglied der KPD zu werden. Auch die Künstlerfreunde Moholy-Nagy und Lissitzky nehmen Bezug auf die russische Kulturrevolution. Andere, wie die engen Mitarbeiter Lothar Schreyer und Rudolf Blümner, gehen auf Distanz. Chagall und Kandinsky, die die Kriegszeit in Rußland verbringen und im neuen bolschewistischen Staat Ämter erhielten, verlassen bereits Anfang der zwanziger Jahre die Sowjetunion. Mit Walden in Berlin kommt es zum Bruch. Die Künstler, deren

Einnahmen aus dem guten Verkauf ihrer Bilder durch die Inflation in Deutschland bereits entwertet sind, legen ihm die Einbußen zur Last. Seine Enttäuschung ist groß. Hinzu kommt, daß inzwischen andere künstlerische Neugründungen der Idee des Gesamtkunstwerks verbunden sind. Gropius bildet 1919 das Bauhaus in Weimar, in Berlin machen die Dadaisten um Raoul Hausmann von sich reden. »Der Sturm« gerät aus dem Zentrum der Aufmerksamkeit.

Walden versucht den gesellschaftspolitischen Aspekt der Kunst zu stärken, ohne daß es ihm gelingt, wieder zum Mittelpunkt einer neuen Bewegung zu werden. Zunehmend schreibt der Herausgeber der Zeitschrift die Artikel selbst. Seine letzten Nummern des »Sturm« sind der Sowjetunion und der Kunst in den östlichen Ländern gewidmet. 1932 übersiedelt er nach Moskau, wo im März 1941 die russische Staatspolizei auch ihn verhaftet und er unter ungeklärten Umständen stirbt. Hatte sein Spürsinn ihn verlassen?

Im Jahr 1929 jedoch kam Waldens Glossen zu Berlin noch rege Spottlust zugute. Unter dem Titel »Lustfahrt nach Steglitz« kehrte er den Charme der Metropole treffend hervor: »Der Autobus torkelt durch die Potsdamer Straße, alle zwei Minuten durch eine rote Ampel freundlich begrüßt. Was ihn veranlaßt, nach zwei Minuten Fahrt zwei Minuten in stummer Huldigung zu verharren. Endlich ein hoher kubistischer Lichtturm auf gotisierendem Unterbau. Der Titaniapalast. Die Pressevorstellung muß ohne Presse stattfinden, da die Karten leidergottseidank ausverkauft sind. Den Herren wird anheimgestellt, morgen wieder zu kommen. Eine Methode zur Erhebung des Fremdenverkehrs in Steglitz. Wenn Titania sich sperrt, winkt gegenüber Gambrinus aus einem Bierpalast. Um allen Wünschen gerecht zu werden, trägt er die bayerischen Landesfarben um seinen Bauch.«

Gottfried Benn
Berlin macht fit und sec

Karlheinz Dederke

»Für Dr. Benn« setzte George Grosz unter den Titel »Nachtcafé«, eine Lithographie von 1918. Er zeichnete die Frauen, wie männliche Gäste sie sahen: unbekleidet. Benn sah die Pärchen mit den Augen des Arztes: »Grüne Zähne, Pickel im Gesicht/ winkt einer Lidrandentzündung.« Er kannte diese Lokalitäten, Teil des Berliner »monströsen Genußapparats«, aus eigener Anschauung, der Pastorensohn, der Dörfler aus der Neumark. Er hatte in das »Mördergesicht« der Stadt gesehen, war gleichwohl fasziniert.

Tagsüber schnitt der junge Mediziner Leichen auf, ging an den Betten der Krebskranken vorüber, hörte im Kreißsaal die Schreie der gebärenden Frauen. Er war in den Jahren 1905 bis 1910 an der Kaiser-Wilhelm-Akademie für das militärärztliche Bildungswesen ausgebildet worden, lernte die Charité, Krankenhäuser in Moabit und Westend kennen. Die Milieus der Kranken und der Dirnen finden sich in seinen Gedichten; oder sollte man sagen, er habe nur Kranke bedichtet?

Nach dem Ersten Weltkrieg, inmitten von Bürgerkrieg, Massenelend, Inflationswirren, erlebte der junge Arzt für Haut und Geschlechtsleiden erst recht die Absurditäten des Großstadtlebens: Leid neben Laster, Not neben Amüsierwut, verschämte Armut neben Protzentum. Praktizierend versifizierte er: »Verlauste Schieber, Rixdorf, Lichtenrade, / sind Göttersöhne und ins Licht gebeut . . .« Mit den ruhigeren Jahren der Weimarer Republik wurden die Berlin-Motive in seinen Gedichten seltener. In »Der Ptolemäer«, der »Berliner Novelle 1947«, ist die Stadt wieder gegenwärtig, real in ihrer Schattenexistenz der Seuchensommer und Gefrierwinter, irreal als Nährboden für die Kunstfigur des Besitzers eines Schönheitssalons, der störende Kunden mit dem Maschinengewehr erledigt.

Bis in die Wirtschaftswunderzeit war der Erzpessimist Gottfried Benn davon überzeugt, daß sich Berlin von den Kriegsfolgen nie erholen würde. Wie hoch er gleichwohl die Bedeutung der früheren Metropole für die Abfolge der Weltkulturen einschätzte, an die er glaubte, bekunden die letzten Zeilen seines Gedichts »Berlin« aus der Blockadezeit 1948/49. »Wenn die Mauern niederbrechen, / werden noch die Trümmer sprechen/ von dem großen Abendland.« Mit vorrückendem Alter und zunehmender Selbstisolierung stellten die allabendlich aufgesuchten Restaurants, Kneipen, Destillen rund um die Wohnung Bozener Straße 20 in Schöneberg die wichtigste Verbindung mit dem »Mitmenschen, dem Mittelmenschen, dem kleinen Format, dem Stehaufmännchen des Behagens« dar, den er von seinem Tisch im Winkel beobachtete. Der große Ironiker ließ diese Großstadttypen sich in ihrer Banalität und Beziehungslosigkeit zum anderen selbst entlarven. »Im Nebenzimmer die Würfel auf dem Holztisch, / benachbart ein Paar im Ansaugestadium . . .« Aber der Spötter fühlte sich wohl in dieser neutralen, unverbindlichen Umgebung, die keine affektive Zuwendung von ihm verlangte. »Da versinken die Denkprozesse . . . – ein Zustand, äußerst günstig der schöpferischen Entladung.

Früher, 1915, in der Brüsseler Etappe, nahm der Arzt in einem Prostituiertenkrankenhaus gelegentlich Kokain, um den ersehnten Ich-Zerfall herbeizuführen, um im Überschwange seine Gesichte zu Papier zu bringen. In den zwanziger Jahren, als der flaue Ehemann ganze Sonntage in seiner Kreuzberger Praxis, Belle-Alliance-Straße 12, verbrachte und seine Visionen »aus den coffeinerweiterten Gefäßen des Hirns und der Haut spielend herauszauberte«, schaute er aus dem Fenster auf die Röte der Stadt, die ihm das Chaos herantrug, das Gegenstandsgedränge, das er im Gedicht überwand. Und im letzten Lebensjahrzehnt bis 1956 ließ sich der dickliche Herr im grauen Zweireiher bei Dramburg, Ecke Bayerischer Platz, von den Bieren, die er »zischte«, inspirieren – »Die Bilder kommen und gehen« –, kritzelte seine Einfälle, manchmal unleserlich, auf Zettel.

Die Schöneberger Eckkneipe als Werkstatt des Dichters! Benn brauchte Berlin für sein Lebensgefühl, Einsamer in der Masse zu sein, nirgendwo zugehörig, lose verbunden diesem Kollektivwesen, der Riesenstadt. Die Entrückungen, die er sich in den stillen Räumen der Belle-Alliance-Straße oder im Bierdunst und Tabaksqualm der Budike verschaffte, führten ihn weit fort: in die Vorzeit, in die mythischen Gefilde des antiken Mittelmeerraums, an exotische Gestade, die Osterinsel, die Lagune von Palau, in die Tiefe des Ich: »... oben Bläue, doch in der Tiefe waberndes Getier, verfratzte Kolben, Glasiges...«

Eine noch größere Bedeutung hatte Berlin für den Formfanatiker, dessen Lebensziel es war, angesichts des Verfalls aller Inhalte geschlossene Formen, hinterlassungsfähige Gebilde zu vollenden. »In einer Almhütte bilden sich Geschwülste und am Steinhuder Meer kein Stil, aber in diesem gemeinen Berlin streift sich manches Sentimentale ab, es macht fit und sec.« Berlin begann schon den jungen Dichter zu erziehen, der Liliencron zum Vorbild hatte und wie die Naturlyriker schrieb, die er später Grasbewisperer nannte. Das Berlin der Zeit, »halb Chicago und halb Paris – korrupt und faszinierend!«, das Berlinische, das Gewiefte und Rührige; das Unpathetische und Mundfertige, nahm er in sich auf; es mischte sich mit der Melancholie, der Essenz seines Wesens, und floß in seine Dichtung ein. Auch der Gebrauch von Berolinismen, des Gassen- und Hurenjargons, modischer Neubildungen, stadteigentümlicher Kraft- und Schlagwörter und Klischees sollten Nuancen jener großen Desillusionierung sein, die der Experimentator in seiner Sprachwerkstatt betrieb.

Mit seiner Zerstörung des alltäglichen Sprachgebrauchs hatte der Verfasser der »Morgue und anderer Gedichte« schon 1912 Aufsehen erregt, hauptsächlich bei der expressionistischen Avantgarde, die sich gerade in Berlin tummelte und ihn gleich sich zuzählte. Doch obwohl er sich in ihren Kreisen bewegte, ihre Cafés frequentierte – unter den Bohemiens korrekt gekleidet und militärisch gescheitelt –, Geliebter der exzentrischen Else Lasker-Schüler war, seine die Bürgerwelt schockierenden Sachen in ihren Publikationen veröffentlichte, hatte er nichts im Sinn mit ihren politischen und moralischen Zielen. Auch wenn er in der ganz linken »Aktion« gedruckt wurde, wollte er nicht den sozialen Umsturz herbeischreiben, sondern allein die Sprache revolutionieren:

In den zwanziger Jahren wurde die Kluft zwischen Benn und seinen expressionistischen Weggefährten immer tiefer, da diese sich den radikalen politischen Parteien anschlossen. In einer seiner Depressionen beschloß er, Schluß zu machen mit dem Versemachen. Das war 1921, und obwohl er auch vor seiner produktiven Technik »auskotzte«, schrieb er weiter und schuf sich seine neue Formensprache durch Anleihen bei den traditionellen Ausdrucksweisen. Dabei zog er sich auf sich zurück, hielt sich vom Getriebe des literarischen Gewerbes fern.

Aber seltsam: Er klagt, daß ihn so wenige lesen, und beginnt zögernd aus seiner Verborgenheit hervorzutreten. Erstes Anzeichen war das Schrumpfen der lyrischen Produktion und die Zunahme der Essayistik, deren Themen wie »Kunst und Staat«, »Genie und Gesundheit«, »Der Aufbau der Persönlichkeit« für einen weiten Leserkreis bestimmt waren. Jetzt druckten die größeren Blätter von der »National-Zeitung« bis zur »Weltbühne« Benns Artikel ab. 1928 wurde der Einzelgänger sogar Mitglied des Berliner PEN-Clubs. Viel Aufmerksamkeit hatten seine 1927 vom Berliner Verlag »Die Schmiede« herausgebrachten »Gesammelten Gedichte« und die 1928 bei Kiepenheuer in Potsdam erschienene »Gesammelte Prosa« erregt. Das führte zu einer jener handfesten Auseinandersetzungen unter Literaten, die Berlins lesendes Publikum freute.

Im Spätsommer 1929 verließen Johannes R. Becher und Egon Erwin Kisch das Redaktionskomitee der linksorientierten »Neuen Bücherschau« unter Protest. Den illustren Kommunisten paßte nicht, daß ein Rezensent Benn als einem überlegenen Welt-Dichter huldigte und »Lieferanten politischen Propagandamaterials« heruntermachte. Sie fühlten sich getroffen, denn sie erachteten sich als politisch engagierte Schriftsteller dem Gelobten turmhoch überlegen, aus dessen Lyrik und Prosa nur widerliche Aristokratie stinke. Benn, passionierter Polemiker, nahm in seiner Entgegnung die Aristokratie für sich durchaus in Anspruch gegenüber dem Typ »des unfundierten Rum- und Mitläufers, des wichtigtuerischen Meinungsäußerers, des feuilletonistischen Stoffbesprengers«. Die Kontroverse über die Rolle des Schriftstellers ging weiter, Bertolt Brecht und Alfred Döblin wurden hineingezogen. Benn blieb dabei, der ernste Dichter sei politisch folgenlos und asozial. Es konnte nicht ausbleiben, daß seine Rede aus Anlaß des 60. Geburtstages Heinrich Manns, Februar 1931, in der er den von ihm seit Jugendtagen Verehrten wegen seines sublimen Artistentums feierte, Anstoß erregte, weil er den Satiriker und Sozialkritiker entpolitisiert habe. Heinrich Mann nannte ihn gleichwohl fortan seinen Freund.

Mit dem Neutöner Paul Hindemith arbeitete er seit 1930 zusammen, woraus das Oratorium »Das Unaufhörliche« entstand, das am 21. November 1931 uraufgeführt wurde. Dieses Werk war die äußerste Annäherung an eine Gebrauchslyrik, die der Verfechter zweckfreier Kunst gemeinhin verwarf. Es enthält eine Botschaft an die Erwählten, die Ringenden, Leidenden, die nicht nur das Satt- und Glücklichsein kennen und den Triumph des Lebens erstreiten werden. Benn schrieb also doch für ein Publikum – und widmete dem Premierenpöbel eine grimmige Satire. »Die Clique, die klatscht, ist das gleiche Kaliber wie die Clique, die pfeift, die einen sind von rechts dumm, die anderen sind von links dumm.«

Als höchste Anerkennung seines Ranges konnte Benn seine Aufnahme in die Preußische Akademie der Künste am 29. Januar 1932 verstehen. Die Akademie hatte erst 1926 unter ihrem Präsidenten Max Liebermann eine Sektion für Dichtkunst erhalten, deren Vorsitz seit 1931 Heinrich Mann innehatte. Sie residierte im ehemaligen Arnimschen Palais, Pariser Platz 4; zu ihr gehörten Schriftsteller wie Gerhart Hauptmann, die Brüder Mann, Hermann Hesse, Arthur Schnitzler, Alfred Döblin. Der Geehrte freute sich über alle Maßen. Er, der Außenseiter, zählte nun zur Schriftstellerprominenz. Derselbe Mann, der den Künstler für wesensmäßig asozial hielt, trat in den Dienst einer staatlichen Behörde, für ihn nun »eine glanzvolle Angelegenheit«.

Mit diesem Wirken und Bewirken entfernte er sich von seiner »splendid isolation«. Als die Nationalsozialisten und Deutschnationalen die Macht übernahmen, geriet er auf dieser Bahn noch weiter. Gleich im Februar 1933 fand er es gerechtfertigt, daß sein Freund Heinrich Mann von seinem Posten zurücktreten mußte, da dieser den Kampf gegen die legale und verfassungsgemäße Regierung eröffnet habe. Danach zwang er seinen Kollegen eine Verpflichtung zur Mitarbeit an den nationalen kulturellen Aufgaben auf. Der rührige Akademiker wurde kommissarischer Vorsitzender der Sektion und steigerte in den folgenden anderthalb Jahren seine publizistischen Betätigungen um ein Erhebliches. Seine Stimme ging oft über den Äther, so mit der infamen »Antwort an die literarischen Emigranten«. Freunde weinten beim Abhören. Er machte sich in der Presse zum Herold von Weltanschauung und

Zielen der siegreichen Bewegung – wie er sie verstand. Der Kulturpessimist sah eine Wende zu einem besseren Menschheitszeitalter gekommen. Gewiß sind solche Widersprüche unauflöslich, jedoch erklärt sich manches aus Benns Anschauungen und damaliger Situation. Benn hat nie ein Hehl gemacht aus seiner Antipathie gegen Fortschrittsgläubigkeit und seiner Sympathie für Irrationalismus, Vitalismus, Herrenmoral. Er war antidemokratisch wie die neuen Machthaber. Allenfalls der Antisemitismus konnte ihn abstoßen. Benns Vorstellung von einem ihm wesensverwandten Nationalsozialismus vertiefte seinen Eindruck, daß er persönlich unter dem Hakenkreuz nur gewinnen konnte. Der Prügelknabe der linken Intelligenzia durfte erwarten, daß er fortan unbelästigt bleiben werde. Mit dem extremen Individualisten war es sogar so weit gekommen, daß er sich glücklich schätzte, nun im Volke aufzugehen. Er hatte die Zertrümmerung des »verkrachten und verlumpten Staates« gewünscht, dieser Republik von Weimar, die ihn wegen 500 Mark mit Pfändung bedrohte. Schon vor der Wirtschaftskrise hatte er sich vergeblich um die Stelle eines Amtsarztes oder Schularztes beworben. Nun boten sich – so schien es – sogar Aussichten auf eine führende Position im Dritten Reich, beim Pakt von Macht und Kunst. Aufgabe müßte es sein, den Nationalsozialismus zu vergeistigen und mit der modernen Kunst zu versöhnen, wie es den Futuristen in Italien mit dem Faschismus offenbar gelungen war.

Benn verlor seine Illusionen erst nach und nach. Macht und Kunst waren nach 1933 keine gleichberechtigten Größen; die Kunst hatte die Macht vielmehr im Bewußtsein der Volksgenossen zu verankern. Dafür brauchte man andere Gehilfen als den jüdischer Abstammung verdächtigen Asphaltliteraten, den dekadenten Formalisten. Präsident der »Deutschen Akademie der Dichtung« wurde statt seiner der Parteigenosse Hanns Johst. 1935 gab Benn seine Praxis auf, fand Unterschlupf bei der Wehrmacht als Truppenarzt in Hannover. 1938 ereilte ihn jedoch das Schreibverbot.

Unendlich schwer war Benn die Trennung von Berlin gefallen: »Stadt meines Lebens, meiner schönsten Jahre! Immer werde ich Heimweh nach ihr haben.« 1945 kehrte er dorthin für allezeit zurück. Ein paar Jahre später kam das Comeback, wie er es ausdrückte. Für die Kriegs- und Nachkriegsjugend wurde er in den fünfziger Jahren zum Kultautor. Die Berliner Zeitungen »Der Tagesspiegel«, »Kurier« und »Telegraf« bemühten sich, den einstmals Verfemten wieder bekannt zu machen. Ihn drängte es nicht mehr nach der Übernahme irgendwelcher Funktionen im Kulturleben. Er hatte seine Lektion gelernt, trat für nichts mehr ein, beschränkte sich auf seine eigene Produktion. Benn beklagte, daß Berlin seine kulturelle Führungsrolle verloren hatte: »Westdeutschland geht kulturell daran zugrunde, daß es Berlin nicht mehr gibt.« Die Hauptstadt sei das Regulativ für die Leistungen der Kulturzentren im Reich gewesen, die ein hohes Niveau zu halten strebten. »Denn über ihnen und vor ihnen allen lag das kalte, kritische, nüchterne, ich wage das Wort, das preußische Berlin.« Nun bleibe alles zu Hause und heimse die lokalen Preise ein. Damit hatte er nicht ganz so recht, denn er, der Berliner, erhielt 1951 den wichtigsten Literaturpreis der Bundesrepublik, den Büchner-Preis. Die Berliner Juroren vergaben lieber gar keinen Preis, vermutlich gehörte Benn für sie noch zum faschistischen Schrifttum, sicher nicht zur Weltliteratur.

Johannes R. Becher

Die entscheidende Stadt im Leben

Rolf Harder

Johannes R. Becher war der Sohn eines bekannten Münchener Juristen. Als er sich 1911 zum Studium nach Berlin aufmacht, hat er bereits eine recht auffällige Biographie vorzuweisen, deren Höhepunkt der Doppelselbstmordversuch mit einer um zehn Jahre älteren Freundin ist. Die Frau stirbt an der schweren Schußverletzung. Becher überlebt nach monatelangem Krankenhausaufenthalt. Gegen ihn wird Anklage erhoben, zur Eröffnung eines Verfahrens kommt es jedoch nicht, wohl auch, weil der Vater als Landgerichtsrat Einfluß nimmt. Aber in München darf der so gezeichnete Sohn nun nicht mehr bleiben: Also muß er das Abitur – mit einer Sondergenehmigung des »K. Bayerischen Staatsministeriums des Innern für Kirchen- und Schulangelegenheiten« – in

Ingolstadt ablegen und anschließend zum Studium nach Berlin gehen.

Berlin wird zur entscheidenden Stadt in Bechers Leben, sowohl in persönlicher als auch in politischer Hinsicht. Mit mehreren kurzen und einer aufgezwungenen zwölfjährigen Unterbrechung hält sich Becher nun in der deutschen Hauptstadt auf. 1950 erinnert sich der Dichter: »Mich ausgiebig in der Gegend der Warschauer Brücke aufgehalten: dort, in der Memeler Straße, war 1911 der Ausgangspunkt meiner Entdeckung Berlins... Tag und Nacht war ich kreuz und quer durch Berlin auf Entdeckungsreisen.« Einige Häuser weiter – ebenfalls in der Memeler Straße – gründet sein Freund Heinrich F. S. Bachmair einen Verlag, der Bechers erstes Werk, eine Hymne auf Heinrich von Kleist, herausbringt. Natürlich geht das alles nur mit Unterstützung des Vaters, der den schriftstellerischen Versuchen des Sohnes höchst mißtrauisch gegenübersteht, aber dennoch den Verlag des Freundes Bachmair finanziell unterstützt.

Die »Kleist-Hymne« – von Becher später als »mißratenes Opus« abgewertet, war der Startversuch des jungen Dichters, der nun mutig wurde und »von der Warschauer Brücke schüchtern bis ins Café des Westens vorstieß, und alsbald machte ich die Bekanntschaft von Franz Pfemfert, dem Herausgeber der ›Aktion‹; damit hatte ich den eigentlichen Anschluß an die Literatur gefunden«. Unter den jungen deutschen Expressionisten gehörte Becher bald zu den auffälligsten – wie sich spätestens nach Erscheinen der Lyrik-Prosasammlung »Verfall und Triumph« zeigte (Hyperionverlag, Berlin 1914). Ja, Gottfried Benn meinte in der späten Rückschau sogar, Becher sei wohl der begabteste unter ihnen gewesen.

In »Verfall und Triumph« findet sich die erste literarische Auseinandersetzung mit Berlin – ganz der expressionistischen Sprach- und Bilderwelt verpflichtet:

»Berlin! Du weißer Großstadt Spinnenungeheuer!
Orchester der Äonen! Feld der eisernen Schlacht!
Dein schillernder Schlangenleib ward rasselnd aufgescheuert!
Von der Geschwüre Schutt und Moder überdacht!«

Der Anschluß an die Literatur bringt für Becher nicht nur Veröffentlichungen in expressionistischen Zeitschriften (»Aktion«, »Weiße Blätter«, »Neue Jugend«) oder Einladungen zu

Vortragsabenden (gemeinsam mit Lasker-Schüler, Ehrenstein oder Däubler) mit sich, sondern ist auch gleichbedeutend mit dem Anschluß an die Boheme.

Für Johannes R. Becher hat diese Begegnung verhängnisvolle Folgen: Er kommt mit dem Morphium in Berührung, das ihn viele Jahre abhängig macht und seine Gesundheit heftig gefährdet. Trotz des nun einsetzenden unsteten Lebens erfährt Bechers Politisierung in Berlin kräftige Impulse. Im Sommer 1915 teilt er seinem Freund Bachmair mit: »Heute bin ich in einem socialdemokratischen Verein, Redner und Verbreiter von Tatsächlichkeiten ... Im Verein mit einer Schar ausgesuchter jüngster Leute werden Aufrufe verfaßt, Manifeste erlassen, Programme auf Plakaten angeschlagen. Poetisches ist vergessen. München gehaßt... Du wirst wohl nach Berlin kommen müssen, verlassend die bukolischen Gefilde! Organisiere Dich! Schliesse Dich uns an! Organisation heißt unsere Parole!«

Bechers Gefährdungen durch das Morphium halten den renommierten Insel-Verlag in Leipzig nicht davon ab, den begabten Dichter mit einem Generalvertrag an sich zu binden. Von 1916 an erscheinen Bechers Werke dort. Darüber hinaus leistet die Frau des Verlegers Anton Kippenberg, Katharina Kippenberg, gemeinsam mit dem Kunstliebhaber und Diplomaten Harry Graf Kessler außerordentliche Hilfe, indem beide mehrfache Klinikaufenthalte für Becher finanzieren und angehäufte Schulden des Dichters großzügig begleichen.

Zu dieser Zeit wohnt Becher in Berlin-Wilmersdorf bei Else Hadwiger, der Witwe des Dichters Victor Hadwiger. Die viel ältere Frau bietet menschliche Geborgenheit und Halt, ist aber häufig mit dem exzentrischen Lebensstil des Dichters überfordert: 1918 muß er ihre Wohnung verlassen, »weil ich die Revolution nicht auf der Barrikade noch als Redner mitmachte« (Becher an Graf Kessler, 15. November 1918). Becher, der 1917 die Revolution in Rußland begeistert mit einem »Widmungsblatt« gefeiert hatte, kann an der deutschen Novemberrevolution nicht teilnehmen, weil er bis zum 7. November Patient der Psychiatrischen Klinik Jena war.

Becher setzt nun seine Studien in Jena fort. Er wird Mitglied einer linken Studentenorganisation und tritt erst im Frühjahr 1919 der KPD bei. Seine Mitgliedschaft ist allerdings nur von kurzer Dauer: Die Jahre zwischen 1919 und 1922 sehen ihn fern von jeder politischen Bindung als »Gottsucher«, der mit dem Freund Ludwig Meidner »nächtelang die Bibel liest«. Im Frühjahr 1922 kommt Becher wieder nach Berlin zurück. Er lebt bei der Malerin Eva Herrmann in deren Atelier in Moabit in der Claudiusstraße. Im Mai 1923 tritt er – nach langer Suche und vielen theoretischen Debatten, u.a. im Kreis um Julius Gumbel – erneut in die KPD ein. Von nun an wird die Partei für ihn zum politisch-ideologischen Zentrum und Maßstab persönlichen Handelns. Das zeigt sich nicht nur in seiner Dichtung, die sich zunehmend politischen Themen zuwendet, sondern auch im Engagement für die KPD.

Sein Tag ist ausgefüllt mit Parteiarbeit, häufig bis in die Nacht hinein. »Das Caféhaus ist vorbei, die lustige Künstlerei und Schwabingerei ist vorüber. Ich habe jede Minute zu tun. Ich habe zu funktionieren!«, schreibt er im Januar an Eva Herrmann. Becher organisiert im Auftrag der KPD die Gründung des »Bundes proletarisch-revolutionärer Schriftsteller«, dem deutschen Mitglied der »Internationalen Vereinigung revolutionärer Schriftsteller«, die ihren Sitz in Moskau hat. Er reist einige Male in die Sowjetunion und äußert sich begeistert über den sozialistischen Aufbau. Seine Dichtungen werden zunehmend von den politischen und sozialen Konflikten der Weimarer Republik bestimmt, was zu einer Anklage wegen »literarischen Hochverrats« gegen Becher führt. Ab Mitte der zwanziger Jahre lebt er mit der Chemikerin Lotte Rotter zusammen, beide heiraten 1928, haben ein gemeinsames Kind und wohnen bis 1933 in Zehlendorf, Am Hegewinkel, wo Lotte Becher ein Haus kauft. Sie findet Arbeit in ihrem Beruf, zeitweilig in der Sowjetischen Handelsvertretung. Bechers Einkünfte – er ist nun auch Feuilletonredakteur der »Roten Fahne« – hätten kaum ausgereicht, eine Familie zu ernähren.

1933 müssen Bechers Deutschland verlassen; Lotte Becher geht mit dem Sohn nach England ins Exil, Johannes R. Becher nach Moskau. Sie trennen sich. Hier in der Sowjetunion spürt er zum erstenmal, wie sehr er mit seinem Heimatland verbunden ist. Aus dieser Sehnsucht heraus entsteht eine »Deutschland-Dichtung«, die von Heinrich Mann, Lion Feuchtwanger, Thomas Mann und Alfred Döblin höchstes Lob erfährt.

Im Juni 1945 kehrt Becher als einer der ersten deutschen Emigranten aus Moskau nach Berlin zurück. In der zerstörten Stadt wohnt er für kurze Zeit im Bezirk Dahlem, in der Cäcilienallee. Von hier aus schreibt er seiner Frau Lilly, mit der er seit 1938 verheiratet ist und die sich noch in Moskau aufhält: »Es ist schwer, den Eindruck zu schildern. Die Autofahrt durch ein Ruinenviertel erschütternd. Vom Flugzeug sieht das alles wie Gerümpel aus, aber bei der Fahrt durch die Stadt erheben sich nun rechts und links gespensterhaft, kilometerlang die Fassaden, wie bereit zum Einsturz, die Trümmerberge und Schutthalden... Man kehrt trotz allem nicht in die Fremde zurück... ich bin überglücklich... Inmitten all der Ruinen ist doch unser Leben, unsere Heimat!«

Noch im Sommer 1945 weisen die Russen führenden Vertretern der KPD eine gutbürgerliche Villengegend im Bezirk Pankow zu. Am späteren Majakowskiring bekommt auch Becher ein Haus zugeteilt und wird somit Nachbar Walter Ulbrichts, Otto Grotewohls und Wilhelm Piecks, den »Machthabern in Pankow«.

Bechers wichtigste Aufgabe im Sommer 1945 ist die Gründung des »Kulturbundes zur demokratischen Erneuerung Deutschlands«, dessen Konzeption noch in Moskau mit der KPD-Führung beraten worden war. Dem Kulturbund gelingt es rasch, viele deutsche Intellektuelle für einen geistig-moralischen Neuanfang zu gewinnen und namhafte Emigranten wie Anna Seghers, Hanns Eisler, Bertolt Brecht, Arnold Zweig zur Rückkehr nach Berlin zu veranlassen. Zu dieser Zeit mag auch Becher in der Hoffnung gelebt haben, daß der Aufbau eines demokratischen Deutschland ohne stalinistische Zwänge durchaus möglich sei, aber spätestens als Walter Ulbricht von den Schriftstellern verlangte, sie sollten sich dem »Neuen« zuwenden anstatt ihre »Emigrationsromane« zu schreiben, mußte auch die vom Kulturbund getragene Politik der Überparteilichkeit scheitern. Doch es sind nicht nur die Beschlüsse der SED – von Becher als Mitglied des Zentralkomitees mitgetragen –, die die Politik im Osten zunehmend bestimmen. Es ist ebenso der Kalte Krieg, der besonders die politische Atmosphäre Berlins belastet. Becher bekommt von Andersdenkenden zu hören, er sei als »Barde Moskaus« wenig geeignet, deutsche Interessen zu vertreten, oder man nennt ihn gar – unter Anspielung auf die Doppelselbstmordtragödie von 1910 – einen »großen

Dichterfürst mit kleinem Mord«. Solche Vorwürfe treffen Becher schwer, halten ihn allerdings nicht davon ab, diese Gegner als »Kriegstreiber« zu bezeichnen, die »vernichtet« werden müßten. In diesem Klima – von Thomas Mann bereits 1948 als »verdammte Welt-Konstellation, die nichts gedeihen und alles stocken läßt« beschrieben – drohte der Dialog zwischen Ost- und Westdeutschland, an dem Becher sehr gelegen war, zu versiegen. Er versucht deshalb auch als Minister für Kultur (seit 1954), das Gespräch nicht abreißen zu lassen und stellt sich verschiedene Male, u.a. mit Brecht, in Westberlin der Diskussion.

Als Johannes R. Becher im Oktober 1958 in Berlin an den Spätfolgen der Schußverletzung von 1910 stirbt, ist der Dichter Becher nicht nur in Westdeutschland vom Politiker Becher völlig verdrängt. Auch in der DDR war er bereits zu seinen Lebzeiten ein viel gedruckter, aber kaum gelesener Dichter. Das hat sich nach seinem Tode eher noch verstärkt.

Und heute, nach der deutschen Wiedervereinigung? Werden lediglich Bechers Zeilen »Deutschland, einig Vaterland« aus der Nationalhymne der DDR an ihn erinnern? Sein Wohnhaus in Pankow – viele Jahre als literarische Gedenkstätte gepflegt, aber nur von wenigen Besuchern betreten – wird geschlossen. Die notwendige Auseinandersetzung mit diesem bemerkenswerten deutschen Dichter und Politiker, von dem Hans Mayer wiederholt sagte, er sei ein »deutscher Patriot« und als »Kulturminister ein Glücksfall« gewesen, sollte nicht an ein Haus gebunden sein, in das er im Sommer 1945 ohnehin eher zufällig einzog. Vielmehr scheinen bewahrenswert aus dem Erbe Johannes R. Bechers große Teile seines poetischen Werkes und die kritische Sicht auf eine politische Biographie, die exemplarisch für einen möglichen Lebensweg deutscher Intellektueller steht, den in der ersten Hälfte dieses Jahrhunderts nicht wenige gingen.

Stefan George

Tausendmal besser als dieser Berliner Mischmasch

Peter-André Alt

George liebte das Geheimnis. Wohin er reiste und was er vorhatte, verriet er wenigen. Mit spielerischem Ernst verwischte er immer wieder die Spuren, die er hinterließ. Selten hielt es ihn länger an einem Ort. Wer ihn besuchen wollte, erfuhr meist nur über enge Freunde und Vertraute, wo er sich gerade aufhielt. Zeitlebens hat George auf einen festen Wohnsitz verzichtet. In Bingen, seiner Geburtsstadt, stand ihm ein kleines Zimmer im elterlichen Haus zur Verfügung. In München wohnte er bei seinem Jugendfreund Karl Wolfskehl, später in Heidelberg bei Friedrich Gundolf. Nahezu unzählbar sind die Berliner Domizile Georges zwischen Schöneberger Kleiststraße, Neuem Westen und Grunewald. Zumeist bezog er nur ein kleines Zimmer bei guten Freunden, von denen er sich bewirten ließ. Entscheidender als Komfort war für ihn die Möglichkeit, jederzeit wieder aufbrechen und eigene Wege gehen zu können.

Der ständige Ortswechsel gehörte zur Lebensform der französischen »poètes maudits«, an deren Vorbild sich der junge George orientierte. In Paris hatte ihn 1889 Albert Saint-Paul im Kreis der Symbolisten eingeführt, bei Mallarmé und Verlaine. Von ihnen übernahm George nicht nur das Ethos der »poésie pure« und die Konzentration auf die Kraft der Sprache im Zeichen einer reinen Artistik der Form. Fasziniert hat ihn auch die Selbstverständlichkeit, mit der die Autoren hier ihren künstlerischen Habitus kultivierten. Als George in den neunziger Jahren einen Zirkel von Freunden und Gleichgesinnten aufzubauen begann, übernahm er die ästhetizistische Attitüde, versetzte sie jedoch mit einer autoritären Note, die im Laufe der Jahre immer deutlicher wurde. Er selbst ließ sich »Meister« nennen und titulierte besonders enge Freunde als »Jünger«. Der Kreis bildete seine strenge Hierarchie aus, zu der »Herrschaft und Dienst« gleichermaßen gehörten.

Bereits der junge George sucht die Wirkung, freilich auch eine gewisse Hermetik. Eine »Kunst für die Kunst« verspricht er seinen Lesern, gemäß Théophile Gautiers Programm von »l'art pour l'art«.

Seine ersten Gedichtbände erscheinen in Privatdrucken, die von ihm herausgegebene Zeitschrift – die »Blätter für die Kunst« - ist über den Buchhandel kaum zu beziehen. Bertolt Brecht hat später erklärt, Georges Exklusivität sei ein Reklametrick: er halte die von ihm feilgebotene Ware knapp und stimuliere derart die Nachfrage. Richtig daran ist zumindest, daß George an literarischem Einfluß und publizistischer Wirkung trotz seiner »splendid isolation« durchaus interessiert war. In Berlin stellt George seit der Mitte der neunziger Jahre den Kontakt zu akademischen Kreisen her. Sein eigenes Universitätsstudium hat er, lustlos, nach drei Berliner Semestern abgebrochen. Der institutionalisierten Gelehrsamkeit steht er skeptisch gegenüber. »Von mir führt kein Weg zur Wissenschaft«, erklärt er in späteren Jahren. Dennoch schätzt George das Gespräch mit den Berliner Universitätsprofessoren, die seine Werke bewundern und ihren Studenten nahebringen. Man trifft sich im vornehmen Westend, in der Kastanienallee beim Malerehepaar Sabine und Reinhold Lepsius. Hier finden regelmäßig Lesungen im geladenen Kreis statt, hier verkehren der Soziologe Georg Simmel, der Philosoph Wilhelm Dilthey, der Kunsthistoriker Max Dessoir, die Schriftstellerin Lou Andreas-Salomé und der noch weitgehend unbekannte Rainer Maria Rilke.

Marie von Bunsen berichtet über einen Auftritt Georges im Hause Lepsius: »Wir saßen in den mit verschleierten Lampen matt erleuchteten Räumen auf florentinisch eingelegten Sesseln, auf verblaßtem Brokat... Dann glitt aus einer Seitentür ein Mann herein und setzte sich nach einer Verbeugung an das gelbverhüllte Licht: hinter ihm eine japanische golddunkle Stickerei, nicht weit von ihm Lorbeerzweige und orangerote Blüten in getriebenem Kupfergefäß. Niemals in meinem ganzen Leben ist mir ein so merkwürdiges Gesicht begegnet: Blaß, verarbeitet, mit müden schweren Lidern, mit herbem eindrucksvoll vibrierendem Mund... Er las mit leiser gleichmäßiger Stimme, mit feiner diskreter Betonung.« Alles ist hier ästhetische Inszenierung: das fast aufdringliche Jugendstil-Inventar, das abgedunkelte Licht, der distanzierte Gestus des Lesenden, die feierliche Deklamationstechnik, die den Versen Nachdruck verleiht. Thomas Mann hat dieses getragene Pathos der Georgeschen Leseabende wenig später in seiner Erzählung »Beim Propheten« satirisch aufs Korn genommen.

Der Berliner Kreis vergrößert sich rasch. Zu den Freunden aus dem Haus Lepsius stößt bald der Verleger Georg Bondi, bei dem George seit der Mitte der neunziger Jahre seine Gedichtbände publiziert. In Bondis geräumiger Grunewaldvilla wird ihm ständig ein Zimmer freigehalten, das er gern nutzt, weil es die Arbeit in Abgeschiedenheit ermöglicht. Ähnlich häufig quartiert er sich bei seinem Buchillustrator Melchior Lechter ein, der ein exquisit möbliertes Atelier in der Kleiststraße bewohnt. Auch innerhalb der Stadt wechselt George jetzt immer wieder seinen Aufenthaltsort, um sich vor lästigen Besuchern zu schützen. Bieten ihm Freunde ein neues Domizil an, so läßt es George zunächst einer strengen Prüfung unterziehen. Das Ritual läuft nach stets gleichem Muster ab: Der Meister bestimmt einen seiner Jünger zum »Reisemarschall« - in den Jahren bis 1914 meist Friedrich Gundolf, später Max Kommerell - und beauftragt ihn, die Lage zu sondieren. Ist das Zimmer ruhig, möglichst noch mit diskreter Ausgangstür versehen, so nimmt George die Einladung meist an. Bevorzugt wird eine dezentrale Lage im Süden der Stadt, zumal in der Nähe des Grunewalds. Der in ländlicher Gegend aufgewachsene George ist kein urbaner Flaneur mit Vergnügen an Massenbetrieb und Metropolenzauber. Er sucht das intensive Gespräch, den festen Freundeskreis, die Kontinuität im Beständigen. Eine innere Beziehung zu Berlin entwickelt George trotz seiner zahlreichen Besuche nicht.

Vor allem in den Jahren vor 1914 überwiegt die Distanz. Inmitten der »lärmigen stadt« finde er kaum die zur Arbeit nötige Stimmung, erklärt er 1898. Die ganze Metropole sei ein »kerker meist schrecklicher zellen und insassen«. Melchior Lechter rät er energisch zum Umzug nach Süddeutschland: »München ist die einzige stadt der erde ohne ›den bürger‹. hier gibt es nur volk und jugend. niemand sagt dass diese immer angenehm sind aber tausendmal besser als dieser Berliner mischmasch.« In den Schlußgedichten des »Siebenten Rings« (1907) hat George eine ganze Reihe von poetischen Stadtbildern entworfen, ohne dabei Berlin zu berücksichtigen. Ein lyrisches Thema war die preußische Metropole für ihn, anders als für Georg Heym, Oskar Loerke und Gottfried Benn, offenbar nicht.

Die innere Abwehr hat verschiedene Gründe. Die in Berlin dominierenden künstlerischen Strömungen mißfallen George ent schieden: Den Naturalismus der neunziger Jahre verwirft er ebenso wie später den Expressionismus. Theater und Oper, mit denen Berlin prunkt wie keine andere deutsche Stadt, lehnt er prinzipiell ab. Was bei George zählt, ist das reine Wort, die nackte Sprache ohne die Assistenz benachbarter Künste. Selbst Hofmannsthals lyrische Dramen, die in Berlin ihre Uraufführung durch Otto Brahm und Max Reinhardt erleben, gelten ihm als künstlerisch fragwürdig, weil sie auf einen gewissen Illusionseffekt kalkuliert sind. Für die Theatermoden des »Juste milieu« kennt sein Purismus nur Verachtung. Die hektische Betriebsamkeit der Reinhardt-Bühnen stößt ihn ab, die Berliner Feuilletons ignoriert er als Ausdruck bloßen Zeitgeists ohne Haltbarkeit. Die Kunstmetropole Berlin ist für George die exemplarische Verkörperung eines schalen Modernismus im Zeichen von Mediokrität und Anpassung.

Wenig Sympathie hegt George auch für das politische Berlin der Wilhelminischen Ära. Die anti-französische Stimmung, die hier allenthalben herrscht, bleibt ihm fremd. Als Rheinhesse steht er Frankreich nahe, als Übersetzer Dantes, Shakespeares und Baudelaires ist er von europäischen Kulturtraditionen geprägt, die sich mit nationalem Chauvinismus kaum vertragen. Die Kriegsbegeisterung von 1914 hat er, im Gegensatz zu manchen seiner Getreuen, nicht geteilt. Viele aus der jungen Generation sahen sich gleichwohl durch Georges Verse in ihrem zweifelhaften Patriotismus bestätigt. Im »Stern des Bundes« (1914) häufen sich die düsteren Bilder, die »Weltabend« und »Untergang«, männliche »tat« und »kampf« beschwören: »Zehntausend muß der heilige wahnsinn schlagen / Zehntausend muss die heilige seuche raffen / Zehntausende der heilige krieg.« Georges Programm der geistigen Erneuerung blieb nicht gefeit gegen Zweideutigkeiten. Es ließ sich durchaus als Plädoyer für den Krieg lesen, auch wenn es nach dem Willen des Verfassers keine politischen Bezüge besitzen sollte. Als »Unpolitischer« ist George eine repräsentative Figur für die Eskapaden deutscher Schriftsteller während der Kriegszeit.

Im Nachkriegsberlin der zwanziger Jahre sammelt George einen neuen Kreis von jungen Leuten um sich, die ihm treu ergeben sind. Zum wichtigsten Treffpunkt des Zirkels wird das Atelier des Bildhauers Ludwig Thormaehlen in der Albrecht-Achilles-Straße am Halensee. Im »Achilleion« steht George stets ein Zimmer mit separatem Eingang zur Verfügung. Hier hält er seine Audienzen und Lesungen ab, hier besuchen ihn seine Bewunderer: die Studenten Alexander und Berthold von Stauffenberg, zu denen sich später auch der jüngere Bruder Claus gesellt, Max Kommerell (dessen wissenschaftliche Laufbahn eben erst beginnt), Johann Anton, Erich und Robert Boehringer. 1928 erscheint, vorbereitet von Kommerell, Georges letzter Gedichtband »Das Neue Reich«. In Thormaehlens Atelier feiert man die Publikation durch Lesungen im ausgewählten Kreis. Aus dem »Meister« ist jetzt der selbsternannte Prophet und »Führer« geworden, aus der impressionistischen Liedkunst des Frühwerks die Technik des autoritären Merkspruchs und der hallenden Tagesbefehle. Beschworen wird ein »geheimes Deutschland«, in dem »zucht wiederum zucht« ist und die Getreuen sich um »das völkische banner« scharen. Nicht gesellschaftliche, sondern sittliche Erneuerung sei das Thema dieser Verse, erklärt George gesprächsweise. Daß sie auch anders, als Ausdruck des Einverständnisses mit den Zielen der politischen Rechten, gelesen werden konnten, macht ihre besondere Fragwürdigkeit aus.

Anfang Juli 1933 reist George von Bingen nach Berlin, um sich im Schutz der anonymen Großstadt den Feierlichkeiten zu entziehen, die die neuen Machthaber aus Anlaß seines bevorstehenden 65. Geburtstags geplant haben. Sein Protest gegen die rechte Diktatur beschränkt sich freilich auf Gesten der Verweigerung. Als der nationalsozialistische Kultusminister Rust ihm einen Ehrenposten in der gleichgeschalteten Akademie für Dichtkunst anbieten läßt, reagiert er mit einem Ablehnungsschreiben, das sein jüdischer Freund Ernst Morwitz in Berlin überbringt. Zur öffentlichen Absage an das braune Regime scheint George jedoch nicht bereit zu sein. Im ersten Heft der »Sammlung« formuliert Klaus Mann einen eindringlichen Appell an ihn, sich von den Vorgängen in Deutschland entschieden zu distanzieren. George verzichtet gleichwohl auf publizistische Meinungsäußerungen jeglicher Art; selbst im privaten Kreis spricht er vieldeutig und sphinxhaft über die neuen Machthaber. Nicht wenige seiner Getreuen treten bereits in den ersten Monaten des Jahres 1933 in die NSDAP ein; auch dazu hat er geschwiegen.

Bereits Ende Juli 1933 verläßt George Berlin. Im Herbst zieht er sich, schon von tödlicher Krankheit gezeichnet, nach Minusio bei Locarno zurück, begleitet nur von zwei jüngeren Freunden. Über seinen genauen Aufenthaltsort läßt er nichts verlauten. Sein Tod im Dezember 1933 wird vom offiziellen Deutschland kaum zur Kenntnis genommen. Die Gedenkveranstaltung der Berliner Akademie, bei der Gottfried Benn als Hauptredner vorgesehen war, sagt man in letzter Minute ab. Walter Benjamin schreibt, wenige Monate zuvor, an seinen Freund Gershom Scholem: »Soviel glaube ich gemerkt zu haben: wenn jemals Gott einen Propheten durch Erfüllung seiner Prophetie geschlagen hat, so ist es bei George der Fall gewesen.«

Carl Sternheim

Der Satiriker als Snob

Peter-André Alt

Unter den literarischen Kritikern seiner Zeit war Sternheim wohl der hellsichtigste, gewiß aber auch der widersprüchlichste. Zur satirischen Entlarvung des preußischen Militarismus gesellt sich bei ihm eine merkwürdige Sehnsucht nach Ordnung und Disziplin. Seine schneidenden Attacken gegen die Parvenüs der wilhelminischen High-Society kollidieren mit seinem eigenen gesellschaftlichen Ehrgeiz im Zeichen snobistischen Geltungsdrangs. Der Spott über die Salonbolschewisten der Weimarer Republik bricht sich in der dandyhaften Attitüde, mit der der Autor selbst seine Annäherung an den Sozialismus vollzieht. Seine Komödien über die Spießerwelt des Kaiserreichs enttarnen Aufsteigertum und bourgeoisen Egoismus, ohne ihren Figuren dabei die Zuneigung zu versagen. Hinter der Karikatur taucht unversehens das Monument des Bürgers als Held auf:

Nicht die satirische Denunzierung des aufstrebenden kleinen Mannes, sondern eine Verherrlichung seines ungebrochenen Machtwillens habe er literarisch in Szene zu setzen gesucht, so erklärt Sternheim im Rückblick. Theobald Maske und seine Brüder, die rasenden Spießer mit dem Hang zum Höheren, erscheinen in den Kommentaren ihres Erfinders als Vertreter eines vitalen

Egoismus, denen man Respekt entgegenzubringen hat, statt über sie zu lachen. »Die Hose«, »Der Snob« und »Bürger Schippel« - keine Komödien gegen die wilhelminische Gesellschaft (als die sie bis heute gelesen und gespielt werden), sondern Loblieder auf die Rücksichtslosigkeit der Emporkömmlinge und die Lebensfreude der Skrupellosen.

Als Satiriker scheint Sternheim stets, einem seit Schiller gängigen Klischee entsprechend, auf der Suche nach dem verlorenen Ideal vom besseren, durch keine Konventionen eingeschränkten Menschen. Als Kritiker zeigt er stille Sympathien für die Wunschvorstellungen der von ihm denunzierten Figuren. Im Leben ist er selbst, was seine Komödiengestalten zum Gespött der Leute macht: Aufsteiger, Parvenü und Snob, bürgerlicher Familiendespot, Erotomane und Ehrgeizling. Ein Mann mit vielen Gesichtern: »als Mensch nicht angenehm«, wie er seiner zweiten Frau Thea gesteht, Dandy und Egozentriker, zugleich einer der intelligentesten Kritiker seiner Epoche, unbestechlich trotz fatalen Hangs zur Eitelkeit, empfindsam bei aller satirischen Aggressivität, anrührend hinter sezierender Schärfe.

Sternheims innere Zerrissenheit findet ihren Ausdruck auch in seinem Verhältnis zu Berlin. Sinnbild der Kräftevielfalt und Symbol oberflächlichen Pomps ist ihm die Stadt gleichermaßen. Gearbeitet hat er in ihr nie für längere Zeit, sie meist nur für Kurzbesuche genutzt: vor dem Krieg als kritischer Beobachter der Theaterszene und Anwalt des eigenen Werkes, das zwischen 1912 und 1914 allmählich den Durchbruch schafft; in den zwanziger Jahren gelegentlich als Regisseur seiner Komödien, deren Inszenierung durch prominente Theaterleute wie Felix Hollaender, Max Reinhardt, Gustav Hartung und Rudolf Bernauer ihn nie vollständig zu befriedigen vermochte.

Sternheims Berlin-Bild ist wesentlich geprägt durch die Kinder- und Jugendjahre: als Sechsjähriger zieht er mit seinen Eltern in den damals vornehmen Bezirk Tiergarten, zunächst in die Brückenallee, später in die Belle-Alliance-Straße, wo die aus Hannover stammende Familie einen aufwendigen Haushalt führt, der durch zweifelhafte Börsengeschäfte des Vaters finanziert wird. Die Opulenz der Kaiserparaden, der geborgte Glanz der Gründerzeit, die unerhörte architektonische und verkehrstechnische

Expansion der Stadt beeindrucken den Heranwachsenden wie viele andere seiner Generation. Auf dem Tempelhofer Feld, unweit der Belle-Alliance-Straße, finden zur Feier des Sedanstags prunkvolle Militäraufzüge statt, deren Stimmung Sternheim noch 40 Jahre später in seiner Biographie ganz ohne ironische Distanz schildert: »Ihre Majestäten, Wilhelm II. und die Kaiserin Auguste Viktoria, wurden von uns Kindern wie von dichten Volksspalieren unten mit Tücherwehen jubelnd begrüßt, kamen sie, sie in vierspänniger, offener, à la Daumont bespannter Kutsche mit großem Hut, wallender Feder darauf, er mit hochgewichstem Schnurrbart an der Spitze der Fahnenkompagnie des ersten Garderegiments zu Fuß, hin und zurück vorbei.«

Nach der Kinder- und Jugendzeit hat Sternheim Berlin nur sporadisch zu seinem Wohnsitz gemacht. Als Student bezieht der knapp Fünfundzwanzigjährige 1902 mit seiner ersten Frau Eugenie für kürzere Zeit ein Domizil in der Knesebeckstraße; im Sommer 1929 hält er sich, nach einer schweren Nervenerkrankung, in einem Berliner Sanatorium auf und bleibt, für ihn untypisch, annähernd ein Jahr in der Stadt. Ansonsten, zumal in der Phase seiner literarischen Erfolge zwischen 1912 und 1928, bevorzugt Sternheim Kurzaufenthalte, die den Charakter von Inspektionsbesuchen tragen: Geprüft werden Zeitgeist, Theateratmosphäre und, nicht zuletzt, die Chancen für die Durchsetzung der eigenen Arbeit. Beliebtestes Quartier ist dabei das »Hotel Adlon«, dem der Autor über 25 Jahre die Treue hält. Das Haus sei, so vermerkt er 1922, »teuer und gut«, das Publikum freilich bleibe gemischt: »Kein Deutscher außer zwei Dichtern, Sternheim und Hauptmann, sonst Schieber.«

Der Bühnenruhm stellt sich bei Sternheim erst spät ein. Ehe er sich in Berlin einem breiteren Publikum bekanntmacht, vergeht fast ein Jahrzehnt. Max Reinhardt, der ihn 1909 in München auf einem Faschingsball kennenlernt, mag sich mit seinen Arbeiten zunächst nicht anfreunden. Der junge Sternheim versucht sich an tragischen Stoffen, schreibt Historiendramen im neuromantisch-lyrischen Stil, die dem Zeitgeist entsprechen, seine satirischen Fähigkeiten aber nicht zur Entfaltung kommen lassen. Für die Berliner Aufführung der »Don Juan«-Tragödie verlangt Reinhardt vom Autor eine Garantiesumme von 50 000 Mark, weil er das künstlerische Risiko nicht allein tragen möchte. Sternheim, in zweiter Ehe mit der Millionärserbin Thea Bauer verheiratet und Herr über ein dreißigzimmriges Schloß bei München, kann auf derartige Bedingungen eingehen, ohne in finanzielle Nöte zu geraten; dennoch bleibt Reinhardts Ansinnen für ihn eine Zumutung, verrät es doch tiefgreifende Zweifel an den künstlerischen Qualitäten seiner Arbeit. Zu den ihm gegebenen stilistischen Möglichkeiten findet Sternheim erst, nachdem ihn der Freund Franz Blei dazu ermuntert hat, sich auf moderne Stoffe einzulassen und Vertrauen in die eigenen komödiantischen Talente zu setzen. Nach 1909 entstehen in rascher Folge die Lustspiele des Zyklus »Aus dem bürgerlichen Heldenleben«: «Die Hose«, »Der Snob«, »Die Kassette«, »Bürger Schippel« und »1913«. Zum literarischen Vorbild avanciert Molière, dessen Werk Sternheim auf Bleis Anregung genauer studiert. Wie der große Franzose möchte er selbst »Arzt am Leib seiner Zeit« sein. Satire wird zum Akt der Sozialtherapie, die jedem dazu verhelfen soll, seine Individualität jenseits gesellschaftlicher Normen zu behaupten. Der Komödienspott gilt dem Rollencharakter, der seine Einzigartigkeit sozialem Zwang geopfert hat und sein Ich hinter der Maske der Anpassung verbirgt. Ziel des Satirikers bleibt es, den Zuschauer zur Entfaltung seiner je individuellen »Nuance« zu ermuntern: »Des Menschen sämtliche, ihm von seinem Schöpfer gegebene Eigenschaften blank und strahlend zu erhalten, ist ihm unabweisbar Pflicht.«

Das Publikum nimmt Sternheims Komödien vorerst nur als provokante Attacken gegen die Doppelmoral des Spießbürgers wahr – und reagiert gereizt. Durch die Berliner Premieren der »Hose« und der »Kassette« (1911) erwirbt Sternheim den Ruf eines Skandalautors, den er sichtbar genießt. Mit gehörigem Vergnügen präsentiert er sich am Ende der Aufführungen dem tobenden Publikum und steigert dessen Wut durch demonstrativ zur Schau gestellte Höflichkeit. Öffentlich diskutiert werden nicht Sternheims Komödien, sondern die Affären, die sich um ihre Inszenierungen ranken (im Zuge des Streits um die »Hose« kommt es sogar fast zum Rücktritt des Polizeipräsidenten). Das Feuilleton steht dabei durchweg auf Seiten des entrüsteten Publikums: »die ergebene Presse« so Sternheim später, »zog blank.« Im übrigen aber, betont der Autor, seien kritische Zeitungsstimmen für ihn,

»was für den anderen Produzenten die teuer bezahlte Reklame ist. Sie propagierten immer mehr, wenn sie tadelten, als wenn sie lobten.« Daß sich hinter derartigen Ostentationen der Gelassenheit ein verletzliches Gemüt verbarg, erwies sich bei anderen Gelegenheiten, wenn Sternheim in offenen Briefen Presse und Theater, ja sogar den eigenen Verleger Kurt Wolff der vorsätzlichen »Sabotage« seines Werkes beschuldigte, mit juristischen Reaktionen auf Verrisse drohte, gegen Feuilletonredaktionen prozessierte und Regisseure verdammte, deren Inszenierungen nicht seinen Vorstellungen entsprachen.

Der Durchbruch gelang Sternheim mit dem »Bürger Schippel« und dem »Snob«, für deren Uraufführung jeweils Max Reinhardt verantwortlich zeichnete. Die »Snob«-Inszenierung mit Albert Bassermann in der Rolle des Christian Maske, deren Premiere am 2. Februar 1914 in den »Deutschen Kammerspielen« unter den Augen des Kronprinzen stattfand, hat Sternheim auch in späteren Jahren als eine der wenigen gültigen Aufführungen seines Werkes bezeichnet. Den öffentlichen Erfolg, der ihm jetzt zufällt, genießt er aus vollen Zügen. Neben die gesellschaftliche Anerkennung, die ihm in der Rolle des millionenschweren Münchner Schloßherren bereits seit einigen Jahren zuteil wurde, tritt nun der lang entbehrte künstlerische Triumph. Er zelebriert ihn auf den Parties Walther Rathenaus ebenso wie auf den Banketten der zeitgenössischen Theatergrößen, auf Faschingsbällen und offiziellen Empfängen. Die snobistische Attitüde, mit der Sternheim seine eigene Berühmtheit kultiviert, schließt jedoch die Furcht vor den Risiken des öffentlichen Erfolgs keineswegs aus. Im Januar 1914 nimmt er an einer Premierenfeier zu Ehren Gerhart Hauptmanns teil, dessen »Bogen des Odysseus« am Abend im »Deutschen Künstlertheater« die Uraufführung erlebt hatte. An seine Frau Thea schreibt Sternheim: »Es war alles da, was Anspruch macht, in Deutschland Geist zu besitzen, und aus all diesen Hirnen hagelte ein solcher Stumpfsinn, ein solcher Brei des Blödsinns nieder, daß mich mit der fortschreitenden Nacht Verzweiflung bis zu Tränen packte. Seit so vielen Jahren habe ich mich um die Anerkennung der Menschen fieberhaft bemüht, deren Häupter diese von Gott verlassenen Cyniker sind.« Und angesichts des gefeierten Gerhart Hauptmann fragt er sich besorgt: »Bin ich dazu da, so zu enden?

Anerkannt von der Nation, zwischen Sektkübeln und Austern, zwischen Ordensbändern und Sauce béarnaise zu taumeln?«

Sternheim blieb das Schicksal des »Repräsentationsdichters« erspart. Sein Werk eignete sich nicht dazu, einvernehmlich in den Rang des Klassischen gehoben und damit entschärft zu werden. In den Jahren des Krieges verhinderte ein Zensuredikt die Aufführung seiner Komödien auf preußischen Bühnen. Sternheim wich in dieser Zeit erneut ins historische Genre aus: Übersetzungen (von Molières »Geizigem«) und Bearbeitungen (»Das leidende Weib« nach einer Vorlage des Stürmers und Drängers Friedrich Maximilian Klinger, »Der Scharmante« nach Maupassant) sorgten dafür, daß er, oftmals nur in nicht-öffentlichen Aufführungen, auf Berliner Bühnen präsent blieb. Erst mit der Lockerung der Zensurmaßnahmen Ende 1918 gelingt es Sternheim, sich neuerlich einen festen Platz in den Spielplänen zu erobern. Neben die Vorkriegskomödien treten nun Versuche, auf die neue politische Konstellation zu reagieren. In »Tabula rasa« (1916) und im »Nebbich« (1922) decouvriert Sternheim Salonkommunisten und verspießerte Sozialdemokraten als Vertreter desselben subalternen Ungeists, im »Fossil« (1925) attackiert er den Militarismus preußischer Prägung, der sich nach dem Ende des Krieges nur notdürftig verhüllt, aber kaum gewandelt hat.

Die Revolution vom Herbst1918 mochte Sternheim nicht als historische Zäsur gelten lassen. In seinem polemischen Essay »Berlin oder Juste milieu« (1920) betont er die Kontinuität, die Wilhelminismus und Weimarer Republik miteinander verbindet. Einer echten Revolution, so findet er, sei die Zeit nicht zuträglich gewesen, weil ihr die geistigen Voraussetzungen für einen tiefgreifenden Umbruch fehlten. An die Stelle des preußischen Militaristen trat bald der Typus des Neureichen, der sich in den nur oberflächlich veränderten politischen Verhältnissen behaglich einrichtete, der Kriegsgewinnler, der unter der »smarten Gentlemens Maske mit dem Tausendmarkschein in gerollter Faust Maschen der Gesetze durchschwimmt«. Hinter dem Theaterkostüm der geläuterten Demokraten kamen die alten Akteure zum Vorschein: »Dichter begannen wieder, ihre Schlaganfälle dem Berliner Tageblatt zur Veröffentlichung für einen kunstverständigen Leserkreis mitzuteilen, es starb kein Geheimrat und kein Mime ohne Nachruf mehr, und der glatzköpfige große Schieber, den wir alle kennen, fuhr im Auto wieder in seine Grunewaldvilla.«

In den zwanziger Jahren bestimmt Sternheim neben Georg Kaiser das moderne Repertoire der Berliner Bühnen. Zufrieden ist er mit seiner Wirkung gleichwohl nicht. Reizbar und hypersensibel reagiert er auf alle Versuche, ihn für eine bestimmte Stilrichtung zu vereinnahmen. Zwar publiziert er gelegentlich in Franz Pfemferts »Aktion« und nähert sich vorübergehend sozialistischem Gedankengut an (vermittelt zumal durch die Bekanntschaft mit Otto Rühle); aber er bleibt doch ein Einzelgänger, der es niemandem recht machen möchte und sich, umgekehrt, von jedem mißverstanden fühlt. Vom »Juste milieu«, dessen Spuren er überall wittert, will er sich gerade durch Immunität gegen Ideologien aller Art unterscheiden.

In einer Umfrage aus dem Jahr 1927 äußert sich Sternheim skeptisch über die Zustände des deutschen, namentlich des Berliner Theaters. Vorherrschend seien die Vermessenheit eitler Schauspieler, der Geltungsdrang unsensibler Regisseure und die »Respektlosigkeit« von Intendanten, die als bessere Buchhalter der Kunst das Repertoire allein an merkantilen Interessen ausrichteten. Vom Mittelmaß der Theaterleute fühlt sich Sternheim selbst direkt betroffen: noch warte jedes seiner Stücke »auf die Aufführung, in der nicht der Trick des Regisseurs, ein Verhältnis des Direktors oder der Größenwahn eines verkalkten Prominenten, nicht die Rücksicht auf die größtenteils ahnungslose Presse oder das stullenfressende Publikum vorherrscht...«

1930 zieht sich Sternheim, psychisch krank, künstlerisch ohne Perspektive, aus Deutschland zurück und nimmt seinen Wohnsitz in Brüssel. Das Aufführungsverbot, das die Nationalsozialisten drei Jahre später über seine Arbeiten verhängten, macht daraus ein Zwangsexil, aus dem er nicht mehr wiederkehrt. 1942 stirbt er, vereinsamt, mittellos und fast vergessen, in seiner Wohnung in der Brüsseler Rue Emmanuel van Driessche. Für ihn bleibt gültig, was Robert Musil im Blick auf sein künstlerisches Ethos vermerkt hat: »einer, der in hartem Holz zu sägen liebt und nicht Laubstreu für Lesekühe schneidet.«

Harry Graf Kessler
Virtuose der Vermittlung

Tilman Krause

Der sechsjährige stand mit einem Blumenstrauß am Krankenlager Bismarcks. Kaiser Wilhelm I. durfte er mit »Onkel« anreden. Doch Bernhard von Bülow, Lieblingskanzler Wilhelms II., rächte sich für den Korb, den seine Mutter ihm einst gegeben hatte, indem er dem Sohn höchstpersönlich die gewünschte diplomatische Karriere verwehrte. Der Zurückgestoßene, von Kindheit an mit den Größen seiner Zeit auf Du und Du, verlegte sich auf das Fördern von Kunst und Künstlern. Die Einrichtung seiner Wohnungen überließ er Henry van de Velde. Aristide Maillol sorgte für Plastiken, Pierre Bonnard für Gemälde. Georg Kolbe modellierte den Kopf des Hausherrn. Max Liebermann zeichnete ein Brustbild. Edvard Munch schließlich malte ihn 1906 lebensgroß in Öl - und in dieser gelb-violetten Darstellung, die jetzt in der wiedervereinigten Berliner Nationalgalerie prunkt, ist er vielleicht am stärksten ins kollektive Gedächtnis der Deutschen eingelassen: der elegante, eher britisch wirkende deutsche Schriftsteller irisch-schweizerischer Abkunft Harry Graf Kessler. 1868 in Paris geboren, wurde er in England erzogen und fand schließlich nach mehrjährigem spanischen Exil im Dezember 1937 auf dem Pére-Lachaise seine letzte Ruhestätte. Von 1898 bis 1933 war sein erster Wohnsitz Berlin.

Während der Entstehungszeit von Munchs berühmtem Porträt notierte der Hochmögende in sein Tagebuch: »Mir überlegt, welche Wirkungsmittel ich in Deutschland habe: d. deutsche Künstlerbund, meine Stellung in Weimar inclusive des Prestiges trotz des großherzoglichen Schwachsinns, die Verbindung mit der Reinhardtschen Bühne, meine intimen Beziehungen zum Nietzsche-Archiv, zu Hofmannsthal, zu van de Velde, meine nahen Verbindungen mit Dehmel, Liliencron, Klinger, Liebermann, Ansorge, Gerhard Hauptmann, außerdem mit den beiden einflußreichsten Zeitschriften Zukunft und Neue Rundschau und ganz nach der anderen Seite zur Berliner Gesellschaft... Sicherlich könnte einer mit solchen Mitteln Princeps Juventutis sein.«

Ein solcher wurde Kessler zwar nicht, aber der arbeiter elegantiarum seiner Zeit war er gewiß. Wenn es im Wilhelminismus jemanden gab, der dank seiner Verbindungen und seines immensen Vermögens ein Gegengewicht zum herrschenden Ungeschmack bilden konnte, dann war es der »rote Graf«, wie er bei seinen Standesgenossen hieß. Dieser Aristrokat (freilich erst in zweiter Generation), der ein besonderes Faible für die von Wilhelm II. als »Rinnsteinkunst« verspottete Avantgarde der Jahrhundertwende besaß, unterstützte später George Grosz, Wieland, Herzfelde und Johannes R. Becher. Möglicherweise noch verwirrender für Zeitgenossen wie Nachwelt: Kessler verkörperte in einer Nation, die auch in ihren geistigen Milieus einem spießigen Begriff von beamtenhafter Professionalität huldigt, den Dilettanten im besten Sinne. Eine Form liebhaberischer Zuständigkeit also, die das 18. Jahrhundert zu schätzen wußte, die jedoch, schon zu seinen Lebzeiten im Aussterben begriffen, inzwischen zum großen Schaden unserer Kultur vollends verschwunden zu sein scheint.

Kessler war kein Berufs-Diplomat. Aber er vertrat sein Land als erster deutscher Botschafter im Nachkriegs-Warschau, engagierte sich für den Völkerbund, kandidierte (allerdings erfolglos) als DDP-Mitglied für den Reichstag und schrieb 1927 eine Biographie über Rathenau, die heute noch als Standardwerk gilt. Kessler war kein ausgebildeter Kunsthistoriker. Aber er fungierte als Mitherausgeber und spiritus rector einer der einflußreichsten Kunstzeitschriften seiner Epoche, des kurzlebigen »Pan«, und betrieb als Direktor des Weimarer Kunstmuseums zwischen 1903 und 1906 die modernste Ausstellungs- und Ankaufspolitik, die es damals in Deutschland gab, wobei er – quasi nebenbei – den bedeutendsten deutschen Maler dieses Jahrhunderts, Max Beckmann, entdeckte.

Kessler war auch kein Dichter. Aber er hat entscheidenden Anteil am Libretto des »Rosenkavaliers«, und die Handlung von Richard Strauss' Ballett »Josephslegende« geht ganz und gar auf ihn zurück. Außerdem hat er mit seinen Lebenserinnerungen »Gesichter und Zeiten« einen wesentlichen Beitrag zur deutschen Memoirenliteratur geleistet. Seine fünfzehntausend Seiten Tagebuch schließlich, über nahezu ein halbes Jahrhundert geführt, legen in ihrer geschliffenen Sprache, der Treffsicherheit des Urteils und dank des enormen Kenntnisreichtums ihres Autors auf sämtlichen Gebieten des kulturellen und politischen Lebens so lebendiges Zeugnis ab, wie es in unseren Breiten vorher und nachher nicht geschehen ist. Dies stellt eine zeithistorische, aber auch literarische Leistung dar, der allenfalls die Tagebücher der Brüder Goncourt an die Seite gestellt werden können.

In Deutschland muß man himmelstürmende Gedichte oder formsprechende Romane schreiben, wenn man als Schriftsteller etwas gelten will. Ist es daher ein Wunder, daß Kessler hierzulande weit davon entfernt ist, den ihm gebührenden Ruhm zu genießen? Womöglich noch schwerer als seine literarische Produktivität in vermeintlichen genera minora wie Essay, (Auto)-Biographik und Diarium wiegt, daß Kessler mit Matrosen und Arbeitern befreundet war und sich nicht nur auf Premierenfeiern, Empfängen sowie in den Salons der tonangebenden Kreise blicken ließ, sondern auch übelbeleumundete Etablissements der Reichshauptstadt wie das Schöneberger »Kleist-Casino« frequentierte. Dieser Virtuose der Vermittlung war für einen deutschen Intellektuellen einfach zu gesellig und hatte den falschen Umgang. Hofmannsthal zahlte es ihm heim, indem er dem befreundeten Kollegen »Allerweltsintimität« vorwarf.

Und noch etwas tat seiner Beliebtheit postum und zu Lebzeiten Abbruch: Ihm fehlt die menschliche Wärme. Neugier, nicht das Bedürfnis nach Nähe scheint der Antrieb seiner Kontakte gewesen zu sein. Schonungslos ist die Wahrnehmung von Schwächen anderer. Sie werden präzis und unbeteiligt registriert, als erwarte sich dieser Melancholiker von der Spezies Mensch nichts anderes. Ein engagierter, aber niemals enragierter Intellektueller, umweht ihn Gefühllosigkeit. Diese beklagten schon seine Freunde und Protegés. Aber auch den Leser von heute mag sie irritieren. Vergeblich fahndet man in seinen persönlichen Aufzeichnungen nach Spuren eines Intimlebens. Geliebt hat Kessler wohl nur seine Mutter. Ihrer Schönheit und ihrem Liebreiz ist der erste Teil seiner Erinnerungen gewidmet. Doch selbst hier übermannt ihn sein Hang zur unbestechlichen Beobachtung. In der grausam genauen Schilderung ihres Altersverfalls setzt sich der nüchterne Chronist alsbald wieder durch, der hier immerhin das irritierende Flackern einer Liebe aufleuchten läßt, die den Haß einschloß.

Und Kesslers Verhältnis zu seinen Landsleuten? Es war gespannt. Natürlich liebte er manche Züge ihrer Geistigkeit, den unverwechselbaren Innigkeitston der deutschen Musik und Lyrik etwa oder die Konventionen und Zwänge hinter sich lassenden großen »problematischen Naturen« in ihren Epen und Dramen. Aber wie alle deutschen Intellektuellen, die auch etwas von Politik verstehen, klagte er: »Wenn nur der politische Sinn nicht so selten wäre! Das, was jeder italienische Makkaronihändler hat!« Kessler sah auch tief genug, um zu erkennen, daß deutsches Unverhältnis zum Politischen die Kehrseite jener Medaille war, die so mit Stolz erfüllte: des deutschen Kulturbewußtseins. Als der Gymnasiast, des Drills an englischen Internaten überdrüssig, sich in den achtziger Jahren des 19. Jahrhunderts am Hamburger Johanneum auf das Abitur vorbereitete, machte er erste Bekanntschaft mit deutschem Bildungsphilistertum: »Wenn von jemand gesagt wurde, er sei ›ungebildet‹, so war das so, als wenn es in England hieß, jemand sei ›kein Gentleman‹, es gab nichts Geringschätzigeres. Der Kult der Bildung hatte etwas Mystisches. Auch insofern, als sein eigentlicher Gegenstand nicht zu fassen war und kaum je aus dem allgemeinen Nebel hervortrat... Geschmack, das heißt ein durchgebildetes Bild für Formen und Farben, gehörte bestimmt nicht zur Bildung... Bildung war auch nicht Charakterbildung.« Sie war um ihrer selbst willen da getreu der Definition Richard Wagners: »Deutsch sein heißt, eine Sache um ihrer selbst willen tun«. Das rettete sich über alle Epochenbrüche hinweg.

Anläßlich eines Besuches in der deutschen Provinz 1924 konstatierte Kessler, der wahrlich kein Bilderstürmer war, aber eben doch Zivilcourage über die Bildung stellte: »Sie haben die Kultur gefördert, aber den Menschen gebrochen.« Und in diesem Auseinandertreten eines »Höheren«, das der Kultur vorbehalten war, und den »Niederungen« der Politik sah er auch den Humus, auf dem sich der Nationalsozialismus einnisten und entfalten konnte: »Ich sagte, mit der Zeit hätte ich zwei Grund-Wesenszüge der Deutschen, namentlich des jungen Deutschen, als absolut und unveränderlich erkannt, die bei jedem, ob er links oder rechts stehe, ... immer durch alle Umhüllungen und Weltanschauungen hindurchbrächen: die Flucht in die Metaphysik, in irgendeinen ›Glauben‹ (Marxismus, Kommunismus, Hitlerismus, Philosophie oder was immer), und den Trieb zum Drill, zum Strammstehen und Kommandiertwerden oder Kommandieren; im Gegensatz zum jungen Franzosen habe der junge Deutsche gar keinen Trieb zur wirklichen Unabhängigkeit, zur persönlichen, unbeschränkten Freiheit«.

Wie aktuell sind diese 1932 geschriebenen Zeilen! Heute beginnen es die zackigen Losungen der Rechtsradikalen zu sein, davor waren es die verschwommenen Parolen der Öko-Pazifisten und wieder eine Generation zuvor die steilen Theorien der Gesellschaftsdeuter aus der Frankfurter Schule, die von einer ganzen Generation willenlos nachgeplappert wurden. All diesen Glaubensformen gemeinsam ist der Gestus des Einschüchterns, aber auch das Esoterische, was genau an die beiden von Kessler genannten Grundzüge appelliert: das Bedürfnis nach einem nebulösen Absoluten, gepaart mit der Neigung, sich intellektuell zu unterwerfen.

Das hat weitreichende Konsequenzen. Auch die unerquicklichen Formen deutscher Geselligkeit unter Intellektuellen ließen sich für Kessler durch den Hang zum Absolutesten erklären: »Ich sagte, in Paris bewege man sich von Salon zu Salon, in Berlin komme ich mir immer vor, als ob ich von einer Volksversammlung in die andere gehe. Frühstück glich in der Tat einer Volksversammlung; alles schrie und wollte recht haben ohne Grazie oder Esprit. Kein geprägtes Wort, kein scharfer Pfeil, lauter laute Meinungen.«

Und die deutsche Literatur? War nicht auch sie mit ihrer Vorliebe für »das närrisch Revolutionäre« Ausdruck mangelnder Zivilität – und zwar wieder bei den Rechten und den Linken? Mußte es nicht darum gehen, auch den deutschen Schriftstellern eine Lektion in Wirklichkeitswahrnehmung zu erteilen? Kesslers Entscheidung für das Genre des Biographischen hatte auch programmatische Bedeutung.

Bevor er sich an die Niederschrift seiner Erinnerungen machte, gab er sich im Tagebuch methodischen Vorüberlegungen hin, die noch heute jedem Germanisten das Wasser im Munde zusammenlaufen lassen müßten. Keinesfalls orientierte er sich am Typus »Denkwürdigkeiten«, der zu Beginn der dreißiger noch einmal durch das Erscheinen der Memoiren von Kesslers Intimfeind Bernhard von Bülow bereichert wurde. Kesslers Vorbild war eher Klaus Manns »Kind dieser Zeit« (1932). Er wollte den analytischen Blick auf die Prägungen des Ich durch den geschichtlichen Rahmen und die Herausbildung der eigenen Persönlichkeit in ihrem Widerstreit mit ihm. Das bedeutete Introspektion und Durchdringung der Weltläufe – allerdings nach Gesetzen eines »dramatischen Aufbaus«. Dieses Unternehmen sollte zuletzt subjektive »Sinngebung« bieten – auch Kessler bedient sich bisweilen deutscher Lieblingsvokabeln. Aber Sinngebung mit Bodenhaftung: Der historische Grund mußte fest und verläßlich sein.

Das war bei Kessler nicht zuletzt dank seiner emsigen Notate der Fall. Sie dienen uns heute, wie sie damals ihm dienten: als unerschöpfliche Fundgrube kulturhistorischer Details und Analysen. Seine Beschreibung der Privatgemächer Wilhelms II. im Berliner Schloß, die Kommentare zur Hindenburg-Wahl 1925 gehören in jedes geschichtliche Lesebuch. Die Porträts politischer Größen von der Jahrhundertwende bis 1933 nicht minder. Der immer wieder vorgenommene deutsch-französische Kulturvergleich des Wahlparisers steht dem von Frankreichkennern wie Curtius und Sieburg nicht nach. Die Vielzahl scharfsichtiger Beobachtungen aus dem Berliner Gesellschaftsleben ersetzt uns den großen Epochenroman über die Weimarer Republik, den wir nicht haben. Kesslers Eindrücke schließlich, repräsentative künstlerische Ereignisse, speziell Theateraufführungen, betreffend, halten jedem Vergleich mit den Großkritikern der Epoche stand, ja sind ihnen manchmal überlegen, weil Kessler keine Politik machen wollte. Er ist ein deutscher Schriftsteller aus der Linie, die einst Gustav Heinemann »die andere Tradition« nannte. Es ist die demokratisch-zivile, die weltläufig-urbane Tradition. Man begegnet ihr nicht eben häufig in unserem Lande.

Rudolf Borchardt

In der kalten Wüste Berlins

Hanns Zischler

»Ich habe keine Heimatstadt gehabt und gekannt und erst spät erfahren, daß ich ein Heimatland habe; daß ich ein Vaterland habe, erst an mir selber in reifen, bitteren Stunden. So habe ich auch kein Elternhaus und keine Familie gehabt und es wäre ein müßiges Schema der Autobiographie, wenn ich von Land, Provinz, Stamm und Stadt, Vätern und Eltern ausginge.« Mitte der zwanziger Jahre schreibt in Italien Rudolf Borchardt, fast fünfzigjährig, von dem unheimatlichen Berlin durch Jahrzehnte und mehr als bloß die Alpen getrennt, »Das Leben Rudolf Borchardts von ihm selbst erzählt«. Wie vieles aus seiner Feder ist auch dieses Prosastück unabgeschlossen geblieben, doch führt es den Leser mit unerschrockener Anschaulichkeit vor, wie aus der Kälte dieser großbürgerlichen Berliner Kindheit eine Krise hervorbricht, deren Nachwehen im rabiaten Außenseitertum des späteren Dichters noch zu fassen sind.

Doch zunächst weist er der in Königsberg beheimateten Familie eine Patrizierbühne zu, in deren Perspektive die jüdische Abkunft der Borchardts überwunden geglaubt werden soll: »protestantische Sippe jüdischen Ursprungs« lautet die knappe Formel. So wie nach Borchardt die Königsberger Judenschaft »nicht auf der Linie Moses Mendelssohns, der Berlinischen Halblösung [i.e. die Assimilation. H. H. Zischler] stehengeblieben war, um durch Aufklärung und Duldung und Vertuschung ... den Anschluß an den deutschen Geist dort zu suchen, wo er gewissermaßen am zugänglichsten war«, so macht er für sich selbst geltend, »Geschöpf eines preußischen Lehrers und königlichen Beamten« eher zu sein als Sohn eines Großbankiers. Und in schroffer Ablehnung, auf ein jüdisches Erbe festgelegt zu werden, schreibt er später: »Wem ich ein Dorn im Auge bin, der halte sich statt an einen mystischen Blutzauber, unter den er mich bannen zu können wähnt, an die Fügungen meiner Bildungsgeschichte.«

Im Vergleich mit Ostpreußen, dem Kronland, wird Berlin zu einer fast verschwindenden Größe herabgestuft. In den geoemblematischen Phantasien der Großmutter ist Ostpreußen der »Kopf« und Schlesien die »Pranke« des Löwen, der nur nach Osten schreitet und nie nach Westen blickt.

Und schließlich ist es zu Beginn seiner Bonner Studienzeit (der alten Sprachen und der Archäologie) die Lektüre des in allem richtungsweisenden Ostpreußen Johann Gottfried Herder, welcher Borchardt das lebensgeschichtlich folgenreichste »Erweckungserlebnis« bereitet und seinen Blick von der Moderne abwenden macht: »Meine leidenschaftliche Unruhe und Ungeduld war keine Kinderkrankheit gewesen ... Die Welt des Geistes, die ich verlangte, gab es, hier war sie.« Herder war für Borchardt – wie fünfzig Jahre später für den Landsmann Johannes Bobrowski – vorbildlich, weil er so »groß war, seinem Volk fremde Schätze anzueignen«. Er selbst wird in diesem Sinn ein unermüdlicher, dichterischer Übersetzer von Werken werden, deren geschichtstiftender Wert infolge eines doppelten Traditionsbruchs (Mitte des XVI. und Mitte des XIX. Jahrhunderts) verloren zu gehen droht. So kann es nicht verwundern, wenn er die Geschichte seines Lebens als »die Geschichte des Zusammenbruches der deutschen Überlieferung und des Versuchs eines Einzelnen, diese aus den Trümmern zu ergreifen und in sich herzustellen,« begreift. Geschichte und Dichtung werden unter seinem forschenden Blick phantasmagorisch verklammert, dies ist es, was er einmal die Arbeit an der »nationalen Plastik«, die »Herdersche Linie« nennt.

Weit vor der Entdeckung Herders, wie die aus großer Distanz verfaßte Kindheitsgeschichte bezeugt, hat der Knabe sich mit den Grundfiguren (kindlicher) Phantasmagorie vertraut gemacht. In seiner Ferieneinsamkeit – die Eltern und Geschwister sind schon an die See gefahren – durchstreift er die menschenleere, riesige Berliner Wohnung und »mein eigentliches, bangendes Entzücken waren die Bewohner dieser Höhle, die Porzellane ... Um die blütenbesetzten Bäume, deren Krone eine offene Fruchtschale bildete, verfolgten rosige Männer, den Degen durch den violetten Leibrock gesteckt, engelhafte Schäferinnen ... dann in den Tanzsaal hinüber huschend war ich selbst der Prinz und verfolgte eine eingebildete Schöne, die ich mir in meiner eigenen Größe träumte.« Und unversehens wird aus dem »seltsamen« und »komischen« Kind ein kleiner Herrscher, wenn er, wie er es später im Adlerflug über ganze Epochen tun wird – man lese nur einmal »Die Tonscherbe« und »Rheinsberg« –, seinen Panoramablick auf Berlin ruhen läßt: »Ich konnte der Versuchung nicht widerstehen ... dann und wann durch das Fenster zu blicken. Tief unten auf dem Flusse zogen langsam die riesigen Kähne zwischen den steintoten Kaimauern, kleine Menschen eilten her und hin, Wagen und Bahnen fuhren, vom Lehrter zum Friedrichstraßenbahnhof donnerten die Stadtzüge über den Viadukt, rauchig, mitten im Blau hing es über den Schloten des Wedding.«

Im übrigen wird die »neufreche Weltstadt« als unwirtlicher Ort beschrieben, und Borchardts peremptorische Verwerfung der

Moderne findet im Berlin der Gründerzeit hinreichend Anschauungsmaterial: »es war alles in einem formlosen Provisorium als stiege die Stadt erst auf und wäre in ein ewiges ›Einstweilen‹ gestellt«. Als »düster« und »öde pomphaft« wird das »finstere häßliche Riesengebäude« am Kronprinzenufer empfunden, in dem die Bankiersfamilie wohnt, und der nahegelegene Tiergarten ist ihm der »seelenloseste aller öffentlichen Gärten.«

Von dem Sommersitz in Wannsee heißt es, er sei ohne große Neigungen erworben, ohne großes Bedauern wieder abgestoßen worden. »Man war in Lebensformen des Überganges eingetreten, in denen man sich nie zu Hause, nie im Endgültigen fühlte, in denen man nicht einen Augenblick dieses Augenblicks froh wurde.«

Als »Musterstück eitler Unleidlichkeit« läßt er den achtjährigen, altklugen Knaben in einer bemerkenswerten Episode auftreten: Als »ich in der Nähe der Hofjägerallee die bedenkliche Feststellung wagte, dies sei die Stelle an der sie, die Großmutter, sich darüber gefreut habe, daß ich solche Freude an der Natur hätte«, worauf sie ihm, wortlos, zwei Backenstreiche versetzt, – »der Denkzettel war mir wie in die Haut genäht.«

Wannsee aber, das hier kaum der Erwähnung wert scheint, wird Jahre später – 1911, Borchardt lebt seit 1903 mit Unterbrechungen in Italien – Titel und Gegenstand eines langen, geheimnisvollen Gedichtes werden, in dem die erzählerischen Passagen lyrisch beschleunigt, die lyrischen hingegen dramatisch arretiert werden. In freien gereimten Versen gehalten, sind in das Gedicht selbst Erinnerungsgedichte hineinkomponiert; und immer wieder bricht der Schrecken hervor, das einst unveräußerlich geglaubte Haus, entwunden, verloren und zurückstarren zu sehen: »Dies wärs? – So hättest du mir, Haus, geblickt,/ Das ich nur erst gewahre wie durch Tränen?/ Aus solcher Höhlungen versteintem Gähnen,/ Vor deren Gram mir die Gebärde schrickt? ... Bist meiner Jugend halbverhangne Bühne, / Darauf mir nie ein leichter Schritt geglückt: / Da ich von keinem Liebliches empfangen,/ Da niemand ungekränkt von mir gegangen.« Wenn er am Ende das nach einem guten Jahrzehnt wieder aufgesuchte Haus endgültig preisgibt und die bloß sentimentale Erinnerung abgeschüttelt hat, um die Sprache der Dichtung selbst zu seinem bleibenden Haus zu machen, ist der Leser durch eine krisenhafte innere und eine vermeintlich unverrückte äußere Welt getrieben worden, wie sie in keinem anderen Gedicht dieser Zeit ihresgleichen hat. Werner Kraft, der den epochalen Anspruch Borchardts früh erkannte und gegen die Freunde Scholem und Benjamin hartnäckig verteidigte, hat diesem großen Gedicht schon 1914 eine eindringliche Sudie gewidmet. Ihm verdanken wir auch die bislang einzige, großartige Monographie.

In Villen der Lucchesa lebend und arbeitend – als Übersetzer, Dichter und leidenschaftlicher Gärtner – hält er mit Berlin und mit Deutschland Verbindung durch ausgewählte Freunde – und, fast wäre man versucht zu sagen, auserwählte Feinde. Kleine Zirkel, geistige Eliten, hehre Kreise (wie der anfänglich nahestehende, später barsch abgelehnte und polemisch bekämpfte um Stefan George). Zu den engsten Freunden zählt Eberhard von Bodenhausen, Kunsthistoriker, Chemiker und mäzenatischer Unternehmer – ein ungewöhnlich vielseitiger und geselliger Mensch, den Freunden Hugo von Hofmannsthal und Rudolf Alexander Schröder nicht minder zugetan wie Borchardt. In der Grabrede auf den früh Verstorbenen entwirft Borchardt ein Porträt, ein Standbild, in das er sich selbst diskret einzeichnet, ganz wie er es bei den Dichterporträts Carduccis, Dante Gabriele Rosettis und dem unheimlichen Konterfei des Hochstaplers Veltheim tun wird: »Er hatte den Mittelpunkt, den er mit tiefster Treue suchte, nicht gefunden, die Welt, die er, der faustischeste unter allen Wesen seiner Generation, zu schaffen suchte, nicht geschaffen. Sich selber hatte er unvermerkt geschaffen, er war der Mittelpunkt, den er nicht fand.«

Er hält Verbindung mit Walther Rathenau, dessen Vater bereits mit Borchardts Vater und dem Bankier Carl Fürstenberg eng liiert war. Und wenngleich er Rathenau während des Krieges bittet, für seinen literarischen Nachlaß zu sorgen, sollte ihm im Felde etwas zustoßen, ist das Verhältnis zwischen den beiden nicht frei von Empfindlichkeiten und fein dosierten Geringschätzungen: Rathenau äußert sich versteckt-despektierlich über Borchardts Dichtung, sie sei, einem on-dit Franz Bleis zufolge, »in durchaus erreichbaren Höhen angesiedelt«, während Borchardt, in seinem Capriccio »Frühstück zu acht Gedecken« ein wenig schmeichelhaftes Porträt der »riesigen Nubiergestalt« des verehrten Großindustriellen entwirft: Von der »toten gläsernen Art, die er mit

Frauen hatte«, ist da die Rede, und auf Hofmannsthals Wort vom »greulichen Rathenau« (im Gegensatz zu dem von allen geliebten von Bodenhausen) weiß Borchardt nur die halbherzige Entgegnung, jener zähle zu den Leuten »die man nicht mehr los wird, deren gute Meinung von uns man als jüngerer Mensch aus lauter Verlegenheit halb erwidert hat, und er jetzt wirklich so leidet wie eine tragische Figur im vierten Akt.«

Der eminente Anlaß für den Fronturlaub im Februar 1916 war eine Aufforderung Rathenaus an Borchardt, vor der »Deutschen Gesellschaft 1914« im Palais Pringsheim in der Wilhelmstraße eine Rede zu halten – »Der Krieg und die deutsche Verantwortung« –, in der Borchardt, von Rathenau heimlich instruiert und sekundiert, für den »absoluten Verteidigungskrieg mit Verteidigungsfrieden«, also gegen die Ludendorffsche Linie, plädierte. In dem »Frühstück« charakterisiert er im Zwiegespräch mit dem Philosophen und liberalen Politiker Heinrich Troeltsch »Poesie als eine nationale Instanz, oder Literatur« (diese im pejorativen Sinn) und begründet damit seinen Einsatz für die »Fraktion« Rathenaus. Zeitlebens Monarchist – »ohne Monarch«, wie später gesagt wurde, war er 1914 »mit Fanfare« in den Krieg gegangen – die weitere Entwicklung und das Ende der »partie inégale« scheinen ihn ernüchtert zu haben: Der Freund und Gefährte Rudolf Alexander Schröder überliefert von ihm den Ausspruch: »Wir haben den Krieg nicht überlebt, wir haben ihn überstorben«, und doch entläßt ihn der Krieg angefüllt mit tausend Plänen und Projekten.

Schon 1917 hat er, inzwischen bei der politischen Aufklärung des Großen Generalstabs in Berlin tätig, eine von Mies van der Rohe gestaltete Wohnung, Am Karlsbad 24, bezogen. Dort lernt er auch die Nichte Rudolf Alexander Schröders, Marie Luise Voigt, seine spätere, zweite Ehefrau kennen.

Als die Novemberrevolution ausbricht, tut er dies – soziale Fragen sind nach seinem Verständnis der Dinge, wenn er sie denn überhaupt wahrnimmt, den nationalen allemal nachgeordnet, in diesem Sinne ist er ein sehr später Fichteaner - als einen Aufstand von Lumpen ab und entweicht im Januar '19 aus der »Narrenhölle« ins nahegelegene Potsdam, in die »Königslandschaft vor den westlichen Toren Berlins«. Dort verbringt er »einen Seen- und Wälder-Frühsommer... wie ein lebendiger Poussin, ein gewaltiger, milder und erhabener, durch dessen Vordergründe ein lebendiger Fragonard spielte«; er fährt mit der jungen Braut nach Rheinsberg – und diktiert ihr bald darauf einige der schönsten Seiten deutscher Landschaftsbeschreibung in die Feder: ein Prolog fast zu der später von ihm besorgten Anthologie »Der Deutsche in der Landschaft«: »Da der Deutsche es kaum weiß, was er an Potsdam besitzt, so sei es gesagt, daß hier (in Rheinsberg) unternommen worden ist, was an keiner Stätte der Welt seinesgleichen hat, nicht die Verpflanzung eines fremden Schloßpark- oder Gartentyps allein – dergleichen bieten die Versaillesnachahmungen fast aller alten deutschen Höfe zur Genüge – nicht das Musterstück eines großen Landschaftsgartens wie die Schöpfungen Pücklers, – das alles bliebe noch im Rahmen des irgendwie Hergebrachten und Vergleichbaren: sondern die determinierte Umgestaltung einer wirklichen ins riesenhafte gehenden Landschaft mit Flüssen, Seen, Wäldern, Städten, Flecken, Dörfern, Straßen und Wegen in ein geformtes Kunstwerk, dessen ungeheuerer Planung eine andere Landschaft als die verfügbare und vorhandene mit genauester Deutlichkeit vorschwebte, die Landschaft der alten Welt: ein Renaissancegedanke, wechselnd durch alle Schichten im Gefüge des deutschen Geistes, antik im holländischen Barock und antik im italianisierenden Stiltreiben Friedrich Wilhelm IV., von Arkadien bis Toskana greifend, vor Orpheus bis Raphael.« Fast hat es den Anschein, als bilde der vielgestalte riesige Satz – ein Satz auch über Epochen hinweg – das Geschilderte noch einmal en miniature ab.

In Berlin hält er Reden und Vorlesungen zur geistigen Situation der Zeit – »(Ich) versammle«, so an Hofmannsthal 1919, »hier allwöchentlich im Saale eines Privathauses einen Hörerkreis um mich . . . Anfänglich gering und obscur, ist die Entreprise zu etwas geworden, was die Stadt beschäftigt, die Notwendigkeit, das Ganze vor breiteren Massen zu wiederholen, wird mehr und mehr offenbar. Etwas wie eine ›Seelische Reformation‹ hat um mich her begonnen, und ich muß sie, hier und da erscheinend, redend, mahnend, weiterführen.«

Der Redner Borchardt, bezeugen verschiedenste Zeitgenossen, entfesselte eine außergewöhnliche oratorische Kraft – er sprach scheinbar mühelos frei, über schwierigste Themen (z.B. Pindar oder Dante), zitierte die aufgerufenen Autoren über riesige

Strecken auswendig und gebot über ein wohlklingendes, tiefgestimmtes Timbre. Max Rychner erzählt, daß er einmal ein komplettes Theaterstück bei Reinhardt in kleinem Kreis vorgetragen habe – das vorgebliche Manuskript ruhte während des ganzen Abends in einer verschlossenen Ledermappe –, ohne daß entschieden werden konnte, ob das Stück je geschrieben worden war.

Paradoxerweise haben diese »Redecampagnen« dem Schriftsteller keineswegs mehr Leser zugetragen; auch als Rowohlt beginnt, eine zwölfbändige Ausgabe der Schriften anzukündigen und den ersten Band Prosa zu veröffentlichen, bleibt Borchardt ein schroffer, fast ganz auf sich selbst gestellter Außenseiter, von den »Insidern« (wie Kraft, Benjamin, Rychner und einem Fachgelehrten wie Werner Jaeger) zögernd-zweifelnd zwar hoch geschätzt, doch befremdet sein antikisierender Konservativismus oder läßt ihn Zustimmung bei der totalitären Rechten finden, ohne daß er dies, zunächst, wehrt. Der schier uneinholbare und von ihm absolut gesetzte Bildungskanon läßt eine tiefergehende Auseinandersetzung kaum zu. Die formale und stilistische Strenge und Musikalität seiner Lyrik, der am kleistschen Ton gestimmte Duktus seiner Erzählungen – es sei hier nur »Der Hausbesuch« genannt – und das an Nietzsche orientierte, philologische Ideal europäischer Klassizität lassen ihn in den Jahren zwischen den Kriegen für die meisten Zeigenossen obsolet erscheinen.

Seine immer wieder bekundete und mit hoch auffahrenden Ankündigungen und Erwartungen genährte Liebe gilt dem Theater, insbesondere dem Max Reinhardts. Bald nach der Eröffnung des Großen Schauspielhauses von Poelzig am Schiffbauerdamm schreibt Borchardt einen kleinen Aufsatz, »Aufstieg des Großen Schauspielhauses«, in dem die »Orestie« als gänzlich mißlungen, der »Julius Caesar« hingegen »zum größten Theatererlebnis meiner Erinnerung« erklärt wird; doch handelt es sich weniger um eine Theaterkritik im herkömmlichen Sinn, vielmehr erschließt er die Reinhardtschen Inszenierungen aus der unerhörten Architektur des Theater- und Bühnenraums und dem Genie des Regisseurs, diese für seine Zwecke zu nutzen: »In der Senatsszene ... werden die unabsehbaren Stufen rings um die in der Tiefe liegenden senatorischen Reihen, auf denen wir sitzen, direkt in den Vorgang hineingerissen ... Man hat aufgehört, fremd und kritisch ... vor einer sich selbst genügenden, ringartig in sich selbst laufenden Kunstfiktion zu sitzen... Um uns selber geht es... und das gewaltige Volkselement, das Shakespeare eingemischt hat, das Meerartige, überflutet auf seinen tragischen Höhepunkten die schwachen Schranken zwischen der sogenannten Kunst und dem sogenannten Leben: das Spiel macht seine fiktiven Elemente vergessen, das Leben umlagert mit völlig verwandelter und berauschter Seele, verwandelt wie es der Schauspieler durch Kleidung ist den Geisterraum der tobenden und stürmenden Phantasie.«

1921 siedelt Borchardt endgültig nach Italien über, wieder in die Toskana. In den kommenden Jahren treibt er seine Forschungen zu Dante voran, schreibt an einer »Gartenphantasie«, woraus später das zauberhafte Forschungs- und Betrachtungsbuch »Der leidenschaftliche Gärtner« hervorgehen wird und nimmt in einer für ihn typischen, fast hilflos aristokratischen, weil auf seiner eigenen Unbedingheit insistierenden Art, sehr bewußt mittelbar an dem kulturellen und politischen Leben Deutschlands Anteil. 1927 tritt er in München mit einer Rede über »Schöpferische Restauration« aus der Reserve. Anknüpfend an Horfmannsthals Stich- oder besser Schlagwort von der »konservativen Revolution« greift er in seiner vehementen Ablehnung der modernen Demokratie auf ein von der deutschen Romantik wiederbelebtes mittelalterlich-ständisches Ideal des »Volkes« zurück, für das er »ein Christentum beider Konfessionen« reklamiert, »als der einzigen transzendenten Möglichkeit des deutschen Volkes«.

Mit der Herrschaft des Nationalsozialismus in Deutschland wird das freiwillige Exilland Italien zum unumgänglichen; Borchardt wird mit Erlaß der Nürnberger Rassegesetze 1935 formell ausgebürgert, seine Ehe annuliert. Der Jude, der er nach eigenem Verständnis nicht – mehr – war, wie er überhaupt den Rassebegriff als »Gestütsbegriff« ablehnte, geriet unters Gesetz der Barbarei wie viele andere. Er reagierte darauf »antikisch« und, wie zu Recht betont wurde »in Notwehr«: mit haßvollen Jamben, darunter die »Nomina Odiosa« überschriebene: »... Oh wol auf Gleich geschaltet, wol auf Rasse sind / Die Steissgesichte, dass sie zwar/ Sich wie die Hintern gleichen, nicht wie Antlitze / Zur Ähnlichkeit gediehen sind...« Daß er diese und andere Jamben 1936 in Österreich veröffentlichen wollte, spricht für einen fast traumwandlerischen

Mut, den zu erproben ihn ein gütiges Geschick bewahrt hat. Bemerkenswert bleibt, daß in dieser innerlich wie äußerlich »restaurativen« Zeit sein neugieriger Geist beweglich und wach genug bleibt, die in Europa gänzlich unbekannte Lyrikerin Edna St. Vincent Millay, zu entdecken, zu übersetzen und mit einem richtungsweisenden Essay vorzustellen.

1944 wird Borchardt aufgrund politisch unvorsichtiger Äußerungen im Haus der Familie Castoldi unweit von Lucca von einem SD-Offizier denunziert und aufgefordert, sich mitsamt seiner Familie zum Abtransport nach Deutschland bereitzuhalten. Ein unbekannter Feldwebel, der die von der Gestapo Sistierten zum Weitertransport übernommen hatte, vernichtet den Überstellungsbefehl. Rudolf Borchardt stirbt am 10. Januar 1945 in dem Dorf Trins in Südtirol an einem Schlaganfall. Dort liegt er, weil Protestant, hinter der Kirche begraben.

1943 schrieb er: »Ich schreibe als ein Deutscher... Da es aber nicht eine äußerliche Geburts- oder Sprachzugehörigkeit ist, ein Deutscher zu sein, sowenig wie ein Engländer zu sein oder ein Franzose, sondern nur das Bewußtsein einer nationalen Überlieferung und eines nationalen Erbes diese Zugehörigkeit zu Charakter erhebt, so schreibe ich als ein Deutscher, der diese Überlieferung und dies Erbe als seine Pflicht und als sein Recht, und überhaupt als seinen Sinn als Mensch seines Volkes in sich trägt.«

ROBERT WALSER

Wo der rauhe, böse Lebenskampf regiert

Hans-Ulrich Treichel

Robert Walser, den sanften Träumer, alpenländischen Spaziergänger und »Schweizer Bub« (Christian Morgenstern), den Ritter von der traurigen Gestalt und ewigen Commis, wie ihn der Dramatiker Karl Vollmöller einst spöttisch bezeichnet hatte, kann man sich in der Metropole Berlin schwerlich anders als einen verschreckten und verlorenen Menschen vorstellen. Und doch hat der 1878 in Biel geborene Schriftsteller in Berlin, »wo der rauhe, böse Lebenskampf regiert«, einen gewichtigen, wenn nicht gar den

gewichtigsten Teil seines literarischen Werkes verfaßt und – im Verlag Bruno Cassirer – publiziert.
Die Romane »Der Gehülfe«, »Geschwister Tanner« und »Jakob von Gunten« erschienen in rascher Folge in den Jahren 1907, 1908 und 1909, und es sollte Walser bis zu seinem Tod im Jahr 1956 nicht mehr vergönnt sein, noch einen weiteren Roman zu publizieren. Insofern ließe sich Walsers Berliner Aufenthalt, der, mit kurzen Unterbrechungen, von 1905 bis 1913 währte und dem einige kürzere Berlinreisen in den Jahren 1897 und 1902 vorausgegangen waren, als eine, zumindest vom Standpunkt der literarischen Produktion aus, glückliche und fruchtbare Zeit deuten.

Nun ist Walser ein Autor, bei dem Glück und Trauer, Schwermut und Witz immer eng und zuweilen unauflöslich miteinander verbunden sind. Und wenn er seiner Schwester Fanny brieflich mitteilt: »In Berlin war's weder furchtbar schön noch entsetzlich häßlich, es war berlinerisch, ganz einfach« – dann läßt sich daraus zumindest schließen, daß es, wenn es denn »einfach berlinerisch« war, allzu schön in der Tat nicht gewesen sein kann. Allenfalls durchwachsen, kühl und vielleicht auch ein wenig zu laut. Darüber hinaus läßt sich aus Walsers Berliner Korrespondenz nicht sehr viel über »sein« Berlin erfahren. Doch immerhin soviel, daß er sich, allerdings noch vor der Niederschrift seiner drei Romane und wohnhaft in der Charlottenburger Kaiser-Friedrichstraße 70, mit dem Gedanken trägt, »überseeisch« zu werden, das heißt auszuwandern, und wenn nicht wirklich nach Asien, dann immerhin nach London.

Die Berliner Korrespondenz Walsers ist vor allem eine Arbeitskorrespondenz, speziell mit seinem für Bruno Cassirer arbeitenden Lektor Christian Morgenstern, der sich für den von ihm hochgeschätzten und von Cassirer weniger geschätzten Autor erfolgreich einsetzt, ihm aber auch gehörig die Leviten liest. So rügt er am Manuskript der »Geschwister Tanner« »die Untugenden (des) Stils, das ohne Not Weitschweifige, das Saloppe des Satzbaus, die zur Trivialität führende Selbstgefälligkeit, die grammatikalische Unsicherheit, die Schiefe und mangelhafte Durchführung eines oder des andern gewählten Bildes«. Das ist, gelinde gesagt, starker Tobak, und würde so manchen Autor veranlassen, den Stift vorerst beiseite zu legen. Wie Walser die harsche Kritik seines Lektors verkraftet hat, wissen wir nicht. Daß sie ihn tief getroffen hat, läßt sich vielleicht daraus ersehen, daß er in seinem nächsten Brief mit keinem Wort auf sie eingeht, Morgenstern aber mit betonter Beiläufigkeit wissen läßt, daß er sich »im Übrigen« jetzt darauf vorbereite, »bald etwas zu ›ergreifen‹, und zwar »so eine Art Laufbahn«.

Mit einem Berufswechsel und einer »Laufbahn« hatte es Walser bereits ein Jahr zuvor, im Herbst 1905, versucht. Er absolviert einen Kursus an einer Berliner Dienerschule, die sich in der Wilhelmstraße 28 (Hinterhaus, 1. Stock) befand, und tritt daraufhin eine Dienerstelle auf Schloß Dambrau in Oberschlesien an, wo er als »Monsieur Robert« die Gelegenheit hat, wie er in seiner »Studie über den Adel« notiert, »den Adel und seine Sitten bestens kennen(zulernen), die kennenzulernen für die meisten Menschen wenn nicht geradezu unmöglich so doch wenigstens ganz bestimmt ziemlich schwierig ist, weil der Adel auf Burgen haust und in unnahbaren, uneinnehmbaren Schlössern sitzt, wo er befiehlt, herrscht und residiert wie ein Gott oder zum mindesten wie ein Halbgott.« Der Ausbruch aus der problematischen Existenz des freien Schriftstellers in die noch problematischere des Domestiken währt nur drei Monate. Walser, dieser Spezialist für Selbstverkleinerungen und Ichschrumpfungen, kehrt nach Berlin zurück und kann zumindest insofern von seinen Erfahrungen als Diener profitieren, als er sie einige Jahre später in seinem Roman »Jakob von Gunten« verarbeitet.

Zurück in Berlin begibt er sich alsbald in ein neues Abhängigkeitsverhältnis, das dem eines Dieners nicht unbedingt nachsteht. Er wird, durch Vermittlung seines Bruders Karl, für einige Monate Sekretär des Kunsthändlers Paul Cassirer, der, ein Cousin Bruno Cassirers, als Geschäftsführer der Berliner Sezession eine Schlüsselstellung im Berliner Kunstleben innehat. Doch waren »geistvolle Klubabende« mit »Delikateßplatten« seine Sache ebensowenig wie der Kunsthandel. Und er kommt nachträglich, will sagen: nachdem man ihn veranlaßte, das Amt niederzulegen, zu der Überzeugung, »daß ich kein sonderlich wertvoller, kluger, umsichtiger und erfolgreicher Gemäldesekretär gewesen sein kann. Sachverständige zuckten über den Umfang dessen, was ich leistete, einigemal merklich die Achsel.«

Mißerfolge, wohin man sieht. Was um so peinlicher ist, als Robert Walsers Bruder Karl als Zeichner, Bühnenbildner, Dekorationsmaler und Illustrator äußerst erfolgreich seine Karriere vorantreibt. Er ist befreundet mit Liebermann, Corinth und Slevogt, arbeitet als Ausstatter für Max Reinhardt und sein Deutsches Theater, für Hans Gregor, den Leiter der Komischen Oper, und stattet die Privathäuser Hugo Cassirers, Samuel Fischers und Walther Rathenaus mit Wandbildern aus, während Robert »Prosastückli« und literarische »Tagesware« für »Die Schaubühne« und die »Neue Rundschau« verfertigt, über die sein Förderer Christian Morgenstern an Bruno Cassirer schreibt: »Was der gute Walser jetzt in Schaubühne und Rundschau zusammenkliert, ist schauderhaft.«

Spielen in Walsers drei Berliner Romanen seine Berlinerfahrungen – einmal abgesehen von der Dienerschule – keine Rolle, so nehmen Walsers feuilletonistische Skizzen und Prosa-Etüden zumindest gelegentlich auf seinen Aufenthaltsort und seine unmittelbaren Lebensumstände Bezug. Er erweist Aschingers Wurst- und Sardinenbrötchen ebenso seine Reverenz wie dem Berliner Eispalast und den sogenannten, weil mit einer Alpenlandschaft dekorierten »Gebirgshallen« Unter den Linden, denn »wo Natur ist, da ist Bedeutung«. Hier pflegt er, »von Zaubereien gebannt, stillzusitzen« und seine »Dürste« zu löschen. Das große Berlin wird unter Walsers Blick immer wieder zu einer typischen Walserwelt: ein wenig zu klein, ein wenig zu putzig und darum, wir ahnen es, auch unendlich traurig. Doch Walser will sich, er formuliert es mit Nachdruck, weder von der Anonymität der Metropole noch von seiner eigenen Melancholie und Einsamkeit überwältigen lassen: »Berlin ist die schönste, die bildungsreichste Stadt der Welt. Ich wäre abscheulich, wenn ich hiervon nicht felsenfest überzeugt wäre.« Doch gerade mit den »Gebildeten«, den Salons der großstädtischen Verleger und Kunsthändler, wie sie Samuel Fischer und die Brüder Cassirer repräsentieren, hadert Walser mehr und mehr, fühlt sich »herabgesetzt«, »verdächtigt« und »verunehrt«.

Und so entschließt er sich, wohl eher unbewußt, nun wahrhaft »abscheulich« zu werden, zerschlägt auf einem Abendempfang im Hause Samuel Fischers dessen Caruso-Platten, stellt Paul Cassirer in seinem Prosastück »Die kleine Berlinerin« bloß und ruiniert sein ohnehin nicht allzu gefestigtes gesellschaftliches Renommee vollends. Sein letztes Berliner Jahr (1912) verbringt Walser schwermütig, »tot, leer und hoffnungslos im Herzen« und nicht selten auch betrunken als Untermieter einer gewissen Frau Wilke am Charlottenburger Spandauer Berg Nr. 1. Und hier geschieht ihm das, was für sein Spätwerk, die nachgelassenen »Mikrogramme« so bedeutsam werden sollte: Er, der für seine schöne Handschrift bekannt war, erlebt »einen wahren Zusammenbruch (s)einer Hand, einen Krampf« und ein Auflösen seiner Handschrift, das mit einer – zumindest vorläufigen – Zerrüttung seiner Schaffenskraft korrespondiert. Im März 1913 verläßt Walser Berlin und siedelt sich wieder in seiner Heimatstadt Biel an. Was er in Berlin zurückläßt, ist die rasch verblassende Erinnerung an einen Menschen, der eine seiner liebsten Romanfiguren, den Diener Jakob von Gunten, von sich sagen läßt: »Wie glücklich ich bin, daß ich in mir nichts Achtenswertes und Sehenswertes zu erblicken vermag.«

Franz Hessel

Hermes auf der grünen Wiese

Thomas Medicus

Von Franz Hessel kann der berlinische Griesgram der Gegenwart viel lernen. Etwa, daß ein echter Berliner von außerhalb kommt – wofür gerade Hessel der beste Beweis ist. 1880 wurde er, Sproß einer großbürgerlichen jüdischen Familie, in Stettin geboren. Als sich der Vater 1888 im Bankgeschäft engagierte, zog er mit den Eltern in die Reichshauptstadt. Anfangs wohnte die Familie in der Genthiner Straße, später am Kurfürstendamm, nicht weit entfernt vom Elefantentor des Zoologischen Gartens. Bis an sein Ende ist Franz Hessel ein Kind dieses Quartiers geblieben, des alten Berliner Westens zwischen Tiergarten, Potsdamer Platz und Nollendorfplatz. Berücksichtigt werden muß dabei die verborgene Lehre seiner Bücher, die für ihn selbst praktische Lebensgewohnheit war. Die Liebe des echten, von außerhalb kommenden Berliners zu seiner Stadt kommt, so lernen wir, aus dem Vermögen, niemals den

Blick von draußen zu verlieren. Nur daraus entsteht die alles vezeihende Liebe zu einer Heimat, die immer wieder verlassen werden muß, damit sie erneut ins Herz geschlossen werden kann.

Daß es sich dabei um die Glückssuche des modernen unglücklichen Bewußtseins handelt, ist an den Besonderheiten von Werk und Leben Franz Hessels auffällig zu beobachten. Melancholie hießen sämtliche der vielen Straßen, die Hessel im Lauf seines Lebens durchwandert hat. Grenzlinien waren sie alle. Woher er kam, wohin er ging, den gerade verlassenen Ort, die gerade vergangene Zeit nahm er stets in die Gegenwart mit hinein. Den Mittelpunkt dieser melancholischen Landkarte bildete nicht Berlin, sondem Hessels nahe am Lützowplatz gelegenes Heim in der Friedrich-Wilhelm-Straße, das er seit Mitte der zwanziger Jahre bewohnte. Dort schrieb er oder übersetzte aus dem Französischen und Italienischen. Hier empfing er aber auch seine zahlreichen Freunde und Freundinnen; manchmal küßten sie ihm die gelbe Glatze, wovon sie sich Glück versprachen. All dies fand statt in einem kleinen Zimmer, das auf den Hinterhof blickte. In seiner sprichwörtlichen franziskanischen Bescheidenheit hatte sich Hessel hierher, in diesen stillen Winkel zurückgezogen. »Denn in Berlin ... wohnt die Seele Gartenhaus vier Treppen ohne Fahrstuhl.«

So endete eine kurze Erzählung aus dem Jahre 1933. Noch bis 1938, als er im letzten Moment widerwillig ins französische Exil abreiste, setzte er fort, jetzt allerdings »fast ganz vereinsamt und schattenhaft«, was schon in den zwanziger Jahren für ihn Alltag war. In »den glücklichen Berliner Tagen so um 1928«, wie Hessels Frau Helen, die Pariser Korrespondentin der »Frankfurter Zeitung«, einmal gesagt hat, suchte er die Stätten, an denen er die Seele der deutschen Reichshauptstadt, ihren in verschiedener Gestalt auftretenden »Genius loci« anzutreffen hoffte. Von diesen Erkundungen erzählen Hessels zahlreiche Prosastücke wie auch seine Romane. »Kramladen des Glücks«, »Von den Irrtümern der Liebenden«, »Heimliches Berlin«, »Nachfeier«, »Ermunterungen zum Genuß», so heißen diese Bücher. Schon die Titel beschwören all die Märchenlandschaften herauf, in die sich der notorische Spaziergänger am liebsten geflüchtet hat.

Zeitlebens hat sich Franz Hessel den erstaunten Blick des Kindes bewahrt. Er trat hinaus, um zu schlendern und zu sehen. Um immer wieder den, wie er es nannte, »Ersten Blick« zu finden. Kam er zurück, schloß er sich ab – und begann zu memorieren und zu schreiben. »Nur was uns anschaut, sehen wir. Wir können nur –, wofür wir nichts können.« Diese kontemplative Weisheit, die eine auf ästhetischer Distanz gegründete bedingungslose Zuneigung zu Mensch und Ding einschloß, war indessen nicht in Berlin gewachsen. Dazu bedurfte es eines Umwegs: der verlief über eine leidenschaftliche Zuneigung zu Paris. Dort hatte Hessel verschiedene Male jahrelang gelebt. Als junger Mann von 1906 fast bis zum Ausbruch des Ersten Weltkriegs, der für ihn, der einer Mittlergeneration zwischen Deutschland und Frankreich angehörte, eine persönliche Tragödie war. 1925 kehrte er nach Paris zurück – und begann dort zusammen mit Walter Benjamin Marcel Prousts »A la recherche du temps perdu« zu übersetzen. 1928 ging er abermals nach Berlin – für immer, wie er damals glaubte. Jetzt arbeitete er als Lektor im Ernst Rowohlt Verlag an der Potsdamer Brücke, nur wenige Schritte von seiner Wohnung am Lützowplatz.

Dort war in seiner mönchisch abgeschiedenen Stube die sogenannte »grüne Wiese« untergebracht, Hessels Bett, auf dem eine grüne Decke lag: im Jahre 1929 Schauplatz einer Nachfeier, an der auch Benjamin teilnahm. Hier träumten die beiden Freunde den gemeinsam in Paris untemommenen Spaziergängen im Kreise zahlreicher Freundinnen nach. Die Pariser Gepflogenheit, das Quartier zu bewohnen und ihm treu zu bleiben, animierte die beiden, so Benjamin, sich »das erste Kapitel einer Lehre« der Stadt Berlin auszudenken, die »Tiergartenmythologie«. Schon früh war Paris für Hessel, wie es in dem 1915/16 an der Westfront geschriebenen Roman »Pariser Romanze« heißt, »ein Schicksal, eine Notwendigkeit« geworden. Hier hatte er den Rausch der Flanerie kultiviert, der ihn erlebte Gegenwart als erinnerte Vergangenheit wahrnehmen ließ. Das stetige Verlangen, aus der Gegenwart zu flüchten, um im somnambulen Dahinschlendem in Augenblicke mythischer Zeitlosigkeit einzutreten, zeichnet die literarischen Helden Hessels ebenso wie ihren Autor aus. Was sich dem Wachträumer enthüllt, ist eine ins Bild verwandelte, unwirkliche Stadt. Ihm allein stehen die unsichtbaren Pforten offen, die zu den Heimlichkeiten der Städte führen. Zum »märchenblassen Portierkind«, dem Tippfräulein, das am Hoffenster sichtbar wird, zur zerfallenen Brunnenfigur in der Nähe der Potsdamer Brücke. Fällt der »Erste Blick« auf das Treiben der Menschen, schlagen die Dinge ihrerseits den Blick auf, ist wahrer Genuß entstanden.

So lehrt es Clemens Kestner, das literarische Alter ego Hessels im Roman »Heimliches Berlin«. »Genieße froh, was du nicht hast« – dieser Wahlspruch des Protagonisten galt zuallererst für Hessel selbst. Denn die Maxime seiner Flaneurfiguren, daß nur der Verzicht auf Besitz an Dingen wie Personen glücklich mache, hat seine eigene Lebensform nachhaltig geprägt. Die auf Vergänglichkeit und Ferne gegründete Liebe erfreute sich eher am spirituellen denn am physischen Leib.

Das galt sogar für Hessels eigene Ehe. Seit Beginn der zwanziger Jahre lebte Hessel in einer ménage à trois: er teilte seine Frau Helen mit seinem französischen Freund Henri-Pierre Roché. Davon berichtet – wer kennt nicht Truffauts legendäre Verfilmung – Roché in seinem Roman »Jules et Jim«, in dem Hessel, wie könnte es anders sein, in Gestalt des sanften Jules auftritt.

Am Ende der zwanziger Jahre blieb Helen mit den beiden Söhnen Ulrich und Stéphane in Paris. Franz Hessel, der Vater, kehrte nach Berlin zurück – in gutem Einvernehmen mit seiner Frau, die mit Roché liiert blieb. In Berlin beobachtete Hessel weiterhin die Heimlichkeiten und Unheimlichkeiten der Hauptstadt des neuen Deutschland. Das Wanderbuch »Spazieren in Berlin« registriert den berlinischen Drang ins Kolossale selbst beim Amusement, ein draufgängerisches Vergnügen an »monströsen Riesendoppelkonzerten« und »Monsterspeisehäusern«.

Wirklich heimisch ist Hessel am Kurfürstendamm, wo sich in den Cafés, Tanzbars, Theatern, Kinos und Restaurants die Jugend tummelt. Ihr gehörte seine ganze Sympathie, an ihr entdeckte er eine republikanische Zivilität, eine urbane Lebensart, die ihn an Paris erinnerte. In diesen Schilderungen herrscht die heitere Atmosphäre einer endlichen Erlösung, als habe sich am Kurfürstendamm eine Utopie verwirklicht. Zwischen den Zeilen leuchtet die Vision eines Berlin auf, das dem Juden Hessel für immer Bürgerrecht verliehen hat.

Bedeutender als der Surrealismus war für den Flaneur Hessel seine spezifische impressionistische Wahrnehmung. Am Ende der zwanziger Jahre sprach er davon, daß er »aus Elementen der von meinen Sinnen aufgelösten Welt eine andre, immer neue, immer beginnende Welt von Bewegungen, Farben, Tönen, Seelen« zusammenfüge. Der impressionistische Augenblick wurde für ihn zur Offenbarung einer fortdauernden mythischen Urgeschichte. Was aus Gesichtern, Dingen, aus den Rissen, Sprüngen und Lücken von Häusern und Skulpturen entgegentrat, war das Göttliche einer versunkenen, inmitten Berlins wiederauferstandenen Antike. Ungezählt die Karyatiden, die Sphinx-, Atlanten- und Apollostatuen, von denen Hessels Blick in seinen Büchern immerfort angezogen wird. Wie Stelen markieren sie den innersten Bezirk seines heimlichen Berlin, den damals verschwiegenen Alten Westen, als handele es sich um einen in Vergessenheit geratenen, nur Eingeweihten zugänglichen, uralten heiligen Hain. Hermes, der antike Gott der Träume und der Wanderer, Führer der Toten und ihrer unsterblichen Seelen, nahm in dieser Welt den ersten Platz ein. Aus unnahbaren Schichten des Gedächtnisses ließ dieser göttliche Mittler, wie es im Prosastück »Hermes« von 1929 heißt, unerwartete Bilder emporsteigen.

Besinnungsloser dionysischer Taumel freilich, wie ihn Nietzsche empfahl, war nicht der Ursprung von Hessels berlinischer Antike. Der auf Distanz bedachte Blick des Flaneurs verwandelte vielmehr die unheile Gegenwart gefahrlos ins Vexierbild einer heilen Vergangenheit. Wandererphysiognomien wie die des Hermes versiegelten den Abgrund, in dem der heimatsuchende Ahasver umherirrte. Aus seinen poetischen Refugien ließ sich Franz Hessel selbst dann nicht vertreiben, als mit Beginn des Exils seine Heimatlosigkeit grausame Realität geworden war. 1940, im südfranzösischen Internierungslager Les Milles, so berichtet sein Mithäftling Lion Feuchtwanger, habe sich Hessel verhalten, als befände er sich im kosmopolitischen Berlin des Jahres 1913. Zuletzt wurde seine prosaische Wirklichkeit vollkommen von den Bildern der Erinnerung überlagert.

Franz Blei
Ein Süßwasserfisch im Damenboudoir

Bruno Preisendörfer

»Kritiker-Päpste« mögen ihren Zeitgenossen noch so außerordentlich vorkommen, ihre Saison geht vorüber, und die Erinnerung der Nachkommenden nimmt wenig Rücksicht auf außer Mode gekommene Prominenz. Der Österreicher Franz Blei ist einer dieser vergessenen »Literatur-Päpste«. Manchem Leser wird zu Blei vielleicht noch das seinerzeit enorm erfolgreiche »Bestiarium literaricum« (erste Auflage 1920) einfallen, das in zoologischer Manier zeitgenössische Schriftsteller glossiert. Aber auch dieses Werk hat nur als Kuriosität überlebt.

Franz Blei war ein Mann des Marktes und der Masken. Beweglich, anpassungsfähig und überaus schnell im Produzieren für den Tag. Seine Stärke war die kleine Form. Glossen, Miszellen, Porträts. Eben alles, was sich dazu eignet, erst in Zeitungen verstreut und dann in Buchform wieder eingesammelt zu werden. Aus Bleis Publizistenwerkstatt, er hatte sie von 1912 bis 1919 und dann noch einmal von 1923 bis 1931 in Berlin aufgeschlagen, kamen so viele essayistische, erzählerische, dramatische, glossierende, lyrische, literaturkritische, satirische, journalistische, übersetzerische, herausgeberische Produkte, daß weniger schnellfertige Konkurrenten das Sprichwort in Umlauf setzten: »Schweigen ist Gold, Reden ist Silber, alles drucken lassen ist Blei.«

Außerdem hatte Blei das, was man einen »Riecher« nennt. Nicht nur für geistige Strömungen, auch für Menschen. Er verhalf Robert Walser zu Publikationsmöglichkeiten, als von diesem Schriftsteller noch kaum jemand Notiz genommen hatte. Er unterstützte Kafka mit seinen Beziehungen, als dieser schüchterne Riese der Sprache vielen noch als Prager Sonderling galt.

Franz Blei, 1871 in Wien geboren, hatte seit Beginn seiner publizistischen Laufbahn Kontakte in Berlin. Sein erstes Stück »Die rechtschaffene Frau« war 1893 hier herausgekommen, und seit 1897 hatte er an der Berliner Kulturzeitschrift »Pan«, seit 1901 auch an S. Fischers »Neuer Rundschau« mitgearbeitet. Als er schließlich 1912 nach Berlin übersiedelte, war er bereits ein berühmter Mann. Das vorausgehende Dutzend Münchener Jahre hatte aus dem Kritiker, Übersetzer, Zeitschriftenredakteur, Lektor und Herausgeber eine legendäre Gestalt gemacht; jenen illustren Doktor mit Hornbrille und dem Spitznamen »Abbé«, der es verstand, zwischen zwei hinrichtenden Sottisen gegen gerade erfolgreiche Autoren höchst halbgebildet über die Kunst des Rokoko zu plaudern oder über die Salons und Boudoirs dieser galanten Epoche, die eigentlich, so kokettierte er gern, die seine war.

Während der Münchener Jahre hatte sich Blei in dieser Stadt so viel Einfluß erstritten, daß mancher sich über seinen Weggang nach Berlin wunderte. René Schickele schrieb 1913 in einer zu Ehren Bleis herausgegebenen Sondernummer von Pfemferts Berliner Zeitschrift »Die Aktion«: »Wenn ich Franz Blei begegne, denke ich immer: ›Wie elend muß er sich fühlen, hier in Berlin!‹ ... Aber nein, Blei fühlt sich gar nicht elend in Berlin. Er besteht nur darauf, daß Berlin ein interessantes Gesicht habe, daß man hier in der angenehmen Lage sei, sich eine Gesellschaft auszusuchen.«

Vielleicht waren es die 1911 in München erschienenen sechs Bände »Vermischte Schriften«, die Blei Abschied und Neuanfang suchen ließen. Im letzten Band dieser »Schriften« jedenfalls bekannte er, das Gefühl zu haben, »vor sechs kleinen Gräbern« zu stehen. Aber Franz Blei hat noch 31 Jahre vor sich. Am Ende seines Lebens wird er vertrieben und vereinsamt auf einen ganzen Friedhof von Werken blicken. 1912, im Zenit seines Ruhms, erhoffte er sich von der aufgeblasenen Hauptstadt des Kaiserreiches die endgültige Bestätigung der eigenen Legende.

Blei hielt auch in Berlin an seinen Produktionsgewohnheiten fest. Er schrieb rasend wie immer, kompilierte bereits dreimal Veröffentlichtes zur vierten Variante und arrangierte das alles zu einer fünften Fassung in Buchform. Und natürlich hatte er zum Hofhalten einen Tisch im Kaffeehaus, wie jeder dort »einen Tisch hatte«, der schon etwas galt oder erst noch jemand werden wollte.»In einer Ecke« im Café des Westens, schreibt Max Krell, »gleich neben dem Glasgehäuse der Türe, stand ein ausnahmsweise länglicher Tisch und dahinter ein von Sprungfedern zerstochenes Plüschsofa undefinierbarer Färbung. Franz Blei, Talententdecker, eleganter Debattierer, in allen Stilsätteln gerecht, ... erläuterte die

›civitas dei‹ des heiligen Augustinus, was ihn nicht daran hinderte, durch seine schwarz geränderte Brille nach hübschen Mädchenbeinen Ausschau zu halten.« Im Kaffeehaus den »Gottesstaat« des Augustinus lehren mit dem Blick auf schöne Frauen – ein Klischee natürlich, aber doch eines, das abgezogen war von dem Habit, das Blei sich im Leben und in vielen seiner Schriften übergeworfen hatte.

Seine geistige und publizistische Beweglichkeit, die vielen Zeitgenossen mit festgewachsenen Meinungen suspekt war, hat er in einer spöttischen Selbstcharakteristik seines literarischen Bestiariums so glossiert: »Der Blei ist ein Süßwasserfisch, der sich geschmeidig in allen frischen Wassern tummelt und seinen Namen – mhd. bli, ahd. blio – licht, klar – von der außerordentlich glatten und dünnen Haut trägt, durch welche die jeweilige Nahrung mit ihrer Farbe deutlich sichtbar wird. Man kann so immer sehen, was der Blei gerade gegessen hat, und ist des Fraßes Farbe lebhaft, so wird der Blei ganz unsichtbar, und nur die Farbe bleibt zu sehe... Gefangen und in einen Pokal gesteckt dient er oft Damenboudoirs als Zimmerschmuck und macht da, weil er sich langweilt, zur Beschauerin nicht ganz einwandfreie Kunststücke mit Flossen und Schwänzchen.«

Mit solchen »nicht ganz einwandfreien Kunststücken« ist nicht nur sein beharrlicher und von Münchener wie Berliner Staatsanwälten gleichermaßen verfolgter Einsatz für die erotische Dimension von Kunst und Literatur gemeint, sondern auch seine Bereitschaft, sich um des Geldes willen an Projekten zu beteiligen, die im Geruch des intellektuell Windigen standen. Im Januar 1915, das Abschiedshurra für Soldaten in den Kriegswaggons war noch nicht verhallt – und auch Blei hatte sich dazu hergegeben, den Anspruch des nachholenden deutschen Imperialismus auf »einen Platz an der Sonne« zu bekräftigen – konnten in Berlin die betuchten Damen zum erstenmal nach dem »Kleiderkasten« greifen, einer »Zeitschrift für Mode und Verwandtes«.

Im Editorial hieß es: »Der Schriftsteller Dr. Franz Blei ist der Propagandist und künstlerische Berater der neuen Modefirma.« Und prompt, so prompt, wie es nur sein kann in den Laufgräben des Literaturbetriebes, wurde diese journalistische Tagesarbeit Bleis von Theodor Haecker im «Brennerjahrbuch« angegriffen.

Wie »Blei außer der deutschen Damenmode auch noch den deutschen Geist vertrete«, zeige hinreichend, schrieb Haecker, daß selbst in Berlin nicht alles vollkommen ist.« Blei, das »verhutzelte Vampirchen« (Haecker), setzte sich in Pfemferts »Aktion« gegen diese hochstelzige Kritik am Tänzchen eines »deutschen Geistes« mit der »deutschen Damenmode« mit dem Hinweis zur Wehr, daß einer, der Familie hat, auch Einkommen braucht.

Parallel aber zu diesen Literatenfehden um Geist, Kultur und Wäsche schlich Bleis Seele heim in den Katholizismus. 1919 trat er wieder in die Kirche ein, die er als Schüler verlassen hatte. Bereits 1917 war von ihm die Zeitschrift »Summa« herausgegeben worden. Diese Vierteljahresschrift, deren Titel so aufdringlich mit dem Heiligen Thomas von Aquin wedelte, brachte Blei in immer schwerer zu überbrückenden Gegensatz zu seinen früheren Freunden und Bewunderern aus dem Umkreis der »Aktion«. Im Dezember 1917 erschien sein letzter Beitrag in dieser Zeitschrift.

Auf den Monat genau ein Jahr später gab er mit seinem Freund Albert Paris Gütersloh das Magazin »Die Rettung« heraus. Diese »Blätter zur Erkenntnis der Zeit« – der verlorene Weltkrieg und die Novemberrevolution hatten »Zeiterkenntnis« wieder einmal vordringlich gemacht – erlebten neun Ausgaben. Die letzte redigierte Blei im Frühsommer 1919 in München. Er war in die Stadt des Ursprungs seiner publizistischen Karriere zurückgekehrt.

Aber schon 1923 nahm er wieder Wohnung in Berlin. Viele Künstler, Schriftsteller und Publizisten strebten damals in die neue Mitte des Kontinents und verschafften ihr jenen Firnis aus Amüsiersucht und etwas angestrengter Verruchtheit, der die Nostalgiker späterer Generationen von einer angeblich goldenen Dekade schwärmen ließ. Blei arbeitete für kurze Zeit am Theater Tribüne als Dramaturg, schrieb regelmäßig Beiträge für das »Berliner Tageblatt« und arbeitete an Ullsteins Unterhaltungsjoumal »Die Dame« mit. Auch dem »Querschnitt«, der sich um »aktuelle Ewigkeitswerte« besorgt gab – ein »Zeitgeistmagazin«, wie man heute sagen würde –, verweigerte er sich nicht. 1925 gab er den »Roland« heraus.

Dieses »Illustrierte Wochenmagazin« war die letzte der zahllosen Zeitschriften, die Blei im Laufe seiner Publizistenkarriere auf den Weg gebracht hatte. Seine Kräfte fürs Projektemachen waren erschöpft. Und allmählich erschöpften sich auch die Zeitungsgroschen im Portemonnaie derjenigen, die bislang Literaturmagazine und Modejournale gehalten hatten. Gegen Ende der zwanziger Jahre kämpften viele um Butter und Brot. In solchen Zeiten schrumpfen die Sinne für Lesefutter. Das Publikum, selbst das sogenannte »bessergestellte«, verarmte.

Blei fädelte als schon überlebte literarische Instanz in den wenigen Jahren, die noch blieben, weiter fleißig Perlen. Er nahm Aufträge von Rowohlts Wochenzeitschrift »Literarische Welt«, von der »Weltbühne« und seit 1930 auch vom literarischen Magazin »Neue Revue« an. Gleichzeitig veröffentlichte er eine fast schon erschreckende Anzahl von Büchern, darunter seine sich von der zweiten Hälfte an in Miszellen über schriftstellerische Berühmtheiten verlierende Autobiographie »Erzählung eines Lebens«. Allein was er über die Liebe und die Frauen in den verschiedensten Kompilationen durch die Druckmaschinen schickte, ergibt eine stattliche Liste: »Glanz und Elend berühmter Frauen« (1927) – eine Sammlung von Porträts, angefangen bei der Kaiserin Theodora über George Sand bis Mata Hari –, »Frauen und Männer der Renaissance« (1927), »Irdische und himmlische Liebe in Frauenschicksalen« (1928), »Lehrbuch der Liebe und Ehe« (1928) und schließlich 1931 »Gefährtinnen« und »Die Lust der Kreatur«.

Im gleichen Jahr, und nicht erst 1933, wie es gelegentlich heißt, kehrte Blei Berlin zum zweitenmal den Rücken und zog sich nach Mallorca zurück. Nur wenige Monate vor der »Machtergreifung« Hitlers im Januar 1933 erschien sein letztes Buch in Berlin, eine feuilletonistische Biographie des französischen Diplomaten Talleyrand, der auf dem Feld der Politik das Maskenspiel so souverän beherrschte wie Blei auf dem der Literatur. In Mallorca erhielt Blei von seinem Berliner Verleger Rowohlt jenes berühmte Rundschreiben, mit dem alle Hausautoren aufgefordert wurden, der »Reichsschrifttumskammer« beizutreten. Doch Franz Blei, dem man so oft Opportunismus vorgeworfen hatte, lehnte indigniert ab.

Nach dem faschistischen Sieg in Spanien mußte er Mallorca verlassen. Er floh nach Wien und, erneut vertrieben durch Österreichs »Heimholung ins Reich«, zu Rudolf Borchardt nach Italien. Danach fand er vorübergehend erst in Südfrankreich und dann bei seiner Tochter in Lissabon Zuflucht. Wenige Monate später gelang ihm die Emigration in die USA. Am 10. Juli 1942 starb Franz Blei verarmt und vergessen in Long Island, Staat New York. »Dann legte sich«, heißt es in einem ahnungsvollen Satz seiner Autobiographie, »das steinerne Schweigen über das, was in eine Haut versammelt Franz Blei geheißen hatte.«

Ernst Toller

Der Tollkopf, dem die Welt ein Verbrechen war

Günther Rühle

Ernst Toller war ein geborener Preuße. Aus Samotschin bei Bromberg, Provinz Posen: ein kühner, feuerköpfiger, sensibler Bursche, dunklen Typs, mit glühenden Augen, der anno vierzehn freiwillig in den Krieg gerannt war und erschüttert, genervt und vorzeitig zum Pazifisten verwandelt daraus zurückkam: ein Tollkopf, dem die Welt, so horrend wie sie sich gab, ein Verbrechen war. Er wollte sie anders. Noch mitten im Krieg hat er als Student in Heidelberg einen »Bund der Jugend« gegen Militarismus und Krieg gegründet. Als er fliehen mußte, kam er nach Berlin. Dort trat er gleich, 1917, in Versammlungen auf, sprach von »Menschensittlichkeit« und rief: »Arbeiter der Stirn und der Faust, vereinigt Euch.« Er traf hier Kurt Eisner, der für den Munitionsarbeiterstreik agitierte. Mitte November 1918 rief ihn Eisner schon aus dem chaotischen Berlin nach München zum Aufbau des revolutionären Volksstaates Bayern. Dort geriet er, nach Eisners Ermordung, in die Abenteuer der (scheiternden) Räterepublik. Die bayerische Justiz schickte ihn, wegen Hochverrats, aber weil er sich menschlich gezeigt und Feinde gerettet hatte, für fünf Jahre in Festungshaft und nicht in den Tod.

Diese Erlebnisse machten ihn zum Dichter, der aus seiner Zwangsklausur in eine bessere Zeit hineinrief. Als er am 15. Juli 1924 die Festung Niederschönenfeld verließ und sogleich, von Wächtern begleitet, aus Bayern abgeschoben wurde, waren die revolutionären Aufbrüche von 1919 wie ferne Vergangenheit. Die Inflation war zu Ende, die Verhältnisse stabilisierten sich, die beginnende Prosperität zeigte den ersten Goldschimmer der zwanziger Jahre. Der Freigelassene kam über Leipzig nach Berlin zurück und in eine andere Republik. Dabei traf er auf seinen idolhaft gewachsenen, vom Märtyrerglanz nicht freien Ruhm.

Hier in Berlin war jener 30. September 1919 noch unvergessen, an dem in der Tribüne sein erstes Stück, »Die Wandlung«, uraufgeführt worden war: ein politisches Bekenntnis aus der Glut des friedens- und menschheitssüchtigen Expressionismus, zugleich Fritz Kortners engagiertes Entree in die Theaterstadt Berlin. Und das Anfangssignal der anbrechenden Epoche eines republikanischen Theaters. Toller-Aufführungen wurden damals zu Ereignissen in Berlin: Jürgen Fehlings Inszenierung in der Volksbühne von »Masse Mensch« endete 1921 in »einem Sturm von Begeisterung«. Alfred Kerr schrieb: »Das ist kein Theater mehr. Dichtung ist es. (Mag auch ein Politicus dahinterstehen, der mit vierundzwanzig Jahren schon eine Iphigenie wird.)«

An Tollers »Die Maschinenstürmer« entzündete sich der Zeitgeist abermals, als Karlheinz Martin sie, wenige Tage nach Rathenaus Ermordung, im Großen Schauspielhaus in Szene setzte. Das Theater wurde zur Demonstration gegen politischen Mord. »Ihresgleichen hat sich in einem deutschen Schauspielhaus kaum jemals zugetragen.« Und als am 11. April 1924, nach den Skandalen in Leipzig und Dresden, Tollers Antikriegsstück »Hinkemann« im Residenztheater an der Blumenstraße aufgeführt werden sollte (Toller war noch immer in Haft), mußte Polizei die Premiere des schon als »Schmutzstück« von rechts bekämpften Dramas sichern. »Hinkemann« war die Geburt des kritisch-realistischen Zeittheaters, des Signums der sich spaltenden Republik. Bevor Brecht sich die Szene eroberte, hat Toller in Berlin der Zeit die Zeichen gesetzt.

Als Toller aus der Haft nach Berlin zurückkehrte, war er nicht mehr der Feuerkopf von einst. Doch im Kern war er unversehrt. Seine Leitworte hießen weiter: Frieden, Gerechtigkeit, Menschlichkeit. Im Gespräch mit den linken Abgeordneten des Rechtsausschusses im Reichstag über die Zustände in der politischen Haft (der junge Theodor Heuß hörte ihm zu), begann er gleich seinen Kampf gegen die Klassenjustiz. Als er danach im Residenztheater zum erstenmal eines seiner Stücke, die ihm inzwischen Weltruhm eingebracht hatten, auf der Bühne sah, den »Hinkemann«, berichteten die Zeitungen von einem begeisterten Empfang.

Im September '24 gab die Volksbühne ihm zu Ehren schon eine Matinee, am 5. Oktober wurde mit seinen Gedichten und Chorwerken im Großen Schauspielhaus die Reihe der »proletarischen Feierstunden« eröffnet. Im Januar 1925 las Toller in der Philharmonie aus seinem Schwalbenbuch und Szenen aus seinen ersten Stücken. Damals schrieb Kerr: »Eine tenorhelle Stimme trägt und klingt über die gestopfte Philharmonie hinweg... Tausende junger Menschen ehren ihn tobend.« Tollers rhetorische Kraft war beträchtlich. Er hatte eine magische Wirkung, die durch seinen Nimbus verstärkt wurde. Genießend Ernst Toller zu sein, richtete er sich ein in Berlin.

Erst nahm ihn der Schriftsteller Ernst Niekisch bei sich auf. Später wohnte er im Grunewald, Hagenstraße 39/42. Im Lauf der Jahre wechselte er seine Adressen, wohnte in Charlottenburg, in Steglitz, schließlich bei Landshoff in der Württembergischen Straße. Von Berlin aus brach er immer wieder auf zu Vortragsreisen – nach Palästina, nach Spanien, nach Amerika, in die Sowjetunion. Er holte nach, was ihm so lange verwehrt war: die Welt kennenzulernen und sich in ihr vernehmbar zu machen. Zwischen den Reisen traf man den Ruhelosen im Romanischen Café. Pierre Bertaux, der französische Literaturwissenschaftler, notierte in seinem Tagebuch: »30. Januar 1928: Empfang bei Tilla Durieux (im Frack), zusammen mit Gide. Was in Berlin Rang und Namen hat, jedenfalls die ich kenne. Die Sternheims, Wedderkopp, Piscator mit Frau, George Grosz mit Frau, einer der sympathischsten, Ernst Toller, der sich, immer wenn man ihn in Gesellschaft trifft, dafür entschuldigt: ›Dieses Jahr habe ich mich entschlossen, in die Gesellschaft zu gehen, zumal ich einen Graus davor empfinde. Aber ich will ein bißchen die Welt kennenlernen.‹« - Die Freundschaft mit der Schauspielerin Tilla Durieux war in der Münchner Zeit gegründet; als man ihn steckbrieflich suchte, hatte er sich eine Zeitlang in ihrer Wohnung versteckt.

Gegen den allzu beliebten »unabhängigen Sozialisten« Toller bildeten sich auch schnell Feindschaften. Alfred Kerr, der als Kritiker den Dramatiker Toller gegen den aufsteigenden Brecht ausspielte, hatte alsbald Grund, gegen Anzeigen- und Vortragsboykotts für Toller Stellung zu beziehen. Seine Folgerung im »Berliner Tageblatt« vom 7. Februar 1925 hieß: »Moralisch sind wir längst im Bürgerkrieg.« Auch die Partei-Kommunisten waren Toller nicht hold. Im Hochverratsprozeß gegen Johannes R. Becher stellte sich Toller auf die Seite Bechers, bei der Demonstration im Theater am Nollendorfplatz sprach er für ihn. Dafür nannte Becher Toller bald einen »Pseudorevolutionär«, einen »Salonkommunisten«, der das Gewissen der bürgerlichen Klasse beschwichtige. Toller hat sich durch solcherlei nicht davon abbringen lassen, einem Bündnis der getrennten Linken das Wort zu reden, um so mehr, je deutlicher die Hitlerei wurde. Von Parteipolitik hielt er sich frei. Er kämpfte gegen neue Zensur, gegen Kolonialismus (und machte sich Pandit Nehru zum Freund), gegen Gewalt und für die Amnestie der politischen Gefangenen, auch für Max Hölz. Die »Weltbühne«, die Siegfried Jacobsohn in Berlin herausgab, wurde sein wichtigstes Forum. Als Jacobsohn starb, sprach Toller an seinem Grabe. Tollers folgenreiches Buch »Justiz« begründete die dokumentierende Literatur.

Wie Toller die neuen Verhältnisse sah, hat er 1927 in seinem neuen Stück »Hoppla, wir leben« vorgeführt. Jetzt war die Stunde der Anpasser, der gebogenen Lebensläufe, der rechten Täterschaften. Toller verband sich eng mit Piscators politischem Theater, nistete sich ein in Piscators Wohnung, schrieb weiter an seinem Stück, mit dem Piscator sein Theater am Nollendorfplatz spektakulär eröffnete. Es war abermals eine Entscheidungsschlacht. Piscator folgerte kühl: »Das politische Theater hatte sich durchgesetzt.« Nach der »Hinkemann«-Inszenierung der Volksbühne 1927 (mit Heinrich George und der jungen Helene Weigel) galt Toller unbestritten als der Schöpfer des politischen Dramas. Er bedeutete noch mehr als Brecht. Beeindruckt von Eisensteins »Panzerkreuzer Potemkin«, sprach er öfter und immer deutlicher vom Kollektivdrama als dem Drama der Zukunft. Er lebte nun in der Intellektuellen-Szene Berlins. Mit Tucholsky, Walter Mehring, Emil Ludwig, Rudolf Leonhardt, Leo Lania, Piscator; mit Hermann Kesten schrieb er sein Stück »Wunder in Amerika«, mit Walter Hasenclever »Bourgeois bleibt Bourgeois«. Als Carl von Ossietzky nach den blutigen Maidemonstrationen in Berlin (33 Tote) im Jahr 1929 für die »Liga für Menschenrechte« einen

Untersuchungsausschuß einsetzte, gehörte Toller dazu. In der Panzerkreuzerdebatte (um die Wiederherstellung der deutschen Marine) stärkte Toller Ossietzkys Kampfposition. 1929 hielt er seine Rede zum zehnten Jahrestag der Revolution und Eisners Ermordung. Die Protestversammlung gegen das Verbot von Brechts Film »Kuhle Wampe« im alten Herrenhaus leitete er ein. Der »Völkische Beobachter« sprach vom »Entfeßlungs-Juden Ernst Toller«. Als Publizist wurde er einer der frühesten Warner vor den heraufkommenden Nationalsozialisten. Hitler, schreibt Toller, werde »die Reste der Verfassung mit Hilfe der Verfassung außer Kraft setzen«. Am 7. Oktober 1930 erschien sein Aufsatz »Reichskanzler Hitler« in der »Weltbühne«. Die Feindschaft der Rechten gegen Toller war damit besiegelt. »Vor den Toren Berlins wartet Reichskanzler Hitler«, sagte er 1931. Goebbels wohnte schon in der Stadt. In Fehlings Inszenierung von Tollers Farce »Der entfesselte Wotan« in der Tribüne trug der Hauptakteur (ein Friseur) schon Hitlers Maske.

An keinem Ort konnte Toller die politische Entwicklung besser erfassen als in Berlin. Die Revolution war nicht mehr die Sache gläubiger Menschen, sondern von streng geführten Parteien. »Feuer aus den Kesseln«, sein Stück für die hingerichteten revolutionären Matrosen Köbis und Reichpietsch, wurde das Dokument dafür. Es war Tollers letzter dramatischer Erfolg in der Republik. In seiner Hörspiel-Collage »Berlin – letzte Ausgabe« hat er Berlin als Chaos des Unvereinbaren dargestellt, es war ein Abgesang.

Als der Reichstag brannte und die Verhaftungen begannen, war Toller zu einem Vortrag in der Schweiz. Er kam nicht mehr zurück. Am 10. Mai 1933 brannten vor der Humboldt-Universität auch seine Bücher. Am 23. August erschien Tollers Name auf der ersten Ausbürgerungsliste der Nazis. Berlin war ihm verloren, das Exil begann. Seine Freiheit hatte achteinhalb Jahre gedauert. Er hat sie in der Hoffnung auf Gerechtigkeit und Einsicht kämpfend durchlebt. Als er auch im amerikanischen Exil zermürbt war von enttäuschter Hoffnung, setzte er seinem Leben ein Ende: 22. Mai 1939, Hotel Mayflower, New York. – Im von Hitler eroberten Berlin druckten die Zeitungen die offiziöse Meldung: »Der Verfasser von zahlreichen Hetzstücken, Ernst Toller, hat jetzt die Konsequenz aus seinem verpfuschten Leben gezogen.«

Lion Feuchtwanger
In der großen Stadt

Michael Rohrwasser

In der »New York Times« veröffentlichte Lion Feuchtwanger während des Exils eine Lebensstatistik – eine seltene autobiographische Annotation des Autors (er hat sie freilich öfters variiert): »L. F. verbrachte 14 Jahre in den Schulen und auf den Universitäten Berlins und München, 5 1/2 Monate beim Militär, 17 Tage in Kriegsgefangenschaft, dazu weitere 11 Jahre in München; seine übrige Lebenszeit in verhältnismäßiger Freiheit... Der Schriftsteller L. F. schrieb 11 Dramen, darunter 3 gute, die niemals, 1 mittelmäßiges, das 2346mal aufgeführt wurde, und 1 recht schlechtes, das, da er die Erlaubnis zur Aufführung nicht erteilte, 876mal widerrechtlich gespielt wurde... Der Schriftsteller L. F. konnte in der Stunde bis zu 7 Seiten Schreibmaschine schreiben, bis zu 30 Zeilen schriftstellern und bis zu 4 Zeilen dichten. Während der Stunde Dichtens nahm er um 325 Gramm ab«.

Diese Statistik macht nebenbei deutlich, daß Berlin nicht im Zentrum seines Schreibens und Lebens stand. In München, wo er am 7. Juli 1848 geboren wurde, spielt sein vielleicht bester Roman, »Erfolg« (der anfangs ein gewaltiger Mißerfolg war), und dieser Stadt war er in Haßliebe verbunden. Die andere bedeutungsvolle Metropole wird dann Los Angeles mit ihrem idyllischen Vorort Pacific Palisades, jene Stadt, in der er die letzten 18 Jahre seines Lebens verbrachte. Dennoch ist Berlin für Feuchtwanger nichts weniger als eine Durchgangsstation.

Nach Berlin war Feuchtwanger als Student gekommen, und seine Erinnerungen daran hat er (1928 in der »Frankfurter Zeitung«) in der dritten Person festgehalten: Bei seinem Doktorexamen versagte er in der Prüfung über altdeutsche Grammatik und Literatur, da er über die Nuancen, wie man seinen Gegner beim Turnier vom Pferd stößt, nicht hinlänglich unterrichtet war. Hingegen erzielte er große Erfolge bei der Prüfung in Anthropologie, da er auf die Frage des examinierenden klerikalen Professors: »In welche großen Gruppen zerfallen die Eigenschaften des Menschen?« wunschgemäß erwiderte: »In körperliche und geistige.«

Und wieder gibt er der Statistik die Ehre: »Die Reichshauptstadt Berlin zählte, als er an ihrer Universität studierte, 1.827.394 Einwohner, darunter 1.443 Schauspieler, 127 Generäle, 1.107 Schriftsteller und Journalisten, 412 Fischer, 1 Kaiser, 9.213 Studenten, 112.327 Zimmervermieterinnen, 1 Genie«. – »Er liebte Ziffern und statistische Angaben«, notiert später Feuchtwangers Lektor Hermann Kesten, und auch Feuchtwangers Freund Ludwig Marcuse weist auf des Autors Zahlenlust hin: »gegen jede Kritik führte er eine Statistik ins Feld, nach der in jeder Stunde soundso viel Leser auf dem Erdenrund vor einem seiner vielen Bücher säßen«.

Berlin war für Feuchtwanger nicht nur Universitätsstadt und der Ort, an dem seine Schwester Franziska lebte (verheiratet mit dem jüdischen Unternehmer Eduard Diamand, der mit dem Kaufmann Jacques Lavendel in »Die Geschwister Oppermann« verwandt ist), sondern vor allem jene Stadt, in der ihn die Gespenster aus München einholten, denen er hier, in der »amerikanischen Metropole«, zu entgehen glaubte. Am Aschermittwoch des Jahres 1925 war er auf Anraten Brechts, flüchtend »vor der Lautstärke der Faschisten«, von München nach Berlin gekommen, das mit seinen inzwischen vier Millionen Einwohnern die drittgrößte Stadt der Welt geworden war. Er war ins Visier der Nazis geraten, weil er in seinem Roman »Die häßliche Herzogin« die Ermordung eines jüdischen Kaufmanns geschildert hatte. Berlin wurde der Ort, an dem er beinahe selbst Opfer der neuen Herren der Geschichte geworden wäre.

1932 vertauschte er seine Wohnung am Hohenzollerndamm mit einer Villa in der Mahlerstraße Nr. 8 nahe dem Hundekehle-See (inzwischen: Reger-Straße), die er sich hatte bauen lassen – 200 000 Mark soll sie gekostet haben, wenn Hermann Kesten da recht informiert war.

Zwei Jahre zuvor war der in Berlin entstandene Roman »Erfolg« erschienen, dessen »eigentlicher Held... das Land Bayern« ist, wie sein Autor später befand, und mit dem Feuchtwanger sich von den poetologischen Ideen der »Neuen Sachlichkeit« verabschiedete. Darin schildert er persiflierend und kaum verschlüsselt, begabt mit Witz und politischem Scharfblick, aus der Perspektive des Jahres 2000 den Aufstieg der Nazis in Bayern. Auch Berlin taucht auf im Roman als »die große Stadt«: »Er sah die nie abreißende Reihe der Autos, mit der Sebstverständlichkeit eines Flusses daherrollend, sich stauend, weiterrollend«.

»In seinem fleischigen, phantasievollen, oberbayrischen Kopf war ein vielfarbiges, romantisches Bild von diesem Stückchen des Globus, gelegen 13 Grad 22 Minuten östlicher Länge, 52 Grad 30 Minuten nördlicher Breite, 73 Meter über dem Meeresspiegel, ursprünglich von Slawen besiedelt und Berlin benannt, jetzt ausgestattet mit Millionen Schächten, Röhren, Leitungen, Kabeln unter der Erde, mit endlosen Häusern und wimmelnden Menschen auf der Erde, mit Antennen, Drähten, Lichtern, Funktürmen, Flugzeugen in der Luft«, mit »riesigen, lichtprahlenden Palästen der Unterhaltung, Cafés, Kinos, Theater, zehn, dreißig, hundert, tausend, menschengefüllt«, die Welt von »Spaß. Sport. Spiel« – literarische Gegenwelt zur bayrischen Metropole.

Thomas Mann empfand bei der Lektüre des Romans »helles Vergnügen«; das Buch sei »erheiterndes Labsal für jeden, der litt unter dem, was schauderhaft um sich griff, der politischen Viecherei, die heillos heraufkam, – erstaunliches Beispiel dafür, wie komische Kunst über das Gemeine zu trösten vermag.«

Feuchtwanger hatte, was über seinen Romanerfolgen in Vergessenheit geraten ist, als erfolgreicher Dramatiker begonnen, und sein erfolgreichstes Stück kam in Berlin zur Aufführung. Am 12. Juni 1928 hatte Erich Engel am Staatstheater (das Bühnenbild besorgte Caspar Neher, die Hauptrolle spielte Rudolf Forster) »Kalkutta 4. Mai« inszeniert, eine Neufassung seines englischen Kolonialdramas »Warren Hastings« von 1905. Die Überschriften, die jede Szene einleiteten, die geraffte lakonische Sprache und die innere Kühle der Figuren erinnerten an Brechts episches Verfahren, und Feuchtwanger merkte anläßlich der Inszenierung auch an: »Dieses Stück schrieb ich mit Brecht«. Autor und Stück wurden gefeiert; freilich meldete Brecht an Helene Weigel: »eine furchtbare Aufführung . . .aber scheints gute Kasse«. Im November 1928 wurde im Staatstheater, wiederum mit Erfolg, Feuchtwangers »Petroliuminsel« aufgeführt; das »Berliner Tageblatt« schrieb (am 29. November): »Großes Publikum, auch Stresemann wieder auf seinem gewohnten Platz ,. . . großer Beifall«. Und ebenfalls am Staatstheater inszenierte Leopold Jeßner im April 1930 die Komödie »Wird Hill amnestiert«, die die Rahmenhandlung für seinen Roman »Erfolg« lieferte.

Brechts Einfluß auf »Kalkutta« war nur Bruchstück einer beinahe lebenslangen Zusammenarbeit. Das Konzept des epischen Theaters war in Berlin von Feuchtwanger, der seine Stücke als »dramatische Romane« bezeichnet hatte, nachhaltig beeinflußt worden; auch der »Dreigroschenoper« hat er den Namen gegeben. Brecht hat deshalb auch den Dramatiker höher eingeschätzt als die Nachwelt. 1954 bekennt der vierzehn Jahre jüngere Brecht, der gerne vom »Onkel Feuchtwanger« sprach (im »Me-ti« hat er ihm den Namen Fe-hu-wang gegeben), in einem Grußwort noch einmal, daß Feuchtwanger »einer meiner wenigen Lehrmeister« war. Im Roman »Erfolg« steht Brecht Modell zur schillernden Figur des Kaspar Pröckl.

Wie weit reichte Feuchtwangers politisch-historischer Scharfblick? Der Terror der Nazis hatte nicht erst 1933 begonnen; schon ein Jahr zuvor waren bei Thomas Mann, Arnold Zweig oder Feuchtwanger Drohbriefe angekommen; Feuchtwanger wurde als »Saujud« beschimft. Im August 1932 erschien im »Völkischen Beobachter« eine erste Liste der »Repräsentanten einer dekadenten Niedergangsperiode«, die man nach der Regierungsübernahme verbieten wollte, in der auch der Name des Autors von »Jud Süß« und »Erfolg« erschien. »Erfolg« stürzte den Berliner Kiepenheuer Verlag in eine gravierende Krise: Das ganze Verlagsprogramm wurde wegen seiner politischen Attacken in weiten Teilen Deutschlands boykottiert. Im »Berliner Tageblatt« vom Februar 1932 referierte Feuchtwanger schließlich selbst über Zensur und Bücherverbote in der Weimarer Republik. Umso erstaunlicher war seine gleichzeitige »Baupolitik«. Fritz Kortner resümierte in seinen Erinnerungen: »Feuchtwanger, der mit politischem Scharfblick alles voraussah, kaufte sich damals ein Haus in der Nähe von Berlin. In der Emigration schüttelte er viele Jahre hindurch immer wieder den Kopf über sich selbst, den Autor des Romans ›Erfolg‹, der die durch Hitler hervorgerufene Situation durchleuchtet und die Aussichtslosigkeit des unorganisierten Widerstandes in jenen Tagen, öfter als uns lieb war, bewiesen hatte.«

Hans Albert Walter erinnert uns freilich daran, daß auch Bertold Brecht sich noch im August 1932 mit den Tantiemen der

»Dreigroschenoper« ein Landhaus in Utting am Ammersee gekauft hatte, und daß Heinrich Mann, der seit seinem Umzug aus München in Hotels und Pensionen gelebt, sich 1932 in Berlin wieder eine große Wohnung hergerichtet hatte. Auch der Sammler und Kunstkritiker Paul Westheim hatte mit seiner großen Sammlung und Bibliothek noch im Dezember 1932 eine neue Wohnung an der Apostelkirche bezogen. (Bald darauf floh er nach Frankreich und ist nicht mehr nach Deutschland zurückgekehrt.) Im selben Monat erklärte Feuchtwanger der amerikanischen Presse: »Hitler is over.« Man klammerte sich an ermutigende Zeichen und gab sich Mühe zu verdrängen. Mit seiner Weigerung, den eigenen Beobachtungen zu folgen, stand Feuchtwanger demnach keineswegs allein.

Doch der vergleichende Blick auf linke Schriftstellerkollegen reicht da nicht aus. Einem amerikanischen Journalisten erklärte Feuchtwanger 1940, daß der Erfolg seiner historischen Romane auf einer simplen Prämisse basierte: daß nämlich die menschliche Psyche sich in den letzten zweitausend Jahren nicht geändert habe. Und er fügt lapidar hinzu: »An Geschichte selbst bin ich nicht interessiert.« Feuchtwanger, der die Geschichte der Menschheit vom biblischen Richter Jefta bis zum Münchner Bürgerbräukeller in seinen Romanen erfolgträchtig verarbeitete, soll der Geschichte gleichgültig gegenüberstehen? Immerhin hat er, nach seiner Rußlandreise 1936/37, Moskau als »ungeheuer jung« gelobt und nicht die »Morgenröte« beschworen, sondern die »Geschichtlosigkeit« des modernen Stadtbilds unterstrichen; sein Bild von der roten Metropole ist mehr vom »amerikanischen Tempo« bestimmt als von marxistischen Studien.

Und er ist in seinem geschichtlosen Refugium im südlichen Kalifornien geblieben und nicht zurückgekehrt zu seinem alten Freund Arnold Zweig, der im Berliner Grunewald 1932 sein Nachbar gewesen war. Zweig versuchte nach 1949 das eine um das andere Mal, ihn zur Übersiedelung in die DDR zu bewegen, er beschwört die wohltuende Berliner Luft und die Ergebenheit der Kulturfunktionäre, ja er sendet gar eine Liste der Geschenke, die der Staat ihm zu seinem 65. Geburtstag verehrt hatte: vergebens. Der Schriftsteller, der Stalin so viel Verehrung entgegengebracht hat, kehrte nicht in den geschichtsträchtigen Berliner Osten zurück

– er blieb in seinem immergrünen Refugium mit dem grandiosen Blick auf den pazifischen Ozean. Dort verleiht er, in seinem ersten Nachkriegsroman, »Waffen für Amerika«, Benjamin Franklin Züge von Josef Stalin.

Im November 1932 war Feuchtwanger zu einer viermonatigen Lesereise in die Vereinigten Staaten aufgebrochen – danach hat er Berlin und Deutschland icht mehr wiedergesehen. Aber er schrieb noch einen Brief nach Berlin, der an den neuen Mieter seines Hauses adressiert war:

»... Lassen Sie mein Haus nicht verkommen, Herr X. Es zu bauen und einzurichten hat Frau Feuchtwanger und mir viel Mühe gemacht... Pflegen Sie es, bitte, ein bißchen. Ich sage das auch in Ihrem Interesse. Ihr »Führer« hat versprochen, daß seine Herrschaft tausend Jahre dauern wird: Ich nehme also an, Sie werden bald in der Lage sein, sich mit mir über die Rückgabe des Hauses auseinanderzusetzen.
Mit vielen guten Wünschen für unser Haus
LionFeuchtwanger
P.S. Finden Sie übrigens auch, daß meine These, Ihr Führer schreibe schlechtes Deutsch, dadurch widerlegt wird, daß Sie in meinem Haus sitzen?«

1933 wurden auf dem Berliner Opernplatz Feuchtwangers Bücher verbrannt, am 23. August wurde er ausgebürgert, sein Vermögen beschlagnahmt. Nach dem Kriegsende gehörte er, neben Zuckmayer und Remarque, zu den wenigen Exilautoren, denen auch im Nachkriegsdeutschland Erfolg beschieden war, wenn auch, bis zu seiner Entdeckung durch ARD und ZDF, nur im östlichen Teil. Immerhin erhielt er 1957, gegen den kräftigen Widerstand einiger Stadträte, den Literaturpreis der Stadt München.

Nach dem Krieg stand er zu Berlin wenigstens in engem brieflichen Kontakt; sein Briefwechsel mit Arnold Zweig gehört zu den spannendsten Lektüren, die der Schriftsteller uns hinterlassen hat – er enthält mehr »Geschichte« als seine historischen Romane.

Emil Faktor

Ein Zeitungsmann mit poetischem Gemüt

Hans Dieter Zimmermann

Emil Faktor, der wichtigste Kritiker in den Tageszeitungen Berlins neben Alfred Kerr und Herbert Ihering, ist zugleich der unbekannteste, unbekannter noch als Monty Jacobs oder Julius Bab. Faktor war seit 1908 Kritiker in Berlin, zunächst beim »Tag«, seit 1912 beim berühmten »Berliner Börsen-Courier«, dessen Ressort »Feuilleton, Theater, Musik« er leitete. Von 1917 bis 1932 war er Chefredakteur der Zeitung, der einzige Berliner Chefredakteur, der aus dem Feuilleton kam. Wenn diese Zeitung heute als die bedeutendste des Berlin der Weimarer Republik neben dem »Berliner Tageblatt« gilt, dann ist es nicht zuletzt das Verdienst ihres Chefredakteurs, eines unpolitischen Mannes, der selten einen Leitartikel schrieb, aber unterschiedliche Geister an das Blatt zog, das liberal, »freisinnig« war. Freilich lag die Bedeutung der Zeitung nicht in der Politik, sondern im Wirtschaftsteil und vor allem im Kulturteil, auf den Faktor sich konzentrierte. Vergleicht man die Mitarbeiter und Redakteure dieser Zeitung mit denen der renommierten »Frankfurter Zeitung«, dann wird man ihr Feuilleton noch über das jener stellen.

All dies ist Ergebnis einer Untersuchung, die der Klaus-Mann-Forscher Klaus Täubert im Auftrag des Instituts für deutsche Philologie der TU Berlin, finanziert von der Stiftung Preußische Seehandlung, jetzt durchführte; eine Publikation (Texte Faktors nebst Monographie) ist vorgesehen, eine Bibliographie aller Mitarbeiter des Feuilletons ebenfalls.

Der »kleine dicke jüdische Mann«, der ruhende Pol dieses Blattes, der zum literarischen Leben Berlins mehr beitrug als manch anderer, dessen Name heute häufiger genannt wird, stammte aus einfachen Verhältnissen Prags. Als einziger Sohn nach drei Töchtern erhielt er die bestmögliche Ausbildung. 1876 geboren, sieben Jahre vor Franz Kafka, stammt Faktor aus dem deutschen Judentum Prags, das so viel zur deutschen Kultur beitrug, bis es von deutschen Barbaren vernichtet wurde. Das Altstädter Gymnasium, die juristische Fakultät der Karls-Universität hat er in seinem Bildungsgang mit Franz Kafka und manch anderem der Prager gemeinsam, auch das Engagement für deutsches Theater und deutsche Literatur. Er promovierte wie Kafka zum Dr. jur., übte aber nie einen juristischen Beruf aus. Von früh an schrieb er Gedichte, Kritiken, »Feuilletons«, später im »Berliner Börsen-Courier« fast hundert unter dem Namen Jussuf. In Prag arbeitete er für die »Bohemia«, deren wichtigster Kritiker er wurde, als Alfred Klaar nach Berlin ging, ihm den Weg weisend. 1899 schon hatte Faktor in Leipzig einen Gedichtband »Was ich suche« veröffentlicht, der höchst wohlwollend von einem anderen Prager Lyriker rezensiert wurde: von Rainer Maria Rilke. 1908 publizierte Faktor einen zweiten Lyrikband, »Jahresringe«, der die Erwartungen nicht erfüllte, die Rilke gehegt hatte: es sind eher blasse, konventionelle Verse. Auch das Theaterstück »Die Temperierten«, das 1914 vom Deutschen Theater in Prag aufgeführt wurde, brachte es nur zu einem Achtungserfolg. Faktor hatte wohl ein »poetisches Gemüt«, mit E.T.A. Hoffmann zu sprechen, ein Poet war er nicht. Seine poetische Begabung war ihm allerdings bei seinem kritischen Handwerk höchst förderlich. Er betrieb es nie so wichtigtuerisch salopp wie Kerr, nie so dogmatisch-trocken wie Ihering; er war der freundlichste, verständnisvollste, auch bescheidenste unter den dreien – und deshalb ist er wohl auch der unbekannteste.

Es war Alfred Kerr, der ihn nach Berlin brachte. 1905 lernten sie sich in Prag kennen; 1906 kam Faktor das erste Mal nach Berlin; das war ein Schock nach dem idyllischen Prag: diese Mischung von »Schön und Häßlich, von Vornehm und Grell, von Eigenart und Parvenuehaft«, »gegen die niemand Einspruch erheben sollte« wie er später schrieb, »der sich bewußt bleibt, wie Gleichart abstumpft und wie öde ein Augenparadies werden kann, in welchem keine Kontraste den so wertvollen Widerspruchssinn reizen.«

Kerr zog ihn an den Berliner »Tag«, an dem er damals selbst arbeitete; sein Einsatz für Faktor war uneigennützig, bildete er sich doch einen Konkurrenten heran. So uneigennützig wie später der Einsatz Faktors für Ihering, den er überredete, nicht die Stelle eines Regisseurs, sondern die eines Kritikers anzunehmen. 1921 gelang es ihm, Ihering ganz an den »B. B.-C.« zu binden. Ihering brachte einen neuen Ton, er argumentierte und verblüffte nicht mit selbstgefälligen Pointen, er sah die Aufführung im Zusammenhang mit dem Werk. Schon 1922 kam es zu Spannungen zwischen den beiden unterschiedlichen Geistern, aber Faktor konnte Ihering besänftigen und halten. Die beiden ergänzten sich vorzüglich: War Faktor ausgeglichen, ausgleichend, manchmal wolkig, so war Ihering theoretisch, leidenschaftlich, manchmal fanatisch. Die Entdeckung und Förderung Bert Brechts ist ein Ruhmesblatt in der Laufbahn Herbert Iherings, die auch dunkle Strecken kennt: seine schamlose Kollaboration mit den Nazis nach 1933. Doch die Förderung Brechts ist nicht das Werk von Ihering allein, wie sich jetzt zeigt, sie ist auch das Faktors. Am 5. September 1922 schrieb der junge Brecht als deutscher Dichter über den Film im »B. B.-C.«, drei Wochen später berichtete Ihering aus München von einer »Sensationspremiere«. »Trommeln in der Nacht« wurde dann in Berlin von Faktor gelobt, der schrieb, den Namen des Autors werde man sich merken müssen »nicht bloß wegen seiner einschmeichelnden Alliteration«.

Am 60. Geburtstag Gerhart Hauptmanns schreibt Faktor, Hauptmann habe seine »revolutionäre Mission« erfüllt, die Gegenwart könne »den entscheidenden Stoß nur von stürmender, mit Vergangenheitsbeziehungen nicht belasteter Jugend empfangen«. Diese Jugend sah Ihering in Brecht, Kerr in Toller; Faktor konnte beide akzeptieren. 1923 kam es zu einer Fehde zwischen Kerr und Ihering, in der Faktor sich hinter Ihering stellte.

Faktor fand, daß »die Herausforderung von Dr. Kerr ausging«. Im sich anschließenden Streit mit Karl Kraus, der die gesamte Berliner Kritik in Grund und Boden verdammte, dabei aber Faktor von Ihering abzuheben suchte, läßt der maßvolle Faktor sich sogar zu einer Erwiderung herab: »Bei der Wiedergabe meiner Kritik hat Karl Kraus jenen Passus weggelassen, in welchem ich ihn mit einem auf den Heerstraßen der Banalität lauernden Lindwurm vergleiche. Die Zähne des bissigen Drachens sind aber – was jetzt noch hinzugefügt werden muß – durch die Dauerbeschäftigung des Nur-Polemisierens recht hohl geworden.«

Emil Faktor war ein liberaler Mann, das heißt, er setzte eine gewisse Rechtsstaatlichkeit voraus, die es ihm erlaubte, großzügig zu sein. Wo sie gefährdet war, zog er sich zurück, wurde er wehrlos. Ein streitbarer Demokrat war er nicht; die Weimarer Republik hatte wenige Verteidiger. Faktor war ein umgänglicher Mann, zu opportunistischen Zugeständnissen war er nicht bereit. Das kostete ihn schließlich auch seinen Posten, bevor die Nazis an die Macht kamen. Als der »Berliner Börsen-Courier« angesichts des Stimmenzuwachses der Nationalsozialisten auf einen Zick-Zack-Kurs ging, der mal die Rechte lobte, mal vornehm schwieg, war Faktor fehl am Platz. Am 1. Oktober 1932 schied er offiziell als Chefredakteur aus, Josef Adolf Bondy trat an seine Stelle. Das Taktieren half dem Blatte nichts. Am 1. April 1933 steht kein jüdischer Name mehr im Impressum der Zeitung, die ihren jüdischen Besitzern, den Brüdern Hermann, und ihren jüdischen Redakteuren fast alles verdankte.

Die glorreiche Ära des »B. B.-C« ging mit der Chefredaktion von Emil Faktor zu Ende. Ein paar Namen müssen doch genannt werden: Oscar Bie und Heinrich Strobel waren Musik-Redakteure, Leo Lania, Gabriele Tergit, Joseph Roth, Ludwig Marcuse, Axel Eggebrecht, Peter Mendelsohn, Walter Benjamin, Hans Sahl, Richard Hülsenbeck, Oskar Loerke, Ernst Weiss schrieben hier, aber auch konservative Autoren wie von Molo, von Scholz und Blunck. Günther Stern, damals mit Hannah Arendt verheiratet, erhielt hier den Namen, unter dem er berühmt wurde, weil man ihn bat, sich »anders« zu nennen: Günther Anders. Billy Wilder schrieb hier als kleiner Reporter. Ein junger Autor begann kurz vor Toresschluß: Wolfgang Koeppen.

Die Redaktion war in der Beuthstraße in Berlin Mitte in denkbar schlechten Räumen untergebracht, wenig gelüftete, wenig geheizte Verschläge. Die Brüder Hermann druckten in ihrer Druckerei alle Drucksachen der BVG, das gab ihnen den nötigen finanziellen Rückhalt für ihr Blatt. 1868 hatte George Davidsohn die Zeitung, die »halb Börsenblatt, halb Theaterblatt« war, ursprünglich eine Beilage der »Berliner Börsen-Zeitung«, zu einer selbständigen Tageszeitung gemacht. Nun machten das Mitte 1933 die Nazis wieder rückgängig: der »B.B.-C.« kam zur »Berliner Börsen-Zeitung« zurück, die »in vorderster Reihe« der Blätter »im Deutschland Adolf Hitlers marschierte«, wie sie stolz verkündete.

Am 20. September 1933 erschien der letzte Beitrag von Emil Faktor mit dem Kürzel »E. F.« Faktor kehrte mit Frau, Sohn und Tochter dorthin zurück, von wo er ausgegangen war: nach Prag.

Mühsam gelang ihm der Aufbau einer bescheidenen neuen Existenz: er schrieb für den Prager »Mittag«. Ein Vortrag von Klaus Mann 1933 brachte ihm das in Erinnerung, wofür er immer eingetreten war: »dieses als gestrig verschriene Gedankengut des Humanismus, zu dem die menschliche Entwicklung zurückkehren muß, wenn sie nicht im Chaos enden will.« Mit dem Einmarsch der deutschen Truppen ins Sudetenland endete Faktors Arbeit in Prag, der »Mittag« stellte sein Erscheinen ein. Emil Faktor und seine Frau Sophie mußten schließlich den Judenstern tragen. Den Kindern gelang die Emigration. Die Tochter versuchte von New York aus, den Eltern die Ausreise zu ermöglichen. Es wäre gelungen, wenn der Krieg nicht ausgebrochen wäre. Am 21. Oktober 1941 wurden Sophie und Emil Faktor mit anderen Prager Juden ins Ghetto Lodz deportiert, am 10. April 1942 soll Emil Faktor dort gestorben sein, seine Frau wurde in Auschwitz ermordet.

Bertolt Brecht

Geschmacklosigkeiten – in was für einem Format!

Klaus Völker

Ein stolzes Bekenntnis zu Augsburg »als geistiger Lebensform«, wie es Thomas Mann 1926 gegenüber seiner Stadt Lübeck ablegte, kam für Bertold Brecht nicht in Betracht. Für die Industrie- und Handelstradition der Fuggerstadt hatte er wenig Sympathie, mehr als mit der bayerischen Denkungsart fühlte er sich mit dem schwäbischen Urgrund seiner Herkunft verbunden. Befragt nach seiner landsmännischen Zugehörigkeit, gab er die Auskunft: »Meine Eltern sind Schwarzwälder.« Die Familie des Vaters kam aus Achern in Baden, die Großeltern mütterlicherseits stammten aus dem oberschwäbischen Dorf Roßberg bei Waldsee. Seine Eltern hatten in Pfullingen geheiratet. »Ich, Bertold Brecht, bin aus den schwarzen Wäldern / Meine Mutter trug mich in die Städte hinein / Als ich in ihrem Leibe lag.«

Seine Herkunft rückte Brecht weg von Augsburg, und der Weg, den zu gehen er sich vornahm, sollte ebenfalls fortführen – von der ländlichen Kleinstadt in die Großstadt. Er sah sich als in die großen Städte verschlagener Eroberer. Erfolge in München sollten ihm den Weg in den Ruhm sichern. Da sich die Münchner Theater ihm verweigerten und der Georg Müller Verlag den schon ausgedruckten »Baal« nicht in den Handel brachte, richtete sich sein Ehrgeiz von 1920 an auf die Eroberung Berlins. Ohne die Stadt zu kennen, hatte er bereits die Handlung seines Stücks »Trommeln in der Nacht« dort angesiedelt, jedenfalls spielte er hier auf die Barrikadenkämpfe während der Novemberrevolution von 1918 und die Ereignisse im Zeitungsviertel an. Die Atmosphäre des Stücks, Straßen und Kneipen, waren aber augsburgisch, alle nachträglich hineinmanipulierten Berlin-Bezüge ließen um so auffälliger das augsburgische Kolorit hervortreten.

Erstmals kam Brecht im Februar 1920 nach Berlin, und er fand die Stadt »eine wundervolle Angelgenheit«. Sein Freund Caspar Neber sollte sofort nachkommen. »Alles ist schrecklich überfüllt von Geschmacklosigkeiten, aber in was für einem Format, Kind! Kannst du nicht 500 M stehlen und kommen?« Und an den Münchner Dramaturgen Jacob Geis meldete er: »Der Schwindel Berlin unterscheidet sich von allen andern Schwindeln durch seine schamlose Großartigkeit. Die Theater sind wundervoll: Sie gebären mit hinreizender Verve kleine Blasensteine. Ich liebe Berlin, aber m.b.H.« Ehe er seine Absicht, Verbündete für seine Projekte auszukundschaften, in Gang bringen konnte, zwang ihn der Kapp-Putsch zur Abreise. Der Berliner Boden war unerwartet kein toller »Schwindel« mehr, sondern bedrohliche Realität. Brecht zog es vor, weiter im Augsburger »Zwinger« den Stillstand Deutschlands, dieses »Aasloch Europas«, zu beklagen.

Im Herbst 1921 unternahm Brecht seinen zweiten Anlauf auf Berlin. Wo er auftauchte, faszinierte er mit seinen Balladen und mit polemisierenden Ansichten. Innerhalb von wenigen Wochen hatte er so viele Bekannte wie andere in Jahren nicht. Für den »Schwarzwälder« war aber die ungewohnte Betriebsamkeit nur eine kurze Zeit anregend. Als es eine »Jagd« wurde, die ihn schwächte, fand er kaum mehr Gefallen daran. Verhandlungen mit Verlagen stockten, die Bühnen zögerten. Von früh bis spät war Brecht unterwegs, verausgabte sich nur noch im Betrieb, der nichts für seine Arbeit abwarf. Als Stimulantien brauchte er die Geselligkeit von Menschen, Gedanken, Probleme, nicht Klüngelei und Betriebseifer. Die Großstadt wurde ihm zum Dschungel. Das »kalte« Berlin wirkte wie »Chicago«. Wie Garga in seinem Drama »Dickicht«, an dem er damals arbeitete, schien er an der Stadt zu scheitern.

»Ich hab es über, wirklich, bis zum Hals«, berichtete er seiner Freundin Bi nach Augsburg und zählte ihr die Ereignisse eines schlimmen Tages auf: »Vormittags schrieb ich bis 10 einen Filmakt, dann lief ich in die Universität, dann ins Deutsche Theater wegen der Proben, aß im Stehen rasch so um 3 Uhr, traf Klabund im Café, der den Vertrag mit Reis schrieb, schwatzte bis 6 Uhr über die Verlagsgeschichten, dabei gingen wir durch drei Likörstuben mit einem Jüngling, der Vorschuß bekommen hatte und die Liköre bezahlte, dann fuhr ich Untergrund in die Scala, wo Matray und Kata Sterna tanzten, dann mit Warschauer, Matray und Kata Sterna im Auto zu Warschauer, blieb dort zwei Stunden, indem ich »soupierte« und Wein trank. Lief dann mit Matray ins Restaurant Maenz, wo mich Granach vielen Theaterleuten vorstellte, und gondelte um 2 Uhr mit einer Zigarre heim. Und alle diese Leute schieben einander, schreiben über einander, beneiden, verachten, verebbeln einander!!!«
Berlin und die Theater insgesamt verfluchend, an Geldmangel und Kälte leidend, aß Brecht mit seinem Mit-Eroberer Arnolt Bronnen Erbsensuppe bei Aschinger. Er hatte den »Dschungel« unternehmungslustig betreten, aber eine Lichtung zeigte sich nicht. Bronnen glaubte in der Figur des Garga in »Dickicht« Brecht wiederzuerkennen, auf dessen Schlußansprache hin schien ihm das Stück konstruiert: »Es war die beste Zeit. Das Chaos ist aufgebraucht, es entließ mich ungesegnet. Vielleicht tröstet mich die Arbeit. Es ist zweifellos sehr spät. Ich fühle mich vereinsamt.«

Das Thema dieses Stücks, der Versuch, in einem Drama die Einsamkeit des Menschen, seine Entfremdung im Existenzkampf und die Unzulänglichkeit der Sprache darzustellen, war immer noch augsburgisch geprägt. Berlin lieferte nur das Anschauungsmaterial. Ein allgemeines Thema, die Feindseligkeit der modernen »Welt«, wurde durch Erfahrungen im Asphaltdschungel konkretisiert. Aber es gab kein Zurück. Augsburg, die glückliche Jugend waren inzwischen eine täuschende Idylle. Zwischen Augsburg und Deutschland bestand für Brecht kein großer Unterschied mehr. Amerika wurde, für einige Jahre, zum Gegenbild: ein

Pionierland mit technischem Fortschritt und beruflichen Chancen für die Jugend. Die Alternative hieß: Verwesung oder erbarmungsloser Kampf.

Mit Bronnen entwarf Brecht im Frühjahr 1922 die Fabel eines Films, der »Die zweite Sintflut« heißen und »das Verkommen dreier hochwertiger Typs« zeigen sollte, »die zu Raubtieren werden müssen und immer mehr, je mehr sie technisch fähig werden, ihr Leben zu fristen, dieses ihr Leben gegenseitig zerstören.« Mit dem Exposé gewannen sie einen Filmideenwettbewerb und 100 000 wertlose Papiermark. Noch einmal verschob Brecht die Eroberung des »Weltmeers« Berlin. Er beschränkte sich auf die endlich ihm zugesicherten Operationen als »Herr des Südmeers« in München. Nach dem dortigen erfolgreichen Start von »Trommeln in der Nacht« und »Dickicht« und seiner ersten Inszenierung »Leben Eduards des Zweiten von England« stand einer effektiveren Betätigung auch in Berlin nichts mehr im Wege. Berlin ließ offensichtlich nur bereits bestätigte Talente in seinen Arenen zum Kampf antreten.

Ein Möbelwagen wurde nicht benötigt. Die Bücher und Manuskripte kamen mit der Post. Anfang September 1924 bezog Brecht das Atelier von Helene Weigel in der Spichernstraße 16. Er war jetzt Großstädter aus Überzeugung, zwang sich, »von der Natur einen sparsamen Gebrauch zu machen.« Dem landschaftlichen Dekor der Stadt widerstand er. »Man kann sich keinen Betrachter vorstellen, der den Reizen der Stadt, sei es dem Häusermeer, sei es dem atemberaubenden Tempo ihres Verkehrs, sei es ihrer Vergnügungsindustrie, fühlloser als Brecht gegenüberstünde.« Sonntagsstimmung und Villenvororte waren ihm verhaßt. Er bevorzugte die nach Industrie riechenden Viertel. Hier, erinnerte sich Marieluise Fleißer, wurde er lebendig. Sein Interesse galt Reaktionsweisen der Menschen: »Schon wenn er aufschnappte, wie ein dicklicher Zuhälter seinen Schützling auf der Straße losschickte, sie von hinten beobachtete und ihr nachrief: Erika, die Tasche halte flotter! und sie eine Spur größer wurde und ihre Lacktasche voll Optimismus schwenkte – solche Einzelheiten machten ihn glücklich.«

Mit großer Leidenschaft bekannte sich Brecht zu allen unliterarischen Strömungen, er sah sich fast jeden Film an, besuchte

Sportpalastveranstaltungen und Lokale, in denen sich Huren und Zuhälter aufhielten. Er schrieb Sportmagazine und Modejournale, verfaßte Schallplattentexte und Reklamegedichte. Umgekehrt beutete er Sportberichte und Schlagertexte für seine Arbeit aus, notierte sich brauchbare Stellen und fügte sie in seine Gedichte und Stücke ein.

Trotz der Begeisterung für die Großstadt und der gewaltsamen Verdrängung seiner Jugendzeit blieb Brecht in seinen privaten Gewohnheiten dem Elternhaus verhaftet. Essen wollte er in der Regel nur, was man in Augsburg zu essen pflegte. Das Dienstmädchen Maria Hold war eine Augsburgerin, die schon den väterlichen Haushalt versorgt hatte. Den Schneider, bei dem er seine bewußt einfache und abgetragene Kleidung anfertigen ließ, kannte er ebenfalls von Augsburg her.

Brecht und seine Anhänger machten von sich reden. Man gab Interviews, beteiligte sich an Umfragen. Den literarischen Größen (Rilke, Thomas Mann), der etablierten Dramatik (Gerhart Hauptmann) und Theaterpraxis wurde der Kampf angesagt. Zu den alten Mitarbeitern und Freunden gesellten sich ebenso sachlich wie Brecht urteilende Leute, die die literarisch-dramaturgische Umsetzung seiner marxistischen Erkenntnisse kontrollieren konnten und ihm Ideen lieferten, die er jetzt benötigte. Berlin war für Brecht kein idealer Ort zum »Schreiben« (Gedichte schrieb er weiterhin vorzugsweise bei Besuchen in Augsburg), wohl aber zum Vervollkommnen seiner Produktion im kollektiven Arbeitsprozeß. Der Dichter brauchte Berlin nicht, aber er lebte hier auch als Stückeschreiber, »Beweger«. Sich in Berlin behaupten, so lautete der Rat Brechts im »Lesebuch für Städtebewohner«, bedeutet, sich rücksichtslos anzupassen und seine Spuren zu verwischen. »Was hier gebraucht wird, ist Hackfleisch.«

Brecht war 1929 mit der »Dreigroschenoper« international bekannt geworden und zu Geld gekommen. Er dachte 1932 noch nicht an Emigration, obwohl die Polizei seine Aktivitäten observierte, Aufführungen der »Mutter« zu behindern begann und die Bühnen ein Stück wie »Die heilige Johanna der Schlachthöfe« nicht zu spielen wagten. Auch nachdem die NSDAP die Macht erlangt hatte, dachte er nicht an Flucht. Er kaufte ein Landhaus in Utting, erwog Stückeprojekte und den Aufbau intellektueller

Arbeitszirkel zum Studium des Marxismus. Exil, meinte er, würde bedeuten, seinen Kampfposten zu verlassen. »Es gibt kein größeres Verbrechen als Weggehen«, formulierte er in einem Lehrgedicht. Im Ausland würde sein Schreiben an Wirksamkeit einbüßen.

In den entscheidenden Februartagen des Jahres 1933 unterzog sich Brecht in einer Privatklinik in der Augsburger Straße einer Blinddarmoperation. Hanns Eisler fuhr allein zur Einstudierung der »Maßnahme« nach Wien. Am 27. Februar gab der Komponist dem Autor telefonisch den Erfolgsbericht in die Klinik durch, am 28. Februar teilte ihm ein anonymer Anrufer aus Berlin mit, er solle in Wien bleiben, Brecht sei in Sicherheit. Noch in der Nacht des Reichstagsbrandes verließ Brecht die Klinik, ohne in seine Charlottenburger Wohnung zurückzukehren. Peter Suhrkamp half ihm und Helene Weigel, unerkannt Berlin in Richtung Prag zu verlassen. Nach Hitlers Ausspruch – »Es gibt jetzt kein Erbarmen; wer sich uns in den Weg stellt, wird niedergemacht« – mußten er und seine schon einmal von der Polizei wegen Agitation auf der Bühne inhaftierte jüdische Frau mit dem Schlimmsten rechnen.

Während der folgenden fünfzehn Jahre wechselte der Stückeschreiber dann »öfter die Länder als die Schuhe«, Österreich, Schweiz, Frankreich, Dänemark, Abstecher nach Moskau und London, Schweden, Finnland und die USA waren die Stationen seines Exils. Von den Zentren der politischen Geschehnisse hielt sich Brecht eher fern. Der Illusion, ein Kämpfer zu sein, gab er sich nicht hin. Aber er war ein erklärter Antifaschist, Kommunist ohne Parteibuch. Wenn es ging, versuchte er überall, wo er sich für länger niederließ, eine kleine kollektive Produktionswerkstätte zu begründen. In Amerika, das längst nicht mehr das Land seiner Sehnsucht war, als er es als Flüchtling erreichte, wurde er zum überzeugten Europäer. Als er Ende 1947 nach Europa zurückkehrte, galten seine Überlegungen dem Neubeginn in Berlin und der Absicht, dort das Instrument eines Theaters in die Hand zu bekommen, um mit seiner Arbeit da fortzufahren, wo er 1933 aufhören mußte.

Der seit 1946 immer wieder erörterte Plan, in Berlin wieder Theater zu machen und dafür möglichst das Theater am Schiffbauerdamm zur Verfügung zu haben, nahm, gegen viele Widerstände, Gestalt an. Das Berliner Ensemble in Ostberlin, in den ersten Jahren nur eine Truppe, die im Deutschen Theater Wolfgang Langhoffs Gastspiele gab, war kein Geschenk der Partei an einen hofierten Theatermann. In zähen Verhandlungen hatten Brecht und seine Freunde Zustimmung und Gelder den verantwortlichen Stellen abgetrotzt.

In der verständlichen Bemühung, erst viele Anhänger zu bekommen und eine Politik der kleinen Schritte zu versuchen, wurden die sozialistischen Gesichtspunkte vernachlässigt und die Chancen der »Stunde Null« verpaßt. »Meine Ausführungen über den kläglichen künstlerischen Zustand des Theaters der ehemaligen Reichshauptstadt«, klagte Brecht, »wurden als mehr oder weniger beleidigende Meckereien eines sich überschätzenden stellungssuchenden Künstlers abgetan.« In Anbetracht seiner schwachen Position den Behörden gegenüber, bei denen sich zu viele minder talentierte Kollegen durch brave Gefolgschaft Privilegien sicherten, ließ Brecht keine Gelegenheit aus, von ihm geschätzte, Maßstäbe setzende Künstler zur Rückkehr nach Berlin zu bewegen. Piscator lud er 1949 ein, »das Arbeitsfeld zu überprüfen«. Auch Fritz Kortner und Peter Lorre bat er dringend, an Ostberliner Theatern und möglichst am Berliner Ensemble Aufgaben zu übernehmen. Er wollte verhindern, daß die falschen Leute die Positionen besetzten und Einfluß bekämen: »Der Zeitpunkt ist gut, es sollte nicht viel später sein, jetzt ist alles noch im Fluß und seine Richtung wird bestimmt werden durch die vorhandenen Potenzen«.

Die Gründung der Bundesrepublik und die Wahl der Adenauer-Regierung waren der Auftakt für die Teilung Deutschlands, auf die die Sozialistische Einheitspartei im Oktober 1949 mit der Konstituierung der Deutschen Demokratischen Republik reagierte. Die Entscheidung, Brechts Einladung nach Berlin anzunehmen, war damit für die den Stalinisten nicht über den Weg trauenden Emigranten schwieriger geworden. Trotz der veränderten politischen Situation und trotz der Erschwernisse, die der mittlerweile heiß entbrannte Kalte Krieg bereitete, setzte Brecht den Versuch, ein beispielgebendes Theater für das ganze Deutschland zu machen, unbeirrt fort.

Die Bühnenbildner Caspar Neher und Teo Otto beteiligten sich, die Arbeitsfreundschaft mit Erich Engel, die 1929 abrupt geendet hatte, wurde durch die sich ergänzende Zusammenarbeit bei der Inszenierung der »Mutter Courage« (1949) und bei »Puntila« am Deutschen Theater erneuert. Die im Exil begonnene Kooperation mit dem Dichter und Regisseur Berthold Viertel wurde mit »Wassa Schelesnowa« von Gorki fortgesetzt. In Deutschland horchte man auf. Therese Giehse und Leonard Steckel ließen sich bis 1953 nicht von ihrer Mitarbeit beim Ensemble Brechts abhalten, obwohl man ihnen in München und Zürich mit künstlerischem Boykott drohte. Curt Bois, aus Amerika in die DDR gekommen, eckte dort bald mit seinem von Verbitterung gezeichneten schrägen Humor an und flüchtete zu Brecht, der diesem Komiker zuliebe den auf Steckel zugeschnittenen »Puntila« uminszenierte. Die Hauptenergie seiner Arbeit im Theater verwendete Brecht für die Entwicklung junger Darsteller: Käthe Reichel, Regine Lutz, Angelika Hurwicz, Erwin Geschonnek, Fred Düren, Norbert Christian und Heinz Schubert.

Erst 1954 erhielt Brecht für seine Versuche ein eigenes Haus, das Theater am Schiffbauerdamm, wo 1928 »Die Dreigroschenoper« erfolgreich uraufgeführt worden war. Höhepunkt seiner Theaterarbeit wurde 1954 die Inszenierung des »Kaukasischen Kreidekreises«, deren hohe Kunstfertigkeit das Zusammengehen von politischer Aufklärung und Poesie vorführte. Im westlichen Teil der Stadt begegnete man dieser Aufführung eher als einer zu langatmigen Kunstübung, die »auf Propaganda abzielt«, in den Ostberliner Blättern herrschte vorwiegend eisige Ablehnung gegenüber dem Formalismus der epischen Spielweise. Die Kritiker verstörte die Genauigkeit, Eleganz und Deutlichkeit der Gestik, das »Zeigen« der Vorgänge, die »Ausstellung der Fabel des Stücks«. Das »Neue Deutschland« überging die Inszenierung mit vielsagendem Schweigen. Erst als die Aufführung in Paris beim »Theater der Nationen« mit Jubel empfangen wurde, verbuchte man Brechts Theaterästhetik als ein Beispiel für die Vielfalt des »Sozialistischen Realismus«.

Die Auszeichnung mit dem Stalin-Friedenspreis machte Brecht 1955 in der DDR so gut wie unangreifbar. Mit Gespür für die politischen Gegebenheiten hatte er schon zuvor dafür gesorgt, daß er viel Einfluß ausüben und nicht erpreßt werden konnte. Mit dem Versprechen, daß er sein künftiges Schaffen Österreich, in erster Linie den Salzburger Festspielen und dem Wiener Burgtheater zur Verfügung stellen wolle (was er mit dem Entwurf zu einem neuen »Jedermann« belegte), war es ihm 1949/50 gelungen, österreichischer Staatsbürger zu werden. Als »Ausländer« war Brecht unabhängiger, es lag ihm daran, beweglich zu bleiben, auch in Westdeutschland wollte er Wirkung haben. Mit Aufrufen, Gedichten und Offenen Briefen versuchte er, die deutschen Intellektuellen zu mehr Widerstand gegen Aufrüstung, Militärdienst und die Eingliederung der deutschen Teilstaaten in die Bündnisse von Ost und West aufzurufen.

In der DDR hatte er Schwierigkeiten genug, allerdings keine, die darauf zurückzuführen waren, daß er zu wenig Kommunismus vertrat, vielmehr geriet er in Schwierigkeiten, weil er zu viel forderte. Daß er streng der Wahrheit folgen und »controversial« diskutieren wollte, störte die auf billige Akklamation erpichten Genossen. Das Bewußtsein von der Dialektik der Widersprüche war nicht erwünscht. Am BE sammelte er eine junge Mannschaft um sich: Egon Monk, Peter Palitzsch, Manfred Wekwerth, Benno Besson.

Das politische Klima verschlechterte sich zusehends. Der 17. Juni 1953 »verfremdete« dann Brechts ganze Existenz. Eine große Zeit, wurde ihm schmerzlich bewußt, »war vertan«. Er empfand die Notwendigkeit, zur Dichtung zurückzukehren. Berliner Gedichte entstanden allerdings auch jetzt nicht. Im märkischen Städtchen Buckow, wo er jetzt vorzugsweise lebte, schrieb er seine »Buckower Elegien«. Im Dezember 1955 begann er nach langem Zögern mit den Proben zum »Galileo Galilei«. Am 10. August betrat er zum letzten Mal das »Schiff«, am 14. August 1956 starb er.

Sein Tod bedeute für die DDR den Verlust eines Schriftstellers, der wie kein anderer verändernd die Kulturpolitik mitgestaltet hatte. Solange Brecht da war, dachte keiner der maßgeblichen Künstler und Wissenschaftler in der DDR daran, seine Stellung aufzugeben. Im Laufe der folgenden Jahre machte es sich bemerkbar, daß der Rat und die schützende Hand des Stückeschreibers fehlten. Dessen Werk wurde zum unfehlbaren Klassikergut erklärt, entschärft, heiliggesprochen.

Gegen seine Kanonisierung hatte Brecht sich bei Lebzeiten gewehrt. Ihm lag daran, von den Herrschenden nicht vereinnahmt zu werden. Vor seinem Flug nach Moskau zur Entgegennahme des Stalinpreises im Mai 1955 richtete Brecht ein Schreiben an die Akademie der Künste: »Im Falle meines Todes möchte ich nirgends aufgebahrt und öffentlich aufgestellt werden. Am Grab soll nicht gesprochen werden. Beerdigt werden möchte auf dem Friedhof neben dem Haus, in dem ich wohne, in der Chausseestraße.« Die Grabstätte, schräg gegenüber Hegels Grab, hatte er sich selbst ausgesucht. Seine Voraussage, daß seine Wahl Schule machen und der Dorotheenstädtische Friedhof einst ein Treffpunkt wie der Künstlerclub »Möwe« sein würde, erfüllte sich: Johannes R. Becher wählte sich ein Grab in unmittelbarer Nähe von Brecht, und später folgten dann Arnolt Bronnen, Hanns Eisler, Erich Engel, John Heartfield, Paul Dessau, Helene Weigel, Elisabeth Hauptmann, Ruth Berlau, Anna Seghers, Arnold Zweig.

Egon Erwin Kisch

Als der Reporter das Rasen erfand

Erhard Schütz

1885 geboren in Prag und dort gestorben 1948. Dazwischen ein Leben als Reporter, an der Front des Weltkriegs, im revolutionären Rußland und im verbotenen China, im spanischen Bürgerkrieg und im mexikanischen Exil. Dazwischen gereist durch Europa, Afrika, Asien und Amerika. Und in Australien, das ihn nicht einlassen wollte, spektakulär vom Schiff an Land gesprungen. »Der rasende Reporter« auf der »Hetzjagd durch die Zeit« zu »Wagnissen in aller Welt«, um drei seiner berühmtesten Buchtitel aus den zwanziger Jahren zu zitieren. Welcher Platz bliebe in dieser Biographie für Berlin?

Nun, Berlin ist der Mittelpunkt in Kischs Weg von Prag nach Prag. Denn kaum daß 1921 Egon Erwin Kisch, wie viele, wie etwa Joseph Roth oder Alfred Polgar, von Wien aus über ein paar Reisen in Berlin angekommen war, gehörte er zu den Attraktionen des Berliner Kulturbetriebs in der Hektik der Inflationsjahre und im Optimismus der folgenden, kurzen Jahre der Prosperität. Wolfgang Koeppen, am Ende jener Jahre junger Redakteur in Berlin, läßt eine Figur seines berühmten Nachkriegsromans »Tauben im Gras« 1951 erinnern: »Kisch sagte im Romanischen Café ›Genosse‹ zu mir (...), ich mochte ihn: Kisch, rasender Reporter, wohin raste er?« Glaubt man den vielfältigen Erinnerungen an den legendären Künstlertreff, dann hatte Kisch kaum Gelegenheit, zu rasen. Eingespannt wie er dort war als Lieferant späterer Anekdoten, Kalauer und Sottisen.

»Der Berliner ist im allgemeinen ein Ekel, im besonderen zwei Ekel, die Berlinerin ein ganzes Konglomerat von Ekeln.« – so hatte er sich schon 1906 geübt, als er erstmals in Berlin war, um die Journalistenschule Wrede zu besuchen. 1913 wieder in Berlin, war er, wie er nach Hause schreibt, auf dem Wege, hier berühmt zu werden. Doch dann kommt der Krieg.

Nun neuerlich in Berlin, schreibt er für alle erdenklichen Zeitungen und Zeitschriften in und außerhalb Berlins alle erdenklichen Beiträge. Es beginnt die Zeit der »Neuen Sachlichkeit«, die er mit vorbereitet, die ihn trägt und die er verstärkt. Es beginnt der Kult von Technik, Sport und Film, von Zerstreuung, Kraft und Tempo, die Zeit der Reklame, der Stars. Und mittendrin sorgt Kisch in seinen Büchern für das Renommee der Reportage, macht sie zur Literatur. Reportage wird zum Modewort, Reporter, ehedem ein eher verachteter Beruf, bezeichnet nun einen modernen »Typus«.

In Berlin legt Kisch den Grund dafür, daß er bis heute im deutschen Sprachraum als »der« Reporter schlechthin gilt. Sein Buch »Der rasende Reporter« macht dazu 1924 den Anfang, »Album« nennt er es, die Texte »Zeitaufnahmen«. Er beliefert Informationsgier und Sensationslust gleichermaßen: Obdachlose in Whitechapel, der Flohmarkt von Clignancourt, Ada Kaleh – eine Insel des Islam, eine Nacht beim Türmer von St. Stephan, ein Spaziergang auf dem Meeresboden, ein Stahlwerk in Bochum, Nachforschungen nach Dürers Ahnen oder Jiddisches Literaturcafé – alles erscheint zugleich und gleich gewichtet. Kisch macht Informationen unterhaltsam. Seine Texte sind nicht so nüchtern, wie das Etikett »sachlich« suggeriert. Viel mehr stehen sie in der großen Tradition des Wiener Feuilletons, von Metaphernspiel, Sprachwitz, Ironie und Sarkasmus. Kisch fühlt sich wohl in Berlin, das ihn zum »rasenden Reporter« macht. Er schreibt aus dem aufgedrehten Berliner Betrieb heraus, aber er schreibt selten über Berlin. So eine seiner berühmtesten Reportagen, »Elliptische Tretmühle«, die er später noch einmal dem Publikum präsentiert, mit demselben Schlußgag, dem Ausruf des Sprechers beim Sechstagerennen: »Herr Wilhelm Hahnke, Schönhauser Straße 139, soll nach Hause kommen, seine Frau ist gestorben!« Oder seine Bildreportage 1927 für die AIZ über »Berlin bei der Arbeit«, die beginnt: »Von den europäischen Hauptstädten gibt es keine, die so sehr den Ruf der Arbeitsstadt genießt wie Berlin.« Und nach einer Reihe von Kontrasten zwischen Arbeits- und Luxusleben endet: »Tag und Nacht ist Berlin, die Großstadt, tätig, in der die Gegensätze sinnfällig beisammen wohnen, ohne daß Tausende es merken, daß dem, der die Arbeit leistet, die Genüsse versagt sind.« Solch dick aufgetragene Moral ist bei ihm selten. Lieber übt das Mitglied der KPD seinen Sprachwitz an scheinbar Abseitigem und verpackt seine Zeitkritik in hintergründigem Spott.

Davon kann man in den »Gesammelten Werken« hinreichend lesen. Angesichts der jüngsten Entwicklungen sei hier an eine andere Seite von Kisch in Berlin erinnert. Als er 1921 nach Berlin übersiedelt, kommen seine Landsleute ins inflationsgeschüttelte Berlin zum Einkauf und zum Amüsement. Für sie berichtet Kisch regelmäßig nach Brünn und Prag. Er schreibt über Theater- und Filmereignisse, über George Grosz, das Romanische Café oder die Erfinderbörse. Ebenso berichtet er von Elend und Armut, daß man aus Hunger Hunde verspeise, wie sehr Bettelei und Kinderprostitution zunehmen. Und immer wieder schreibt er über Prag in Berlin, über ein deutsch-tschechisches Fußballspiel oder die Schließung der »einzige(n) Stätte in Berlin, wo man bisher gute Knödel und Prager Selchfleisch und wirkliche Mehlspeise« bekommen konnte.

Unterm Titel »Echtes Berlin W« nimmt Kisch die nationalistische Welle auf den Arm. Der gesamte Theaterbetrieb Berlins sei fest in der Hand von Böhmen und Mähren, vom Texter Berliner »Kaschemmenlieder« Hans Janowitz (aus Podiebrad) bis zu den Leitern der großen Theater, den »Herren Max Reinhardt (aus Preßburg), Karl Meinhard (aus Prag) und Eugen Robert (aus Komorn)«. Die Kritiker, »die strengen Hüter der Berliner Bühnentradition (...) in der ›Nationalzeitung‹ Dr. Josef Adolf Bondy (aus Prag), in der ›Vossischen Zeitung‹ Professor Alfred Klar (aus Prag) und im ›Börsen-Courier‹ Dr. Emil Faktor (aus Prag)«, wie der Bühnenverleger, der »allmächtige S. Fischer (aus Protiwanov bei Boskowitz)«. Allesamt »durchwegs Berliner, die erst vor kurzem aus der Tschechoslowakei eingewandert sind«. Darunter allerdings liegt ein bittereres Thema, das des Antisemitismus. So berichtet Kisch, daß der Leiter des Theaters in der Kommandantenstraße, »Herr Poell, der ein Tiroler ist«, sich vorgenommen habe, »in seinem Theater das christlich-germanische Schönheitsideal (zu) pflegen«. Und fährt ironisch fort: »Nun ist die Literatur tatsächlich mehr als jeder andere Bereich zum Tummelplatz des jüdischen Schwindels geworden, und es wäre nur zu begrüßen, wenn ein kühner Theaterdirektor es wagen würde, sich dem zu widersetzen. Aber die Verhältnisse sind nun einmal kompliziert. Die größten jüdischen Schwindler der deutschen Literatur, wie Ewers, Hasenclever, Bronnen, Tovote usw., sind reinrassige christliche Arier, und unter den Stillen im Lande gibt es viele Christen, die Juden sind. Bei den großen dramatischen Talenten Deutschlands, bei (...) Bert Brecht (...) und Robert Musil, stimmt zwar die christliche Kunst mit ihrer christlichen Abstammung überein, aber gerade diese Dichter sind wohl Herrn Poell und seinem Publikum zu ›modern‹.« Oder er schreibt, wie nationalistische Studenten Albert Einstein bedrohen. Ein paar Jahre später ist er selbst bedroht. Anfang 1933, aus China zurück in Berlin, schreibt er der Mutter nach Prag: »Vielleicht machst Du Dir Sorgen, daß es mir in Hitlers Reich nicht gut geht, und da will ich Dich beruhigen. Es geht mir gut. Freilich kann niemand sagen, ob der Ausländer hier ein alter Jud werden wird.« Der nächste Brief an die Mutter kommt aus Spandau: »Liebstes Mutterl, wie Du wahrscheinlich schon weißt, bin ich vor ein paar Tagen eingesperrt worden« ... Kisch gehört zu den unmittelbar nach dem Reichstagsbrand Verhafteten. Er hat Glück und wird bald abgeschoben. »In den Kasematten von Spandau« ist der Titel seines letzten Berichts aus Berlin. Dort werden seine Bücher verbrannt. Kisch wird Berlin und wird seine Familie nicht wiedersehen. Für ihn und seine Lebensgefährtin Gisela Lyner beginnt der lange Weg der Emigration. 1946 kehrt Kisch nach Prag zurück, wo er am 31.

März 1948 stirbt. Sterbend, soll er einen Freund gefragt haben: »In Berlin hat man schon erzählt, daß ich tot sei, was? Gesteh's nur!«

Ganz tot ist er hier noch nicht. Immerhin trägt ein Café Unter den Linden den Namen des Prager Dichters der Berliner Reportage.

Siegfried Kracauer

Der Ort, an dem man schnell vergißt

Erhard Schütz

Im Herbst 1950 findet Siegfried Kracauer unter alten Papieren eine vergangene Zeit wieder: »Daß ich ein Manuskript in voller Buchlänge über Georg Simmel geschrieben hatte, war mir nicht mehr bewußt gewesen. Auch fand ich eine gute Kopie meines 1935 beendeten Romans, der in der Weimarer Republik in einer Zeitung spielt. (. . .) Und dann fand ich eine schöne Kollektion meiner besten Straßenaufsätze in der ›Frankfurter Zeitung‹ (Berlin, Paris, Marseille etc.), die bei Bruno Cassirer unter dem Titel ›Straßenbuch‹ erscheinen sollte. Aber dann kam Hitler. Noch heute wäre ein solches schmales Buch nicht schlecht, die Aufsätze haben ihre Frische bewahrt.« So schreibt er an Theodor W. Adorno aus New York, wohin er 1941 aus dem Pariser Exil gelangt war. Das Simmel-Manuskript bleibt unveröffentlicht. Der Roman »Georg« wird erst 1971, postum, gedruckt.

Immerhin, zwei Jahre vor seinem Tod, 1964 erscheint »Straßen in Berlin und anderswo«. Daß von den möglichen Städten Berlin im Titel steht, kommt nicht von ungefähr. Berlin ist Angelpunkt der Texte aus den Jahren 1926 bis 1933, Wendepunkt seiner schriftstellerischen Existenz. Als Kracauer nämlich im April 1930 die Feuilletonredaktion der »Frankfurter Zeitung« in Berlin, Potsdamer Straße 133, übernimmt, kommt er nicht ganz freiwillig. In den nun wirtschaftskonformeren Kurs der renommierten Zeitung paßt der Kapitalismuskritiker nicht. Berlin ist daher für das Redaktionsmitglied der »FZ« seit 1921 eher ein Ort der Verbannung. Aber er bleibt dort, obwohl man sein Gehalt immer wieder kürzt und ihn zwischenzeitlich gar an just jene von Hugenberg kontrollierte Ufa verkaufen will, deren Produkte Kracauer immer wieder attackiert. Der Filmkritiker von Rang, statuiert er selbstbewußt, »ist nur als Gesellschaftskritiker denkbar. Seine Mission ist: die in den Durchschnittsfilmen versteckten sozialen Vorstellungen und Ideologien zu enthüllen (...).« Das macht ihn der Branche, die noch um ihre kulturelle Reputation kämpft, unangenehm. Für uns sind seine Kritiken, wie auch die beiden großen Werke, in die sie als Material und Erfahrungsgehalt eingingen, »Von Caligari bis Hitler« und die »Theorie des Films«, längst Klassiker geworden. Zwar verfolgte Kracauer in Berlin auch das Spektakuläre, den Prozeß um die Verfilmung von Brecht/Weills »Dreigroschenoper«, Chaplins Triumph mit »Citylights« oder das Verbot von »Kuhle Wampe«, vor allem aber begleiten seine ebenso scharfsichtigen wie -züngigen Analysen die durchschnittliche Konsumware. Aus ihr gewinnt und schärft er seine Theorie der Zerstreuungs- und der Angestelltenkultur, als deren genuinen Ort er Berlin erkennt.

Der findet sich vermessen in einem soziologischen Klassiker: »Die Angestellten«, ab 1929 in der »FZ« als Serie, 1930 als Buch im S. Fischer Verlag. Das Material stammt aus Berlin, denn »Berlin ist heute die Stadt der ausgesprochenen Angestelltenkultur, das heißt einer Kultur, die von Angestellten für Angestellte gemacht und von den meisten Angestellten für eine Kultur gehalten wird. Nur in Berlin, wo die Bindungen an Herkunft und Scholle so weit zurückgedrängt sind, daß das Weekend große Mode werden kann, ist die Wirklichkeit der Angestellten zu erfassen. Sie ist auch ein gut Teil von der Wirklichkeit Berlins.«

Nicht nur darin ist Berlin schon vor seiner »Abschiebung« keine unbekannte Größe. Hier hatte der 1889 in Frankfurt a. M. geborene Kracauer von 1907 bis 1909 an der TH studiert und seine Vorprüfung in Architektur abgelegt. Hier auch hört er Georg Simmel, dessen Lebensphilosophie trotz späterer Distanzierung bestimmend sein wird für die eigene Qualität, die er an Simmel lobt, »die leidenschaftlich geübte Fähigkeit des Durchdringens der stumpfen Oberfläche«. Der Einfluß Simmels und der Gerechtigkeitssinn dem einzelnen gegenüber bewahren ihn davor, daß seine Hinwendung zum Marxismus seit 1925 irgend fundamentalistische, gar totalitäre Züge trägt. Der in den Frankfurter Jahren geschärfte Blick seiner »denkenden Augen« (K. Podak) mildert sich stets in Paris, wo das Dasein in den Faubourgs ihm »Restbestände des natürlichen Lebens enthält«. Das ist in Berlin so nicht der Fall. Hier ergreift ihn kaum, wie in Paris, der »Straßenrausch«. Hier empfindet er härter die Krise der sozialen Wirklichkeit. Hier pariert er stärker mit analytischer Schärfe der Kritik – »in Berlin werden auch angenehme Ereignisse mit einer Betriebsamkeit angekündigt, die ihnen den Schein von Zwangsmaßnahmen verleiht«.

Andererseits verteidigt er Berlin gegen das Vorurteil von der Provinz her: »Gewiß ist die Zerstreuungssucht hier größer als in der Provinz, aber größer und fühlbarer ist auch die Anspannung der arbeitenden Massen.« Auch hier flaniert er zwar, befindet sich aber eher auf Expedition, »abenteuerlicher als eine Filmreise nach Afrika«. Weniger geht es ihm, wie Franz Hessel, um die absichtslose »Lektüre der Straße«, hartnäckiger wendet er sich der Erkenntnis der Stadt, der »Entzifferung ihrer traumhaft hingesagten Bilder« zu. Und so entstehen unter den nahezu vierhundert Artikeln, die er hier bis 1933 schreibt, jene großartigen kleinen Stadtlektüren über Berlin, deren ganz wenige im »Straßenbuch« aufgenommen sind und die gesammelt zu veröffentlichen heute erst recht an der Zeit wäre. Berlin ist ihm der Ort krisenhaften Übergangs, richtungslosen Wandels, des Vergessens und der Oberfläche.

Oberfläche, im reklamespiegelnden Asphalt so gut wie im »Prunk der Oberfläche« von Varietés und Kinos, ist für ihn nicht, wie für die konventionelle Kulturkritik, leere Oberflächlichkeit. Sie ist vielmehr der Ort, an dem der Umschlag der Dinge wie der Verhältnisse sich vorbereitet. »Unter der Oberfläche« lautet der Titel eines Feuilletons, in dem er die Berliner Formen des Weekends ein »Kennzeichen der durch die allgemeine Not erzeugten Hysterie« nennt und damit schließt, »daß diese Not trotz der Luxuskarosserien und der Glanzperspektiven, die sich dem Fremden so schnell eröffnen, nicht unsichtbar ist. Ihre Signale ragen vielmehr wie die Masten gesunkener Schiffe über die spiegelglatte Oberfläche hinaus.«

Seine Tätigkeit ist vor allem, die unterschiedlichen Phänomene der Stadt in Beziehung zu setzen, die Einsicht ihrer Austauschbarkeit voranzutreiben. Bei Revuegirls beobachtet er »das regelmäßige

Spiel ihrer Kolben«, über das »fortwährend das Öl ihres Lächelns« trieft. Im Verwaltungsgebäude am Alexanderplatz erkennt er »eingeschüchterte Fenster«, so durchrationalisiert wie die Tätigkeit der Angestellten hinter ihnen. Eine Automobilausstellung wird zum Kinobesuch, die Autos, »diese Gebrauchsinstrumente gebärden sich jetzt so, als seien sie pure Schauobjekte«. Der Kurfürstendamm erscheint als »die moderne Siegesallee. Statt mit Herrschermarmordenkmälern, die ein Bein vorstellen, ist er mit Photos von Prominenten übersät, die etwas vorstellen (...) wollen.« Der Kurfürstendamm ist Symptomort Berlins. »Der immerwährende Wechsel tilgt die Erinnerung«, schreibt er über die »Straße ohne Erinnerung«: »Sonst bleibt das Vergangene an den Orten haften, an denen es zu Lebzeiten hauste; auf dem Kurfürstendamm tritt es ab, ohne Spuren zu hinterlassen.« Das gilt für Berlin insgesamt; andere Texte benennen »die Geschichtslosigkeit dieser Stadt, die formlose Unruhe, von der sie beherrscht wird«. Zugleich jedoch sucht er darin nach Momenten, Indizien der Unterbrechung, findet sie etwa dort, wo am Rande des neuen Alexanderplatzes ein »Kleinstadt-Idyll« verblieb, das die »tausend Geräusche des Platzes« alsbald zu einem flüchtigen Traum werden läßt. So kann man seine eigenen Arbeiten sehen – als Versuche, wenigstens momentan den erinnerungslosen Nachrichtenstrom der Zeitung zu unterbrechen.

»Berlin ist der Ort, an dem man schnell vergißt, ja es scheint, als verfüge diese Stadt über das Zaubermittel, alle Erinnerungen zu tilgen. Wer sich länger in Berlin aufhält, weiß am Ende kaum, woher er eigentlich kam. Sein Dasein gleicht nicht einer Linie, sondern einer Reihe von Punkten, es ist jeden Tag neu wie Zeitungen, die fortgeworfen werden, wenn sie alt sind.« So nimmt nicht wunder, daß Kracauer in diesen Jahren an seinem autobiographischen Roman »Georg« zu arbeiten begann. Nicht zufällig steht an dessen Ende ein Lob für Berlin: »Schön ist es in Berlin. Manchmal schlendere ich stundenlang durch die Straßen und vergesse alles darüber. Oder vielmehr umgekehrt, ich sehe alles: die Menschen, die Sachen, die Häuser. In ihnen unterzutauchen, bildet mein allergrößtes Entzücken. Und indem ich so ungekannt die Menge durchstreife, ist mir oft nicht anders zumute, als spüre ich gleichsam die Verteilung sämtlicher Gewichte und belausche ihr unmerkliches Auf und Nieder. Denk' an eine Waage, die zittert.« Doch den tatsächlichen Schluß bildet ein anderes Bild. Georg steht an der Gedächtniskirche. Dort braust Wind »an einer Front von gleißenden Säulen und Röhren, Spiegelscheiben und riesigen Plakatflächen entlang. Das Licht, das die Front entsandte, vertrieb die nächtlichen Schrecken und war schrecklicher als die Nacht. Sein unerbittliches Lärmen mischte sich mit dem Heulen des Sturms.« So schrieb Kracauer im Exil, in Frankreich, wohin ihn der Sturm aus Berlin geweht hatte.

Vladimir Nabokov

Schmetterlinge und glitzernder Asphalt

Martin Lüdke

Ein Mann, ein Wort: »Lolita«. Mit diesem Buch ist er berühmt geworden, zumindest erst einmal so berüchtigt, daß er es sich wieder leisten konnte, zu tun, was er eigentlich immer tun wollte, Schmetterlinge fangen und Bücher schreiben. Er hat sofort seine Professur hingeschmissen; er ist aus Amerika zurück wieder nach Europa gegangen und hat die letzten (knapp) zwanzig Jahre seines Lebens in Montreux, am Genfer See, in einem Hotel (!) verbracht. Vladimir Nabokov, der russisch-amerikanische Schriftsteller, hatte bereits mehr als zehn Bücher, bedeutende Romane, solide Erzählungen, eine himmlische Poetik Gogols und ein Drama veröffentlicht. Aber erst »Lolita«, die Geschichte von dem kleinen Mädchen und dem geilen Bock, natürlich auch erfolgreich verfilmt, dieses eine Buch hat ihn wieder reich gemacht. Reich und unabhängig, so wie er aufgewachsen war. Daß dieser Ruhm auf einem grotesken Mißverständnis beruht, was macht's?

Berlin, im Jahre 1923. Nach mehr als zehn Jahren kommt der junge Russe Martin Edelweiss, Held des frühen, das heißt noch russisch geschriebenen Romans »Die Mutprobe« von Nabokov, wieder einmal nach Berlin. Die Stadt enttäuscht ihn, fast naturgemäß. Gleichzeitig überrascht sie ihn: denn »das Unerwartetste an diesem neuen, ausgeweiteten Nachkriegs-Berlin, das verglichen mit der kompakten, eleganten Stadt aus Martins Kindheit, sich so friedlich und ländlich durchwurstelte, war das freimütige, lautstimmige Rußland, das man überall schwatzen hörte, in den Straßenbahnen, in den Läden, an Straßenecken, auf den Balkons der Wohnhäuser.« Und dieses Faktum kann auch heute noch überraschen. Im Jahre 1923 hatten über 600 000 Russen in Deutschland eine Aufenthaltsgenehmigung beantragt, mehr als die Hälfte davon, nämlich allein 360 000 lebten in Berlin, und zwar konzentriert auf die Stadtteile Charlottenburg, Zehlendorf und Grunewald.

Dort vor allem gab es russische Läden, Cafés und Restaurants, russische Buchhandlungen und, eine erstaunliche Zahl, 86 russische Verlage. Es gab damals gleich mehrere russische Tageszeitungen und, auch diese Zahl ist bemerkenswert, über hundert russische Taxifahrer (damals!). Nabokovs russische Romane sind deutlich autobiographisch geprägt, allerdings in so einer bildstarken, kräftigen Sprache geschrieben, daß die Fakten alle Bedeutung verlieren und erst durch die Fiktion sozusagen richtig lebendig werden. Und alle diese Romane sind größtenteils in Berlin geschrieben, im russischen Berlin.

Die Nabokovs waren also nicht die einzigen Russen in der deutschen Hauptstadt. Sie waren über die Krim, das damalige Konstantinopel gekommen. Der Vater, der auch Vladimir hieß, entstammte einer der einflußreichsten und wohl auch reichsten Familien St. Petersburgs. Der Großvater war lange Jahre Justizminister des Zaren gewesen. Nabokovs Vater war als Jurist, Publizist und vor allem als ein aufrechter Liberaler bekannt geworden. Aus Protest gegen die Politik des Zaren hatte er einmal seine Garde-Uniform in einer Zeitungsannonce zum Verkauf angeboten. Das galt als Beleidigung, die er mit einigen Monaten Gefängnis büßen mußte. In Berlin bezog die Familie dann »eine jener großen, finsteren, in hohem Maß bürgerlichen Wohnungen«, die, so schreibt Nabokov, »ich in meinen Romanen und Geschichten an so viele Emigrantenfamilien vermietet habe«. Er und sein Bruder studierten Anfang der zwanziger Jahre in Cambridge, die Ferien verbrachten sie bei den Eltern. Vladimir las seiner Mutter Gedichte Alexander Bloks vor, als das Telefon klingelte.

Es war der 28. März 1922, gegen zehn Uhr abends. Der Vater war zu einem öffentlichen Vortrag seines Freundes Miljukow gegangen. Zwei russische Faschisten versuchten, Miljukow zu erschießen. Nabokov warf sich ihnen entgegen, er konnte den einen der beiden Mörder niederschlagen, wurde jedoch von dem anderen tödlich getroffen. Vladimir Nabokov, der Vater des Schriftstellers, ist auf einem orthodoxen Friedhof in Berlin-Tegel begraben worden. Sein Sohn hat das Studium in England beendet und ist dann wieder nach Berlin zurückgekehrt, für fünfzehn Jahre, bis 1937. Seine Mutter zog 1923 mit seinen jüngeren Geschwistern nach Prag. In Berlin hat er 1925 seine Frau Vera geheiratet. In Berlin hat er seine ersten Romane und Erzählungen geschrieben und veröffentlicht, in russischen Exilverlagen und sogar bei Ullstein, hier wurde 1934 sein (einziger) Sohn Dmitri geboren.

Nabokov selber hat sein Leben, im Rückblick, in handliche Portionen eingeteilt, immer 20 Jahre, die ersten in Rußland, die zweiten in Europa, die dritten in den USA, und, auch da stimmt es fast, die letzten Jahre am Genfer See. Er hat, genauer betrachtet, nirgends länger als in Berlin gelebt, in der Luitpoldstraße bei dem »einbeinigen General von Bardeleben«, der, so schreibt Nabokov, »ausschließlich mit seinem Stammbaum beschäftigt war«, in der Motzstraße, in der Passauer Straße. Meist in zwei (untervermieteten) Zimmern.

»Meinen ersten russischen Roman schrieb ich 1924 in Berlin – das war ›Mary‹, russisch ›Maschenka‹, und als die erste deutsche Übersetzung eines meiner Bücher überhaupt erschien, ›maschenka‹ deutsch 1928 bei Ullstein unter dem Titel ›Sie kommt – kommt sie?‹. Meine nächsten sieben Romane schrieb ich auch in Berlin und sie spielen ganz oder zum Teil in Berlin.« Fritz Mierau, der sich liebevoll um die »Russen im Berlin« der zwanziger Jahre gekümmert hat, kommentiert diese Angaben trocken: »Die Berliner Parks, die häßlichen Wohnhäuser, der Grunewald mit seinen interessanten Schmetterlingen und der glitzernde Asphalt der Berliner Nächte« – das sei der »deutsche Beitrag« zu diesen acht Romanen. Und das ist fast geschmeichelt. Als Nabokov im Jahre 1928 für seinen Roman »König Dame Bube« 7 500 Mark vom Ullstein Verlag erhält und damit das erste und einzige Mal in den zwanzig Jahren des europäischen Exils eine »gewisse finanzielle Bewegungsfreiheit« (wie Dieter E. Zimmer im Nachwort vermerkt hat), nutzt er sie sofort, um aus Berlin wegzufahren. »Für den größten Teil des Geldes leistete sich Nabokov mit seiner Frau eine mehrmonatige lepidopterologische Expedition: in die französischen Pyrenäen.« Der deutsche Herausgeber des Nabokovschen Werkes, Dieter E. Zimmer, müht sich sichtlich, den bösen Blick seines Autors freundlicher erscheinen zu lassen. »Es ist der genaue, mokante, aber nicht durchweg unfreundliche Blick eines Fremden, der gleichwohl mit dem ganzen Deutschland nichts zu schaffen haben wollte. Der Blick galt dem Stadtbild, weniger den einheimischen Bewohnern.«

Nabokov ist an Berlin überhaupt nicht interessiert. Er nutzt es – allenfalls – als Kulisse. Über den »Späher« schreibt er selbst: »Die Menschen in diesem Buch sind die Lieblingsfiguren meiner literarischen Jugend: russische Emigranten in Berlin, Paris oder London. In Wahrheit natürlich hätten sie ebensogut Norweger in Neapel (...) sein können.« Und »König Dame Bube«, so bekennt er, hätte sich »auch in Rumänien oder Holland inszenieren« lassen. »Aber die Kenntnis von Karte und Wetter Berlins gaben schließlich den Ausschlag.«

Man darf daraus schließen: mit Berlin hatte Nabokov ganz sicher nichts am Hut. Obwohl er, zugestanden, sogar eine Erzählung mit dem Titel »Berlin, ein Stadtführer« geschrieben hat. Es sei, heißt es in diesem Text, »ein mieser Stadtführer«, der »keinen Menschen« interessieren könne. »Ich begreife nicht, was du da siehst«, meint der Freund zum Erzähler. »Ja was auch! Wie kann ich ihm begreiflich machen, daß ich in jemandes künftige Erinnerungen geschaut habe.«

Nabokov hat es später begreiflich machen können, weshalb er fünfzehn Jahre in Berlin gelebt, acht Romane in Berlin geschrieben und doch die Stadt nie wahrgenommen hat, in seiner Autobiographie »Erinnerung, sprich«. Dort beschreibt er den Ort, an dem alle seine frühen Figuren zu Hause sind, das Rußland seiner Kindheit: St. Petersburg und Wyra, den Landssitz der Familie. Und er beschreibt auch: warum. In der »Mutprobe«, 1932, macht Martin, der Held des Romans, die Erfahrung, die – so möchte ich behaupten – zum zentralen Motiv des Nabokovschen Schreibens geworden ist: »Auf der Heimreise machten sie in Berlin Station, wo Jungen auf Rollschuhen auf dem Asphalt vorüberklapperten, mitunter sogar ein Erwachsener mit einer Mappe unter dem Arm.

Und dann gab es dort herrliche Spielzeugläden (Lokomotiven, Tunnel, Viadukte) und Tennisplätze draußen am Kurfürstendamm und den Sternenhimmel an der Decke des ›Wintergartens‹ und eine Fahrt in einem weißen Elektrotaxi in den Charlottenburger Kiefernwald an einem kühlen, klaren Tage.«

Jahre später kommt der unterdessen erwachsen gewordene Martin wieder nach Berlin: »Als Martin absichtlich in Berlin jene Straßenkreuzung, jenen Platz besuchte, den er als Kind gesehen hatte, fand er nichts [ich wiederhole: NICHTS!, M. Lüdke], was ihm auch nur den kleinsten Erinnerungsschauer verursacht hätte (...). In der einst eleganten Friedrichstraße gab es weniger Spielzeugläden, und die wenigen hatten ihren Glanz verloren, und die Lokomotiven in den Schaufenstern waren kleiner und schäbiger als damals. In dieser Straße war das Pflaster aufgerissen, und hemdsärmelige Arbeiter bohrten und gruben tiefe und dampfende Löcher, so daß man sich seinen Weg mühsam über Holzplanken und zuweilen sogar durch Sandhaufen suchen mußte.« Es ist klar, daß auch der Kurfürstendamm keine Chance hat, gegen die Erinnerung des Kindes zu bestehen: »riesige Rollschuhbahn«, der »Musikpavillon«, die »Trainer in roten Uniformen« und natürlich auch der »leicht schmalzig schmeckende Mokkakuchen« – »ein Dutzend Jahre« hatten genügt, »das alles völlig zu vernichten«. Und der »Tennisclub« am Kurfürstendamm lag »irgendwo«, vielleicht »unter einem der neuen Gebäude begraben«. Das Glück der Kindheit ist nicht in Berlin wiederzufinden, sondern allein in der, sagen wir es frei und offen, in der Literatur. Nabokov hat in seinen Berliner Jahren geschrieben, um seine verlorene Heimat, das Glück seiner Kindheit – schreibend – festzuhalten. »Jene trüben Landschaften mit den welken Weiden entlang elend verschlammter Wege, die grauen Krähen unter grauen Wolken, der plötzliche Hauch einer ganz gewöhnlichen Erinnerung an eine ganz gewöhnliche Ecke – all dies pathetisch Verschwommene, diese schöne Schwäche, diese taubengraue Tschechowsche Welt ist es wert, wie ein Schatz festgehalten zu werden.«

Das sind die Bilder seiner Kindheit, Wyra, der Landsitz der Familie, südlich von St. Petersburg, die erste Liebe, die Sommernächte in der Steppe, die russische Landschaft und dann der trübe Herbsttag in der Stadt, »der seinem Bild in einer Pfütze Modell stand«, St. Petersburg, das verlorene Paradies, das schreibend vergegenwärtigt und so zur Utopie geworden ist. Heimat im Bloch'schen Sinne, dem eines Noch-nicht, das jedoch schon einmal, am Ursprung, aufgeschienen, vielleicht nur aufgeblitzt war: als Bild des möglichen Glücks. Und zwar in Rußland. Deshalb hat Berlin bei Nabokov nie eine Chance gehabt. Alfred Polgar hat in seinem kalifornischen Exil einmal beklagt, daß ihm die Heimat zur Fremde, nicht aber die Fremde zur Heimat geworden sei. Nabokov hätte nur den zweiten Teil dieser Feststellung unterschrieben. Er hat, in Berlin, seine Heimat beschworen, und deshalb Berlin niemals als seinen Lebensraum akzeptiert. Er ist in Berlin so herumgelaufen, wie er es seinen Figuren attestiert: »Seine Erinnerungen beanspruchten ihn so sehr, daß er die Zeit gar nicht wahrnahm. Nur sein Schatten hauste noch in Frau Dorns Pension; er selbst hingegen war in Rußland und durchlebte seine Erinnerungen, als ob sie Wirklichkeit wären.«

Von seinen Büchern hat er in Berlin nicht leben können. Er hat sich, und später seine Familie, mit Nachhilfeunterricht und als Tennistrainer durchgebracht. Er hat sich nie beklagt darüber. Er hat das Geld, als er es besaß, verachtet. Und als er keins mehr hatte, ebenso. Er hatte als Kind noch Millionen geerbt und durch die Revolution wieder verloren. Das hat ihm nichts ausgemacht. »Man gebe mir nur irgendetwas auf irgendeinem Kontinent, das der Landschaft um St. Petersburg gleicht, und mein Herz schmilzt dahin.« Und er sagt unmißverständlich, seine Fehde mit der sowjetischen Diktatur habe nicht »das mindeste mit Besitzfragen zu tun. Für einen Emigranten, der ›die Roten haßt‹, weil sie ihm Geld und Land ›gestohlen‹ haben, empfinde ich nichts als Verachtung. Die Sehnsucht, die ich all diese Jahre lang gehegt habe, ist das hypertrophische Bewußtsein einer verlorenen Kindheit, nicht der Schmerz um verlorene Banknoten.«

Berlin war eben nicht St. Petersburg. Deshalb hat es bei Vladimir Nabokov nie eine Chance bekommen. Er hat in Berlin gelebt, aber er hat im wesentlichen Berlin ignoriert. Und das war wohl auch gut so. Denn wenn dieser wunderbare Schriftsteller, dieser kühle Beobachter wirklich über die Berliner geschrieben hätte, ich möchte nicht wissen, was da herausgekommen wäre.

Hermann Ungar

Talmudschüler auf diplomatischem Parkett

Thomas Medicus

Gerade erst hatte er den Entschluß gefaßt, sich aller beruflichen Pflichten zu entledigen, um fortan als freier Schriftsteller zu leben, da war, bevor noch ein Anfang gemacht werden konnte, schon alles vorbei. Erst sechsunddreißigjährig starb Hermann Ungar am 28. Oktober 1929 in Prag. Sein zweitgeborener Sohn war zum Zeitpunkt dieses frühen Todes erst vierzehn Tage alt. Eine Reise nach Palästina stand kurz bevor, da stellte sich ein altes, immer wieder verschlepptes Leiden ein, eine Blinddarmreizung die den allzu sorglosen Ungar dieses Mal, weil die längst fällige Operation zu spät kam, das Leben kostete.

Damit kam auf tragische Weise eine vielversprechende Schriftstellerkarriere genau in dem Augenblick zu ihrem abrupten Ende, in dem sich der erste größere Erfolg einzustellen begann. Beschert wurde er dem aus Mähren stammenden Ungar in Berlin, wohin es ihn wie so viele seiner aus den böhmischen Ländern stammenden Literatenkollegen von Prag aus gezogen hatte. Das literarische Werk des seit 1921 in Berlin lebenden tschechoslowakischen Juristen ist untrennbar mit dem Namen Ernst Rowohlts verbunden. Denn im Verlag an der Potsdamer Brücke wurden, unter der gütigen Herrschaft des Cheflektors Franz Hessel, die beiden Romane »Die Verstümmelten« und »Die Klasse«, nachträglich auch die von Thomas Mann hochgelobten frühen Erzählungen, ediert. Für den 1930 postum erschienenen Band »Colberts Reise« trug Mann dann auch einen als Vorwort verwendeten Nekrolog bei.

Einen ungleich größeren Erfolg als mit seiner Prosa hatte Ungar unmittelbar vor seinem Tod mit dem Schauspiel »Der rote General« erzielt, das mit Fritz Kortner in der Hauptrolle am Theater an der Königgrätzer Straße, dem heutigen Hebbel-Theater, unter der Regie von Erich Engel uraufgeführt wurde. In der Saison 1928/29 entwickelte sich das Stück neben Brechts »Dreigroschenoper« zum größten Publikumserfolg aller Berliner Bühnen. Von den Kritikern des rechten wie linken politischen Spektrums erfuhr »Der rote General« jedoch scharfe Ablehnung. Für den Protagonisten Podkamjenski seines in den Wirren des russischen Bürgerkriegs spielenden Stückes hatte sich Ungar vom Schicksal Trotzkis inspirieren lassen. Thema war der Antisemitismus der Bolschewiki und ihrer Parteigänger. Was heute angesichts der realen historischen Ereignisse im nachhinein von geradezu visionärer Klarsichtigkeit erscheint, wurde damals von der Rechten als prosowjetische Propaganda mißverstanden. Die Linke hingegen, exemplarisch etwa der Stellungnahme Walter Mehrings zu entnehmen, bestritt rundweg die Möglichkeit von Pogromen wie die Existenz antisemitischer Vorurteile in der damals noch jungen Sowjetunion. Den Nerv des begeisterten Premierenpublikums – das, wie Mehring ironisch vermerkte, aus »Jüden« und »jüdisch verseuchten Gojim« bestand – hatte Ungars Stück indessen getroffen. Von ihm wurde offenbar verstanden, daß die Absicht nicht darin bestand, Zeitgeschichte zu dramatisieren, sondern die existentielle Dimension eines für alle historischen Phasen gültigen Antisemitismus. Was auf der Bühne pulsierte, war, um es mit Max Brods Worten zu formulieren, »dunkles Judenschicksal«: Womit nicht zuletzt auch des Dramatikers eigene Herkunft zum Ausdruck kam.

Zwar hatte sich Ungar in seinem letzten, postum wiederum in Berlin erfolgreich aufgeführten Stück »Die Gartenlaube« komödiantischen Witz gestattet. Dieser befreienden Tat ging jedoch ein literarisches Werk voran, in dem Finsternis herrschte. Bevölkert wurden dessen unerlöste Welten von stigmatisierten Helden, an denen der Autor seine unerbittliche Dramaturgie von Schuld und Verdammung exerzierte. Diese immer wiederkehrende Thematik schicksalhaft vorbestimmter Lebensverläufe, die von unbekannten Gesetzen geheimnisvoll dirigiert werden, ist trotz aller christlichen Verkleidungen auf Ungars jüdische Herkunft zurückzuführen. Nie ist er die Stigmen seines Geburtsorts Boskowitz losgeworden, des in der Nähe von Brünn gelegenen Judenghettos, in dem er seine Kindheit verbrachte. Der Zerfall dieser einst geschlossenen Ghettowelt verstellte ihm sowohl den Weg der Assimilation wie auch die Rückwendung zur Orthodoxie. Was ihn bewegte, trieb, zerriß faßte Gustav Kronjanker im Nachruf der »Jüdischen Rundschau« 1929 präzise zusammen; auf Ungars literarisches Werk bezogen, konstatierte er: »Es ist ... die infernalisch-chaotische Welt eines entlaufenen Jeschiwe-Bochers ...«

Als solch ein dem Ghetto entlaufener Talmud-Student kam Ungar 1911 zum ersten Mal nach Berlin und begann als engagierter Zionist ein Studium für orientalische Sprachen, um sich auf ein zukünftiges Leben in Palästina vorzubereiten. Damals beschränkten sich seine Kontakte auf zionistische Freunde, vornehmlich Gustav Kronjanker und Ludwig Pinner. Zehn Jahre später kehrte Ungar in ein ganz anderes Berlin zurück. Mittlerweile zum Juristen ausgebildet, war er doch nicht nach Palästina ausgewandert, sondern hatte sich in den Dienst des gerade entstandenen tschechoslowakischen Staates begeben. In die deutsche Reichshauptstadt kam er 1921 als Konsularattaché und arbeitete in der Handelsabteilung der Gesandtschaft seines Landes, die in der vornehmen Rauchstraße lag. Dem Berliner Westen sollte Ungar von nun an treu bleiben. In der Nähe des Kurfürstendamms hatte er bereits als Student gewohnt, jetzt arbeitete er hier als Diplomat, lebte er hier als frisch gebackener Ehemann und Vater, schwadronierte er als Literat, um Kontakte zu knüpfen. Die Literatur, die in diesem Quartier des Berliner Westens zu Hause war, ergriff von Ungars Leben Besitz. Im Büro der Botschaft lernte er den Kulturattaché Camill Hoffmann kennen, einen heute vergessenen Prager Lyriker und Übersetzer. Amtssprache war zwar Tschechisch, doch bedienten sich die beiden Juden fast ausschließlich des Deutschen, ihrer eigentlichen Muttersprache. Durch Hoffmann fand Ungar Zugang zu den literarischen Kreisen und lernte Toller, Viertel, Roth, Pinthus und Döblin kennen. In den großen Kaffeehäusern rund um die Kaiser-Wilhelm-Gedächtniskirche war er häufig gesehener Gast. Dem zuvor in Prag als Bankbeamten tätigen Ungar half Camill Hoffmann anfangs auch, sich auf dem ungewohnt schwierigen diplomatischen und gesellschaftlichen Parkett zu bewegen. Hier erwarb sich der stets elegant gekleidete junge Herr alsbald den Ruf eines Spaßvogels, ja sogar eines enfant terrible. Folgt man dem Zeugnis seiner Freunde, so wirkte Ungar nach außen hin witzig, heiter und gesellig. Er machte den Eindruck eines von materiellen Sorgen freien und vom Glück verwöhnten Menschen. Glücklich war er nicht.

Sein der Ghettowelt entstammendes Identitätsproblem versuchte Ungar in Berlin als freier Schriftsteller zu bewältigen. Als Heilmittel diente die literarische Imagination, von der er sich die läuternde Rückkehr in den mütterlichen Schoß des jüdischen Heimatortes Boskowitz versprach. Verschollen geblieben ist ein Roman über das Schicksal mährischer Landarbeiter. Er sollte in Berlin beendet werden, wo sich Ungar nach seiner freiwilligen Demission aus dem diplomatischen Dienst endgültig niederzulassen gedachte. Eine neue Lebensphase, der Beginn einer großen Schriftstellerlaufbahn warteten auf ihn. Sein früher Tod war der Grund dafür, daß Hermann Ungar vergessen wurde – einer jener jüdischen Literaten Mitteleuropas, die in den zwanziger Jahren der Attraktivität Berlins erlegen waren und das kulturelle Leben dieser Stadt so entscheidend geprägt hatten.

Franz Kafka

Ein Leben, von irdischer Plage befreit

Peter-André Alt

Im November 1923 kostet das Pfund Butter in Berlin annähernd eine Million Reichsmark. Wer mit härterer ausländischer Währung zahlt, vermag immerhin die enormen Kursschwankungen auszugleichen, die die Börse beherrschen. Franz Kafka, der sich seit dem Frühherbst 1923 in der Reichshauptstadt aufhält, verfügt weder über Dollars noch über Beziehungen auf dem schwarzen Markt. 1000 tschechische Kronen monatlich zahlt ihm die Prager »Arbeiter-Unfall-Versicherungs-Anstalt«, deren Beamter er zwölf Jahre gewesen ist, als Pension. Damit kann man im Winter 1923/24 in Berlin nicht leben und nicht sterben.

Im Herbst 1917 war Kafka an Tuberkulose erkrankt, im Spätsommer 1922 hatte er sich nach längeren Aufenthalten in Sanatorien vom ungeliebten Dienst in der Versicherungsanstalt endgültig beurlauben lassen. Mit seiner Lebensgefährtin Dora Dymant bricht der Prager im September 1923 nach Berlin auf. Angesichts seines schlechten Gesundheitszustands nennt er die Reise ironisch »eine Tollkühnheit, für welche man etwas Vergleichbares nur finden kann, wenn man in der Geschichte zurückblättert, etwa zu dem Zug Napoleons nach Rußland«. Kafka und Dora Dymant wohnen sehr bescheiden im Süden der Stadt in verschiedenen Unterkünften zwischen Grunewald- und Miquelstraße. Der ständige Wohnungswechsel gehört ebenso zum Alltag wie die Geldentwertung oder die Neugier der Zimmerwirtinnen, die das unverheiratete Paar argwöhnisch kontrollieren. Aber Kafka ist glücklich, seiner Familie und dem bedrückenden Brotberuf entflohen zu sein. »Prag läßt nicht los (...) Dieses Mütterchen hat Krallen«, schrieb schon der Zwanzigjährige in einem Brief an Oskar Pollak. Erst die Krankheit scheint ihm die Chance zu geben, den »Krallen« Prags zu entkommen. Berlin mit seiner Anonymität ist offenbar der richtige Ort, um sich zu verstecken, geschützt vor zudringlicher Verwandtschaft und prosaischen Berufspflichten.

In Berlin hat Kafka seine letzten Erzählungen geschrieben, den »Hungerkünstler«, »Josefine, die Sängerin«, den »Bau«: scheinbar harmlose Tiergeschichten, zugleich aber tückische Fabeln über die Gefahren des Künstlerlebens. An die Stelle der Schuld- und Strafthemen, die den »Prozeß«-Roman oder Erzählungen wie »Das Urteil« und »Die Verwandlung« beherrschen, ist in der Berliner Zeit die Reflexion über die Risiken der Artistenexistenz getreten. Kafkas Helden sind Zirkuskünstler und traurige Spaßmacher für ein lebenshungriges Publikum, das Kunst zum Zweck der Entspannung konsumiert und erbarmungslos stets neue Sensationen verlangt. Es ist die Essenz dieser späten Texte, daß Künstler und Publikum einander nie verstehen. Treibt den Artisten zu seiner Kunst innerer Zwang, so sucht der Zuschauer Unterhaltung für einige Stunden: ein tragisches Mißverhältnis, das ignoriert werden darf, so lange der Künstler Erfolg hat. Ist es Zufall, daß Kafka ausgerechnet im Berlin der zwanziger Jahre über die öffentliche Einsamkeit der Artisten nachdenkt, inmitten eines Kulturlebens, das immer mehr von Marktgesetzen regiert wird?

Kafkas Künstlererzählungen entstehen an der Peripherie des kulturellen Geschehens, in der Ruhe von Steglitz, nicht im brodelnden Zentrum der Stadt, das der Autor ängstlich meidet. Setzt er sich, selten genug, in die S-Bahn, um zum Zoologischen Garten zu fahren, so kommt ihm das wie eine kleine Weltreise vor. »Du mußt auch bedenken«, schreibt er im Oktober 1923 an Max Brod, »daß ich hier halb-ländlich lebe(...) Mein ›Potsdamer Platz‹ ist der Steglitzer Rathausplatz, dort fahren 2 oder 3 Elektrische, dort vollzieht sich ein kleiner Verkehr, dort sind die Filialen von Ullstein, Mosse und Scherl, und aus den ersten Zeitungsseiten, die dort aushängen, sauge ich das Gift, das ich knapp noch ertrage (...)« Kino und Theater bleiben ihm im Winter 1923/24 verschlossen – die Geldentwertung fordert ihren Tribut. Kafka, der stets ein aufmerksamer Theaterbesucher gewesen ist, hat die großen Inszenierungen Reinhardts, Jessners und Fehlings nicht mehr gesehen. »Ins Teater (!) zu gehn«, schreibt er im Herbst 1923, ist z. B. fast unmöglich, ich wollte in eines, allerdings eines der besten gehn, der schlechteste Sitz, auf dem man zugegebener Weise weder sieht noch hört, sich also ungestört mit dem Nachzählen der Milliarden beschäftigen kann, die man für ihn ausgegeben hat, kostet etwa 14 K.« In Prag erhält man im November 1923 für 14 Kronen immerhin ein paar Kilo Butter, die in der Reichshauptstadt unbezahlbar sind.

Vor dem Krieg war Kafka bisweilen nur des Theaters wegen nach Berlin gefahren. Im Dezember 1910 berichtet er Max Brod enthusiastisch von einer Hamlet-Aufführung mit Albert Bassermann: »Ganze Viertelstunden hatte ich bei Gott das Gesicht eines anderen Menschen, von Zeit zu Zeit mußte ich von der Bühne weg in eine leere Loge schauen, um in Ordnung zu kommen.« Für Bassermann schwärmt er ebenso wie für die Reinhardt-Tragödin Gertrud Eysoldt, die Ibsen und Hofmannsthal zur gebührenden Bühnenwirkung verholfen hatte: »Ihr Wesen und ihre Stimme beherrschen mich geradezu«, heißt es in einem Brief von 1913.

Die Berliner Atmosphäre empfindet Kafka als befreiend. Von der bisweilen provinziellen Enge Prags ist hier nichts zu spüren. »Berlin ist eine so viel bessere Stadt als Wien, dieses absterbende Riesendorf«, heißt es 1914. Ganz ungebrochen ist die Zuneigung nicht. Als Kafka dann 1923 nach Berlin zieht, bedeutet das auch eine Wiederbegegnung mit einer keineswegs glücklichen Lebensepoche. Fünf Jahre lang war er mit einer Berlinerin liiert, mit Felice Bauer, die er 1912 in Prag kennengelernt hatte. Zweimal verlobt er sich mit ihr, zweimal trennen sich die beiden. Zwischen 1912 und 1917 wandern Hunderte von Briefen zwischen Prag und Berlin hin und her. Kafka ist ein leidenschaftlicher Briefschreiber, der das Korrespondieren sehr zum Ärger der Verlobten dem direkten Kontakt vorzieht. Nur selten setzt er sich in den Nachtzug und reist nach Berlin, dann meist für einen Tag, die Rückfahrkarte in der Tasche. Für gewöhnlich wohnt er im Hotel »Askanischer Hof« in der Nähe des Tiergartens, wo er sich mit der Verlobten zu Spaziergängen trifft. Die Begegnungen dienen zumeist dazu, die Mißverständnisse aus der Welt zu schaffen, die durch die komplizierte Korrespondenz entstanden waren.

Im November 1912, kurz nach der ersten Begegnung in Prag, beauftragt Kafka einen Bekannten, den Schauspieler Isaac Löwy, ihm einen Bericht über die Berliner Immanuelkirchstraße zu liefern, in der Felice mit ihrer Familie wohnt. Löwy, dessen Truppe in Berlin gastiert, schickt eine präzise Beschreibung, die Kafka auch Felice nicht vorenthalten möchte. Amüsiert gibt er sie in ihrer haarsträubenden Orthographie wieder: »Von Alexander Platz ziht sich eine lange, nicht belebte Strasse, Prenzloer Strasse, Prenzloer Allee. Welche hat viele Seitengässchen. Eins von diese Gässchen ist das Immanuel Kirchstrass. Still, abgelegen, weit von dem immer roschenden Berlin. Das Gässchen beginnt mit eine gewenliche Kirche. Wi sa wi steht das Haus Nr. 37 ganz schmall und hoch. Das Gäschen ist auch ganz schmall. Wenn ich dort bin, ist immer ruhig, still, und ich frage, ist das noch Berlin?« Und fast ahnungsvoll fügt Kafka hinzu: »Freilich Berlin würde ich mir schon zu einem freien, ruhigen Leben verordnen lassen, aber wo findet sich dieser mächtige Arzt?« Elf Jahre später kennt er die Antwort auf diese Frage: es ist die Krankheit zum Tode, die ihm am Ende seines Lebens den ersten längeren Aufenthalt in Berlin gestattet.

Die privaten Begegnungen mit Felice stehen unter einem unglücklichen Stern. Man trifft sich zwischen zwei Zügen rasch im Bahnhofscafé oder in der Anonymität einer Hotelhalle. Im hektischen Berlin mag sich keine ruhige Gemeinsamkeit einstellen. Verleumdungen, Streitereien, die ungeschickte Intervention einer Freundin, die Forderungen der Familien, nicht zuletzt die unvereinbaren Lebensvorstellungen der Partner führen zum endgültigen Bruch. Die fatale Verlobungsgeschichte hat zur Folge, daß sich Kafka nach 1917 lange von Berlin fernhält. Erst als die Krankheit fortgeschritten ist und der Flucht aus dem bürgerlichen Leben in die ungebundene Künstlerexistenz nichts im Wege steht, scheint er sich wieder daran zu erinnern, daß Berlin früher als Refugium galt. Zum ersten Mal in seinem Leben darf er jetzt tun, wovon er immer geträumt hat: allein in einem kleinen Zimmer sitzen und ungestört »Geschichten« schreiben.

Berlin erweist sich für Kafka als inspirierende Stadt. Dabei ist die äußere Situation bedrückend: auf den Straßen wird geschossen, die Versorgungslage bleibt katastrophal, Kafkas Gesundheitszustand verschlechtert sich bei bitterkaltem Winterwetter rapide. Man sitzt in ungeheizten Zimmern, Dora kocht auf Kerzenstümpfen, weil es am Geld für Kohlen fehlt, den Freunden schickt Kafka eng beschriebene Postkarten, um das teure Porto für Briefe zu sparen. Die Erzählungen, an denen er im Winter 1923/24 arbeitet, bergen dennoch eine Spur von Heiterkeit, die in seinem bisherigen Werk fehlte. Es ist eine Heiterkeit des Verlusts, die hier mitschwingt, ein Lachen über die eigene Traurigkeit.

Am 17. März 1924 verläßt Kafka auf Drängen der Familie Berlin, angeschlagen nach einem entbehrungsreichen Winter, physisch verfallen, aber ruhiger als sonst. Im Gepäck hat er schon das Manuskript seiner letzten Erzählung »Josefine, die Sängerin«, die er in der Zehlendorfer Heidestraße schrieb. Drei Monate später, auf dem Sterbebett in Kierling, liest er die Druckfahnen Korrektur. Josefine, die singende Maus, stellt eines Tages ihren Gesang ein und verschwindet: »Josefine aber, erlöst von der irdischen Plage, die aber ihrer Meinung nach Auserwählten bereitet ist, wird fröhlich sich verlieren in der zahllosen Menge der Helden unseres Volkes, und bald, da wir keine Geschichte treiben, in gesteigerter Erlösung vergessen sein wie alle ihre Brüder.« Kafkas späte Erzählungen sind nicht nur bittere, ironische Fabeln über die Einsamkeit des Künstlers, sondern zugleich das Zeugnis für die innere Konsequenz eines Autors, der sich vom literarischen Markt niemals zu Kompromissen verleiten ließ. In Berlin hat Kafka kurz vor seinem Tod mit der »Josefine« sein erzählerisches Vermächtnis vollendet, fernab von Prag, dem Mütterchen mit den Krallen.

Andrej Belyj

Im Reich der Schatten

Doris Liebermann

Am 22.November 1921 meldete eine der russischen Zeitungen Berlins, die »Stimme Rußlands« (Golos Rossii), daß der Schriftsteller Andrej Belyj in der Stadt eingetroffen sei. Belyj war damals, Anfang der 20er Jahre, wohl der berühmteste Schriftsteller Rußlands: Symbolist, Philosoph und Kulturtheoretiker, der mit seinen großen, in rhythmisierender Prosa geschriebenen mystischen Romanen »Die silberne Taube« (1909) und »Petersburg« (1916), die beide die kulturphilosophische Stellung Rußlands zwischen Osten und Westen thematisieren, mit seinen Gedichtbänden »Gold in Azur« (1904), »Asche« (1908) und »Urne« (1909), mit zahlreichen Essays und theoretischen Schriften das literarische Leben Rußlands zu Beginn des Jahrhunderts entscheidend beeinflußt hatte.

Als es vier Jahre nach der Revolution möglich wurde, Sowjetrußland mit einem Auslandspaß zu verlassen, reiste Belyj, dessen Gesundheit nach langer Krankheit angegriffen war, aus dem hungernden, notleidenden Moskau nach Berlin. In Litauen mußte er allerdings erst mehrere Wochen auf die Einreiseerlaubnis nach Deutschland warten. »Nichtsdestoweniger erlebte er in Kaunas einen qualvollen Monat«, schreibt Belyj über den mit autobiographischen Zügen ausgestatteten Helden seines Berlin-Essays »Im Reich der Schatten«, der 1924 in Leningrad nach der Rückkehr des Schriftstellers erschien, »festgehalten von den Deutschen, die hier einen Sperrpfosten errichtet hatten für tausende Juden und Russen, welche Wochen, Monate, halbe Jahre lang auf den gesegneten Augenblick warteten, wo man sie nach Deutschland ließ; ... die Repräsentanten der deutschen Macht besuchten sogar seine öffentlichen Vorträge in Kaunas, kamen ins Lektorenzimmer und machten ihm Komplimente; was aber die Einreise betraf, – so dachten sie nicht daran, sie ihm zu gewähren; das gewünschte Reisevisum nach Deutschland hing in der Luft, und die war von dichtestem Nebel erfüllt...

Deutschland zog sich zurück in den Nebel der Ungewißheit oder in das Tintenfaß des deutschen Konsuls in Kaunas, denn von diesem Tintenfaß mußte der Fluß des Federstrichs auf dem Papier den Ausgang nehmen, das die Tore nach Deutschland aufschloß.« Solche und ähnliche Schwierigkeiten bei der Einreise nach Deutschland, wie Belyj sie mit ironischem Unterton beschreibt, mußten Anfang der zwanziger Jahre Tausende von Russen überwinden. Infolge von Bürgerkrieg, Hunger und Elend, die der erste Weltkrieg und die Oktoberrevolution ausgelöst hatten, flüchteten sie nach Finnland, China, in die Türkei und nach Deutschland. Berlin wurde bald zur wichtigsten Diaspora der russischen Kunst, Kultur und Politik. Der russische Literaturwissenschaftler Gleb Struve bezeichnete das Berlin der zwanziger Jahre später sogar als »Hauptstadt der russischen Literatur«.

Die Berliner Pensionen waren Anfang der zwanziger Jahre von russischen Flüchtlingen überfüllt, die sich notgedrungen in den düster-muffigen Bleiben einrichteten. Unter den Flüchtlingen waren Adlige und verfolgte Bougeois, in Deutschland gebliebene Kriegsgefangene, Politiker aller Parteien, Studenten, zwangsausgewiesene Professoren, Künstler und Intellektuelle.

Der Berliner Westen, die Gegend an der Gedächtniskirche mit all ihren Quer- und Nebenstraßen, war von Russen bevölkert. Der »Jemand«, der literarische Held in Belyjs Berlin-Roman, fand in der Stadt ein vertrautes Milieu vor. Er »kam vom Bahnhof in den Teil Berlins, der von den Russen ›Petersburg‹ und von den Deutschen ›Charlottengrad‹ genannt wird... Die Deutschen singen hier echt nationale deutsche Lieder: ›Sonja‹, ›Natascha‹, und ›Annuschka‹. Im ersten, bei den Deutschen besonders beliebten Lied lautet der Refrain: ›Sonja, Sonja, – deine schwarzen Haare/ Küsse ich im Traume tausendmal.../ Kann dich nicht vergessen, wunderbare/ Blume aus dem Wolga-Tal‹.«

Andrej Belyj, 1880 als Boris Nikolaevic Bugaev und Sohn eines bedeutenden Mathematikprofessors der Moskauer Universität geboren, war schon in jungen Jahren mit der deutschen Kultur vertraut: Goethe, Nietzsche, Wagner, Kant und Schopenhauer prägten den russischen Schriftsteller ebenso wie Dostoevskij, Merezkovskij, Brjusov und Solov'jov.

Andrej Belyj wandte sich schließlich ganz der Anthroposophie zu, in der er eine nachträgliche Erklärung seiner eigenen »symbolischen Philosophie« fand. Als Belyj nach ausgedehnten Reisen

1912 in Köln Rudolf Steiner persönlich kennenlernte, begleitete er ihn auf Vortragsreisen quer durch Europa, befreundete sich auch mit dem sich zur Anthroposophie bekennenden Christian Morgenstern, und arbeitete zwischen 1912 und 1916 gemeinsam mit seiner Frau Asja Turgeneva innerhalb einer russischen Kolonie beim Bau des Goetheanums in Dornach mit.

Am 19. November 1921 hielt Rudolf Steiner einen Vortrag in Berlin, den Belyj unmittelbar nach seiner Ankunft in der Stadt besuchte. Hier kam es offenbar zum Bruch zwischen beiden, vermutlich, weil Steiner nicht tolerierte, daß Belyj während der Revolutionszeit in den kulturellen Organisationen des neuen Sowjetstaates mitgearbeitet hatte. Belyj bezeichnete Steiner erbost als »Satan« und »Dr.Donner«.

Bis zum 23. Oktober 1923 lebte Andrej Belyj in Berlin. Er wohnte zunächst in der Passauer Str. 3 (bei Boraus), dann am Viktoria-Luise-Platz 9, später in Zossen bei Berlin. »... das Wort gefällt mir nicht: Zossen. So scharf und irgendwie fleischlich, wie ein Kloß«, gibt die Dichterin Marina Cvetaeva in ihren wunderbaren Erinnerungen an Belyj dessen Kommentar zu seinen neuen Wohnsitz wieder. Bereits zwei Tage nach Belyjs Eintreffen in Berlin gründete er mit anderen russischen Künstlern das »Haus der Künste«, das in ähnlicher Form unter der Leitung Maksim Gor'kijs schon in Petersburg bestanden hatte. In Berlin hatte dieses russische »Haus der Künste« kein festes Domizil: seine Veranstaltungen fanden in deutschen Cafés statt, und zwar im »Café Landgraf« in der Kurfürstenstraße 75, später im »Café Leon« am Nollendorfplatz, Bülowstraße 1. Beim ersten öffentlichen Auftritt der Gründungsgruppe, am 14. Dezember 1921 im ehemaligen Logenhaus, Kleiststraße 10, hielt Belyj seinen vielbeachteten Vortrag über die »Kultur des heutigen Rußlands«.

Belyj wurde bald Redakteur der russischen Zeitschrift »Epopea«, und gab mit Maksim Gor'kij die Zeitschrift »Beseda« (Gespräch) heraus, die als Forum des Meinungsaustausches zwischen Sowjetrußland und Deutschland geplant war, in Sowjetrußland aber nicht vertrieben werden durfte.

Die Russen in Berlin waren dem Schicksal ihrer Landsleute gegenüber keineswegs gleichgültig. Als Sowjetrußland 1921 von einer Hungerkatastrophe heimgesucht wurde, organisierten sie eine Reihe von Wohltätigkeitsveranstaltungen, deren Erlöse den Hungernden zugute kommen sollten. So beschloß auch die Leitungsgruppe des »Hauses der Künste«, den im März 1922 in Berlin weilenden Thomas Mann zu einer Lesung zugunsten hungernder Schriftsteller in Petrograd einzuladen. Im Logenhaus, Kleiststraße 10, las Thomas Mann am 20. März 1922 vor versammeltem russischen Publikum seine noch nicht veröffentlichte Novelle »Das Eisenbahnunglück«, anschließend dankte ihm Andrej Belyj in bewegten Worten auf deutsch.

Trotz seines literarischen Erfolges in Berlin – in den russischen Verlagen der Stadt erschienen 16 Publikationen, davon neun Erstausgaben seiner Werke – war Andrej Belyj sehr unglücklich. In Berlin kam es zum endgültigen Bruch mit seiner Frau Asja Turgeneva, einer Großnichte Turgenevs, die 1916, als Belyj nach Rußland zurückkehrte, in Dornach geblieben war. In Berlin ging Asja eine Liaison mit dem jungen, unbedeutenden Dichter Kusikov ein, was den berühmten Belyj maßlos demütigte. Die Schattenstimmungen aber, die von Belyj in Berlin mehr und mehr Besitz ergriffen und den anfangs ironischen, ja heiteren Ton seines Berlin-Textes völlig überlagerten, gingen weit über den privaten Schmerz hinaus. »In Moskau und Leningrad, die ohne Licht waren«, schreibt Belyj, »spürte ich mitten in Hunger, Kälte, Typhus, Licht: Licht des Sieges des Bewußtseins, das erweitert war und über dem Körper, über der Natur des Animalischen schwebte: viele erwärmten sich für die Probleme des Menschheitsschicksals, zündeten universale Gesdanken an in ihrem Kopf und entfachten universale Gefühle in den Herzen, und sie ballten den Willen in der Hand, und so loderte ein durchdringendes Licht auf...« »Mehr als einmal«, heißt es weiter, »sah ich in den erleuchteten, prunkvoll eingerichteten Berliner Restaurants ein tieftrauriges Erlöschen des Bewußtseins, das unter der Last wachsender Dumpfheit vollends zerbrach beim Herausgehen aus dem Restaurant auf die Straße, die dem Bürger ihre drohenden Schatten entgegenschickte. An mir selbst spürte ich das Verlöschen des Lichtes, das mir in Rußland noch leuchtete. Ringsum umgaben mich die Äußerungen eines paralysierten Bewußtseins, das in seiner Eingeengtheit der animalischen Natur in die Arme fällte. Da erstand ganz Berlin vor mir als ein ›Domizil des Gespensterreiches‹.«

Andrej Belyj hatte die Oktoberrevolution 1917 in Rußland mystisch verklärt erlebt, sie als geistig bedeutsames Ereignis, als Beginn eines neuen kulturellen und sozialen Zeitalters begrüßt. Seine Hoffnungen auf einen kulturellen Einigungsprozeß in Europa, nach den schweren Erschütterungen des Ersten Weltkrieges, sah Belyj in Berlin gründlich enttäuscht. Das Nachkriegsberlin, das sich ihm 1921 präsentierte, empfand er nicht golden, licht und hell wie Moskau, sondern sah es nur in den düsteren Farbtönen grau-braun. Belyj fühlte in Berlin »unterirdische, stickige und giftige Gase« aufsteigen, die ihm die Luft nahmen, spürte sich vom »wilden Chaos tatsächlicher Zersetzung und des Todes« bedroht, und machte als Leitmotiv der Stadt das »Dräuen eines Gewitters aus, das sich nicht entlädt«. Belyj ahnte unter dem schwülen Taumel, der »Bum Bum Berlin« und seine Bewohner gefangenhielt, drohendes Unheil, das sich Europa näherte.

In der von politischen Machtkämpfen, Fememord, wirtschaftlichem Ruin, Inflation und Sittenverfall gezeichneten Reichshauptstadt sah Andrej Belyj die gesamte europäische Kultur kurz vor der Agonie, in atavistischen Zuckungen und im animalischen Aufbäumen. Der »Neger in Europa« nennt er – befremdend – dieses Phänomen, das von ihm selbst Besitz ergriff und ihn in ekstatischen, kathartischen Tänzen erschüttern ließ. In den Berliner »Dielen«, die Belyj geringschätzig in seinen Erinnerungen erwähnt, tanzte er die Nächte durch, undefinierbare egomanische Inszenierungen, angesiedelt zwischen Eurythmie, Flagellantentum und Veitstanz.

Zu den von ihm später mißachteten Lokalitäten gehörte auch die »Prager Diele«, das Stammlokal Il'ja Ehrenburgs am Prager Platz. Zu den russischen Künstlern, die sich dort trafen, fiel Belyj der Neologismus »pragerdilstvovat« ein, was zu deutsch »pragerdielieren« bedeutet oder »in der Prager Diele sitzen und diskutieren«. Obwohl Andrej Belyj nicht zur Stammrunde gehörte, hatte er in der »Prager Diele« eine für ihn nachhaltige Begegnung mit der Moskauer Dichterin Marina Cvetaeva, die sich nur wenige Wochen in Berlin aufhielt. Als ihm ein russischer Verleger noch am selben Abend Marina Cvetaevas Gedichtband »Die Trennung« überreichte, las Belyj die ganze Nacht durch und war so tief berührt, daß er später mit einem Gedichtzyklus darauf reagierte, den er »Nach der Trennung« nannte. Zu diesem Zyklus gehört auch ein Gedicht mit dem Titel »Berlin«, das die dunkle Bedrohung, die in dem Prosatext zum Ausdruck kommt, aufgreift: »Wohin sollen wir fliehen/ vor dem Zorn?/ Und wie aufheulen/ aus den schwarzen Löchern?« An dem Entschluß, nach Sowjetrußland zurückzukehren, hatte Belyjs zweite Frau, die Moskauer Anthroposophin Klavdija Vasil'eva großen Anteil. Sie war eigens nach Berlin gekommen, um den depressiven, verzweifelten Schriftsteller zur Rückkehr zu bewegen. Am 23. Oktober 1923 reisten beide nach Moskau ab, wo Belyj die ganzen ersten Tage nach seiner Ankunft »auf den nicht gerade vor Sauberkeit blitzenden Bürgersteigen« verbrachte und die Moskauer »mit den Augen verschlang«. Sicherheit und fester Boden, das sei der erste Eindruck von Moskau, notierte er, und die Moskauer Straße sei um vieles klüger als die Berliner, huldigte Belyj der sowjetrussischen Hauptstadt:

»Mein erster Eindruck von Moskau ist der Eindruck von einem Lebensborn; und beim ersten Schluck von diesem Leben spürt man voll Freude, daß man sich nicht in einer trostlosen, fremden, niedergeschlagenen Stadt befindet, sondern in einem sprudelnden, kreativen, ein wenig ungereimten und bunten Tohuwabohu, wobei man fühlt, daß das Tohuwabohu das schöpferische Laboratorium für zukünftige, von der Welt vielleicht noch nie gesehene Formen ist.« In anderen Textstellen brachte er, indirekt, den neuen sowjetischen Machthabern seine Loyalität zum Ausdruck, indem er sich von den russischen Emigranten in Berlin distanzierte und sich als reuiger Heimkehrer auswies.

Zehn Jahre später, am 8. Januar 1934, starb Andrej Belyj, ohne daß sich seine messianischen Hoffnungen, die er mit der Revolution verknüpft hatte, erfüllt hätten. Ein Roman-Projekt mit dem Titel »Germanija« (Deutschland), für das sein Berlin-Text möglicherweise nur die Vorstufe war, blieb unvollendet.

Hans Fallada

Berlin ist mir verhaßt und schädlich

Karlheinz Dederke

»Dies Buch wird ein Welterfolg«, schwor der Verleger; der Autor war skeptisch, fürchtete, geschludert zu haben. Väterchen Rowohlt behielt recht. Er hatte » Kleiner Mann - was nun?« nicht gelesen, verließ sich wie sonst auf seinen »Riecher« und seine Lektoren. Von April bis Juni 1932 druckte die »Vossische Zeitung« in Berlin Hans Falladas Roman ab, fünfzig Provinzzeitungen folgten. Bis zum Jahresende wurden 50000 Exemplare verkauft. Rowohlt schloß Verträge mit Verlagen in Frankreich, Skandinavien, England, den USA ab. Thomas Mann bekannte, er habe lange nicht etwas so Liebenswertes gelesen, Hermann Hesse stufte das Werk als beste literarische Leistung des Jahres ein, Robert Musil fand gleich das Einleitungskapitel unübertrefflich.

Wie ist der weltweite Erfolg des Buches, wenig später auch der amerikanischen und deutschen Verfilmungen zu erklären? Damals, im schlimmsten Jahr der Weltwirtschaftskrise, gab es Millionen von solchen Pinnebergs, wie sie Fallada dargestellt hatte, auf der ganzen Welt. In Deutschland war jeder dritte arbeitslos, in den USA jeder vierte, in England jeder fünfte. Die Ursachen der Wirtschaftskatastrophe waren unerklärlich; der Kapitalismus schien jedenfalls am Ende. Besonders betroffen waren die großen Städte, am meisten die Metropolen. In Berlin lebte ein Viertel der arbeitenden Bevölkerung von Unterstützung. Vor den Stempelstellen der Arbeitsämter drängten sich die Erwerbslosen, politisierten, spielten Karten, droschen sich; die Fabrik- und Ladenmädchen verkauften sich billig auf der Friedrichstraße. In dieses Massenelend geriet Hans Fallada als Augenzeuge; in dieser Atmosphäre schrieb er seine ersten beiden Zeitromane, wohnte zunächst möbliert in Alt-Moabit, dann in einer Neuenhagener Siedlung am Stadtrand.

Ernst Rowohlt hatte den Annoncenwerber und Lokalreporter beim » General-Anzeiger« des holsteinischen Nestes Neumünster zum Januar 1930 nach Berlin geholt, ihm für 250 Mark monatlich eine Beschäftigung in seinem Betrieb verschafft, eine Halbtagsstelle, damit er nachmittags schreiben konnte. Und er konnte wieder schreiben, nicht expressionistisch subjektiv wie früher, sondern unpersönlich berichtend. Nach pedantischen Vorbereitungen – genaueste Arbeitseinteilung für den Tag, die Woche, Randmarkierungen mit dem Lineal auf dem Konzeptpapier und dergleichen gehörten dazu – packte ihn Tag für Tag ein Schreibfieber: »Es war wie ein Rausch oft gewesen, aber ein Rausch über alle Räusche, die irdische Mittel spenden können.«

Berlin macht den Zeilenschinder Fallada zum Schriftsteller der »Neuen Sachlichkeit«, Berlin befreit ihn aus den schäbigen Verhältnissen, den verächtlichen, verderbten Bindungen des Kleinstadtklüngels, Berlin macht ihm den Weg frei für die Spießerposse eines politischen Prozesses in Schleswig-Holstein um die sich rechtsradikalisierende Bauernschaft. »Bauern, Bonzen und Bomben« ist der Titel dieser Momentaufnahme der niedergehenden Weimarer Republik. In »Kleiner Mann - was nun« wechselt der Schauplatz vom Provinzflecken zur großen Stadt Berlin, von Kartoffeln und Düngemitteln zur Herrenbekleidung; denn beides muß der »Held« der Geschichte, Johannes Pinneberg, verkaufen, in Ducherow erst, dann im Berliner Konfektionsviertel. Beide Male endet die Tätigkeit mit der Entlassung – Pinneberg steht auf der Straße, hat Frau und Neugeborenes am Hals. Er ist Angestellter, Angehöriger jener damals wachsenden Schicht, die wie die der Arbeiter kein Vermögen hatte, dennoch zum Bürgertum gehören möchte.

Die große Krise stellte alles auf den Kopf: Arbeitsamkeit, Fleiß, Pflichttreue, Eifer, Anständigkeit nützten nichts, man scheiterte trotzdem, während dunkle, unordentliche, ja kriminelle Existenzen herrlich und in Freuden lebten. Das läßt Fallada seine Pinnebergs erfahren und mit ihnen Millionen Leser aus dem gleichen Holz. Es war das Erleben eines undurchschaubaren Verhängnisses, dem der kleine Mann hilflos und ratlos ausgesetzt war. Fallada glaubte nicht an politische Lösungen, bei ihm kommen Nationalsozialisten und Kommunisten schlecht weg; er bietet als Rettung das Aufgehen im Allerprivatesten an, in der Geborgenheit der Familie. Dem nicht mehr zu den »ordentlichen Leuten« zählenden Pinneberg bietet seine Frau »Lämmchen« die letzte Zuflucht: »Du bist doch bei mir, wir sind doch beisammen.«

Den Anwürfen, besonders von linken Intellektuellen, es fehlten ein gesellschaftlicher Standpunkt und eine politische Perspektive, hielt Fallada entgegen, daß er nichts anderes tun wolle, als das Vorhandene, das Bestehende zu zeichnen: »Bin ich ein Besserer? Ein Erzieher? Nein, ich bin nur ein Schilderer.« Ein Schilderer, der strebte, bei der Wahrheit zu bleiben. Darum hatte er, Rudolf Ditzen, den Namen des Grimmschen Märchenpferdes, dessen Kopf auch nach dem Tode die Wahrheit sagte, als Decknamen gewählt.

Übrigens hätte Pinneberg sich in einer geplanten Fortsetzung des Romans, für die der Titel »Die Siedler« vorgesehen war, doch noch für etwas entschieden. Das wäre ein Stück Agrarromantik geworden, wie sie damals im Schwange war bei der Diskussion des Arbeitslosenproblems. Denn so stark der Berliner Lebensrhythmus Fallada anregte, so genau seine Geschöpfe in die Berliner Pflasterlandschaft paßten, so tief fühlte er sich von Berlin gefährdet. »Berlin, die Stadt überhaupt, ist mir von Grund auf verhaßt und schädlich.« Ruhm und Reichtum, die der »Kleine Mann« plötzlich erringt, bekommen ihm nicht gut. Sein Leichtsinn bricht wieder durch; statt der Schreibräusche verschafft er sich wie früher immer häufiger Alkoholräusche. 1933 zieht er mit der Familie aufs Land, kauft sich – im Kognakdusel – ein Bauernanwesen von sechs Morgen in Carwitz, Mecklenburg. Dort wird er bis 1944 mit seiner nun vierköpfigen Familie wohnen, werkeln, ein bißchen ackerbauern und viel schriftstellern.

Dieser Rudolf Ditzen war nämlich noch in einem anderen Sinne als seine Figuren ein kleiner Mann. Er war nicht nur Spielball anonymer politischer und gesellschaftlicher Kräfte, Sklave bürgerlicher Wertvorstellungen, sondern Gefangener mancher Süchte, eine gespaltene, labile Persönlichkeit. 1893 geboren, entstammte er einem Elternhaus stockwilhelminischer Prägung, das ihn nachhaltig neurotisierte. Der Vater war Reichsgerichtsrat. Sein hypersensitiver Sohn erschoß in einem Scheinduell den Freund, wurde nach §51 Strafgesetzbuch als unzurechnungsfähig für zwei Jahre in eine geschlossene Anstalt eingewiesen. Mit 19 Jahren brachte man ihn als Eleven in der Landwirtschaft unter. Viele wechselnde Anstellungen auf Gütern in Hinterpommern, Mecklenburg, Westfalen, Schlesien machten ihn zum Drogenabhängigen. Alkoholiker war er schon lange, mit Morphium schloß er während des

Ersten Weltkrieges 1917 in Berlin Bekanntschaft. Am Ende stand die Beschaffungskriminalität: Er veruntreute und unterschlug Gelder, wurde zweimal verurteilt, einmal zu drei Monaten, dann 1926 zu zweieinhalb Jahren Gefängnis, die er in Neumünster, Holstein, verbüßte. Als Ditzen entlassen wurde, war er los von Flasche und Spritze, unter den kleineren Leuten aber einer der Geringsten: Vorbestrafter ohne Berufsaussichten, eine gescheiterte Existenz.

Nach vielem Pech hatte der 36jährige aber Glück: Anna Issel, ein patentes Hamburger Arbeiterkind, heiratete ihn, sie hatte keine Angst vor seinen Abgründigkeiten und dem Absinken ins Proletariat. »Sie hat einen Verbummelten wieder das Arbeiten gelehrt, einen Hoffnungslosen die Hoffnung.« Der andere Glückstreffer: Der Winkeljournalist des neumünsterischen Käseblattes brachte sich Ernst Rowohlt in Erinnerung, der seine beiden frühen Sturm-und-Drang-Romane »Der junge Goedeschall«, »Anton und Gerda« mit Verlust verlegt hatte, und erhielt das Versprechen, ihn irgendwie unterzubringen. Rowohlt hielt Wort, und Januar 1930 zogen Ditzens nach Berlin. Der kleine Angestellte bei Rowohlt sitzt jeden Tag pünktlich 8 Uhr an seinem Schreibtisch Passauer Straße 8/9, registriert die Besprechungsexemplare für die Presse, sammelt die Rezensionen. Das Ausschneiden, Einkleben, Abheften liegt ihm. Nachmittags schreibt er zu Hause. Anderthalb Jahre später führt der penible Büroorganisator die Literatur-Bestenliste an.

In Carwitz, inmitten der mecklenburgischen Seenlandschaft, entstanden nach der Abkehr von Berlin die meisten Arbeiten Falladas. In den etwa ein Dutzend Romanen, den vielen Erzählungen treten die Züge von Sentimentalität und Kolportage ungleich stärker hervor als in den früheren Werken. Inzwischen, am 30. Januar 1933, hatten Deutschlands alte Eliten den Nationalsozialisten Zugang zur Staatsmacht verschafft, und es war nicht mehr möglich, die Wahrheit zu sagen. Fallada paßt mit seiner »Zuchthauspornographie« – wie Nazikritiker den Roman »Wer einmal aus dem Blechnapf frißt« nannten – nicht in das »Aufbauwerk an der deutschen Nation«, ist bald ein unerwünschter Autor. Er ist im Grunde gegen die neuen Machthaber, aber schwach und autoritätshörig, versucht, sich anzupassen, gefällig zu sein, ist sogar bereit, einen prügelseligen SA-Sturm im »Kleinen Mann« in eine harmlose Fußballmannschaft zu verwandeln.

Ein anderer Ausweg war, unverfängliche Sachen zu schreiben, Märchen, Kindergeschichten, die Illustriertenleser mit seichter Unterhaltung zu bedienen. Zugleich bahnt sich eine Lebenskrise an: Fallada hat Depressionen, beginnt wieder zu trinken, schießt volltrunken auf seine Frau, kommt ins Gefängnis. Die Ehe zerbricht, und eine neue Ehe wird 1945 geschlossen mit Ursula Losch. Zwei Alkoholiker und Morphinisten haben sich gefunden.

Das Paar übersiedelt nach Berlin, und dort – umgeben von der Trümmereinöde, während des beschleunigten Verfalls infolge der Sucht, im Wechsel vom Vegetieren in Wohnungen und Einweisungen in Kliniken – gelingt dem Todgeweihten ein letztes Mal ein großer Roman: »Jeder stirbt für sich allein«. Daß die beiden menschlichen Wracks überhaupt weiterexistieren können, reichlich Lebens- und Genußmittel, genügend Geld, auch für die Droge, bekommen, verdanken sie sowjetischen Kulturoffizieren und Johannes R. Becher, dem Präsidenten des eben gegründeten »Kulturbundes zur demokratischen Erneuerung Deutschlands«. Fallada wurde als antifaschistischer Schriftsteller gebraucht und sogleich als Mitarbeiter der »Täglichen Rundschau«, des Blattes der Sowjetischen Militäradministration, gewonnen. Der Süchtige war bereit, beim »geistigen und moralischen Wiederaufstieg der Deutschen« mitzuhelfen.

Becher mochte den beinahe Gleichaltrigen schon wegen der Ähnlichkeit von dessen chaotischem Lebenslauf mit seinem eigenen. Als dem kommunistischen Kulturfunktionär 1945 eine Gestapo-Akte über den Widerstand eines ältlichen Arbeiterehepaares in die Hände fällt, gibt er sie an Fallada weiter, weil er weiß, für den wäre dies ein Stoff: kleine Leute unter dem nationalsozialistischen Terror. Die beiden, erst Anhänger der NSDAP, hatten miteinander im Kriege zwei Jahre Postkarten mit Aufrufen gegen Hitler in den Treppenhäusern sehr begangener Geschäftsbauten niedergelegt. Der Volksgerichtshof verurteilte sie zum Tode, das Urteil wurde 1942 vollstreckt. Fallada fängt 1946 an zu schreiben, versetzt sich – während seine Frau auf Entzug in einer Klinik ist – in den gewohnten Arbeitsrausch.

Die Handlung ist ins Kleinbürgermilieu versetzt, wo um den Werkmeister Otto Quangel eine Fülle echter Berliner agieren und chargieren: Nazis und Nazigegner, tüchtige Frauen und Flittchen.

»Jeder Handschlag weniger getan hilft diesen Krieg früher beenden!« Das war Quangels Antwort auf die Frage »Was nun«, was tun angesichts der Übermacht, die den kleinen Mann vernichtet, der nur sein gutes Gewissen behält: »Ich bin wenigstens anständig geblieben.«

Fallada erhielt als Honorar vom Aufbau-Verlag 75 000 Mark. Seine Frau kaufte davon 100 Ampullen Morphium. Anfang 1947 nahm die Lebenskraft rapide ab. In einem Niederschönhausener Hilfskrankenhaus holte ihn am 3. Februar der Große Tod. Er war ihm schon lange, vor allem in seinen »kleinen Toden« entgegengegangen.

Erich Kästner

Auf Emils und Pünktchens Pfaden

Michael Rutschky

Von einer älteren Dame habe ich mir erzählen lassen, wie sie kürzlich am Zoo ein Taxi nahm, um nach Lichterfelde zu fahren. Der Chauffeur hatte sie geradezu altmodisch hineinkomplimentiert, dann aber mußte er seine Verwirrung gestehen; er komme mit seinem Wagen aus Ost-Berlin, sei zum ersten Mal am Zoo und wisse beim besten Willen nicht, wie nach Lichterfelde gelangen... Nun, antwortete ihm die Dame resolut, Sie haben doch sicherlich Ihren Kästner gelesen. Hier am Bahnhof Zoo steigt er aus, um Herrn Grundeis, der ihm im Schlaf die 140 Mark geklaut hat, zu verfolgen. Am besten, Sie fahren erst mal geradeaus, nach der Joachimsthaler kommt die Bundesallee, das war einst die Kaiserallee, und an der Ecke Trautenaustraße steht Emil hinter der Litfaßsäule und beobachtet Herrn Grundeis, der auf der Terrasse des Café Josty Eier im Glas ißt, als er zum ersten Mal Gustav mit der Hupe hört... Sie können sich vorstellen schloß die Dame, in welch guter Laune wir nach Lichterfelde gegondelt sind.

Erich Kästner hat sich mit »Emil und die Detektive«, 1928 zuerst erschienen, aber auch mit »Pünktchen und Anton« (1931) tief in die Imagination Berlins eingeschrieben. Es hat mich wirklich getroffen, als ich vor Jahrzehnten im sozialistischen Ost-Berlin zum ersten Mal über die Weidendammer Brücke spazierte und mir sagen mußte, daß hier Pünktchen im Regen Streichhölzer verkauft, an der Seite ihrer angeblich erblindeten Mutter, der ältlichen Gouvernante Fräulein Andacht, die so das Taschengeld für ihren kriminellen »Verlobten« aufbessern will.

Erich Kästner, geboren 1899 in Dresden, Studium in Leipzig, kam 1927 nach Berlin und blieb bis 1945. Er schrieb sich rasch nach oben als Theaterkritiker und freier Journalist, als einer der typischen »Zivilisationsliteraten«, denen es sechs Jahre später, als der altdeutsche Kulturbegriff wieder aufgerichtet werden sollte, an den Kragen ging: Kästner hat selbst auf dem Opernplatz der Verbrennung seiner Bücher zugesehen. Obgleich Kästner im Dritten Reich nicht publizieren konnte, erhielt er 1942 den Auftrag zum fünfundzwanzigjährigen Bestehen der UFA, ein Drehbuch für den Münchhausenfilm zu schreiben – allerdings unter dem Pseudonym Berthold Bürger. Noch vor der Premiere wurde die Sondergenehmigung für Drehbücher widerrufen.

Er schrieb Liedertexte für das Kabarett, er schrieb fürs Radio und für den Film und scheute sich nicht, Leopold Schwarzschilds Tageszeitung »Montag Morgen« jede Woche mit einem Gedicht zu beliefern. Er nannte seine poetische Produktion in polemischer Absetzung vom altdeutschen Dichtungsbegriff »Gebrauchslyrik«, dieselbe Assoziationsschiene, auf der sich Brecht als »Stückeschreiber« präsentierte. Doch konnte kein Geringerer als Peter Rühmkorf zeigen, zu welch außerordentlichen, die deutsche Literatur bereichernden Reim-Funden er es in seiner »kleinen Versfabrik« gebracht hat. Diese Fabrik wurde im Café aufgeschlagen, wie es sich für den Zivilisationsliteraten gehört, meist das Café Carton am Prager Platz. Um die Ecke, in der Prager Straße, hatte er bis 1931 ein möbliertes Zimmer, dann zog er in die Roscherstraße, Seitenflügel, vierter Stock, von wo ihn erst 1944 Brandbomben vertrieben.

Der junge Mann, der aus der Provinz in die Hauptstadt kommt, um hier sein Glück zu machen. Wir erkennen darin ein Märchen-Muster. »Es scheint doch, daß ich wirklich nach Berlin gehöre, wie?« schreibt er nach den ersten Erfolgen triumphierend an seine Mutter in Dresden.

Für Literaten hat Balzac die kanonische Fassung der Legende

gegeben, in dem Roman »Verlorene Illusionen«, dessen Held Lucien de Rubempré nach Paris kommt, um ein berühmter Dichter zu werden, und es nicht schafft. Kästners Version, die, wie es scheint, ihm den Anspruch auf Unsterblichkeit sichert, ist eben »Emil«, und ich könnte mich hier in Spekulationen ergehen, welchen zivilisatorischen Fortschritt es anzeigt, daß der Heroenmythos ausgerechnet als Kinderbuch in der modernen Welt seinen höchsten Geltungsanspruch gewinnt.

Kästner hat auch seine Version der »Verlorenen Illusionen« gegeben. Das ist »Fabian. Die Geschichte eines Moralisten« (1931). Ursprünglich sollte das Buch »Sodom und Gomorrha« heißen. Freilich ist der sodomitische Teil Berlins, der ihm in den zwanziger Jahren internationales Renommee verschaffte, vollkommen ausgespart. Die Männerfreundschaft zwischen Fabian und dem unglücklichen Stephan Labude, der sich umbingt, da er in der Liebe und, infolge einer Intrige, in der Wissenschaft scheinbar gescheitert ist: diese Freundschaft ist so rein, wie sie sich nur ein sonst von seinen schmutzigen Phantasien bedrängter Zwölfjähriger ausdenken kann.

Überhaupt verdirbt es den Roman gründlich, daß ihn so durchdringend ein Tagtraum regiert. Seine Majestät, das Ich, geruhen geile Weiber, lockere Sitten und die ökonomische Krise zu einer Orgie des Selbstmitleids auszugestalten, so daß man bald die Lust weiterzulesen verliert; der geradezu überirdischen Rechthaberei des Helden entspricht die Lieblosigkeit, mit der Kästner die Widersprüche und Absurditäten des modernen Lebens anhäuft. »Da spazierten die Menschen hier unten vorüber und hatten keine Ahnung, wie verrückt es hinter den Mauern zuging; die märchenhafte Gabe, durch Mauern und verhängte Fenster zu blicken, war eine Kleinigkeit gegen die Leistung, das, was man sähe, zu ertragen.« Da haben es in der literarischen Mitteilung des Unerträglichen andere sehr viel weiter gebracht als Kästner in diesem flüchtig hinphantasierten Buch. Am Ende kehrt Fabian geschlagen, als arbeitsloser Angestellter, in die Provinz zurück, zu seiner Mutter, und ertrinkt beim Versuch, ein Kind aus dem Fluß zu ziehen: Der Held ist so unzerreißbar, daß der Roman anders unmöglich abzuschließen war. Gewiß konnte er nicht wie Emil, das Kind, glorreich zurückkehren, um die Mutter mit den in der großen

Stadt errungenen Reichtümern zu überschütten (auf Herrn Grundeis' Verhaftung hatte ja eine hohe Belohnung gestanden).

Wir wissen inzwischen, wie schwer von Mutterliebe beschädigt Erich Kästner gewesen ist. Tag für Tag schrieb er mindestens eine Postkarte an Muttchen aus dem Studienort Leipzig, dann aus Berlin. Sein ganzes Leben hing daran, ob er den Glanz im Mutterauge zu entfachen imstande sei. Die Eintönigkeit der Selbstinszenierung, ununterbrochen Erfolgsmeldungen ökonomischer und erotischer Art; das Kinderdeutsch bei einem erwachsenen Mann von mehr als dreißig Jahren, .»Milliardonen Grüßchen und Küßchen und Winkewinke von Deinem ollen Jungen« – sie machen das Briefbuch »Mein liebes, gutes Muttchen, DU! Dein oller Junge« (Briefe und Postkarten aus dreißig Jahren. Ausgewählt und eingeleitet von Luiselotte Enderle, Hamburg 1981) zu einer wahren Schreckenslektüre.

Seit 1981 wissen wir auch, daß Erich Kästners Vater gar nicht der Sattler Emil (!) Kästner gewesen ist, sondern ein gewisser Sanitätsrat Dr. Zimmermann. Muttchen hatte dann ihren eigenen kleinen Mann; als der Bombenkrieg die Verbindung unterbrach, versank sie in Depression, und wenn man sich Kästners Bibliographie nach 1951, als Muttchen umnachtet starb, anschaut, gewinnt man den traurigen Eindruck, daß die ersten sechs Berliner Jahre seine beste Zeit waren. Denn 1937 begann ja die Zeit der Deklassierung, wenn nicht Verfolgung; und ins Ausland zu gehen, wo seine Bücher anhaltend Erfolg hatten, traute er sich wegen Muttchen nicht.

Die Kenntnis der Muttchengeschichte sengt auch »Emil« und, stärker »Pünktchen und Anton« an, wo sie durch Kunstverstand gebändigt wird. Das Motiv des Heimwehs, das den Großstädter erfüllt, nach Zuhause, nach einem einfacheren Leben unter einfacheren Verhältnissen, mit klaren Zuschreibungen von Gut und Böse, Warm und Kalt, dies Motiv kann von den Kinderbüchern gut ausgearbeitet werden. Es treibt Emil und Anton nach vorn, während es Fabian rückwärts zieht. Ich denke mir, es befeuert seit den zwanziger Jahren das Leben in Berlin, daß man eigentlich Heimweh nach einem Außerhalb hat. »Deshalb sind wir ja hier.« Auch in der Lyrik hat Kästner der Kunstverstand geholfen, die einfache Muttersehnsucht, die nur zum Kitsch taugt, zu sublimieren. »Und plötzlich steht man wieder in der Stadt, / in der die Eltern wohnen und die Lehrer«, beginnt eine »Kleine Führung durch die Jugend« aus seinem ersten Gedichtband, »Herz auf Taille« (1928), und sie endet: »Hier floh man einst. Und wird jetzt wieder fliehn. / Was nützt der Mut? Hier wagt man nicht, zu retten. / Man geht, denkt an die kleinen Eisenbetten / und fährt am besten wieder nach Berlin.«

Ernst Jünger
oder Kannibalismus in Steglitz

Hans-Ulrich Treichel

Im Alter von 33 Jahren, am 1. Juli 1927 übersiedelt der Kriegsbuchautor und nationalistische Publizist Ernst Jünger zusammen mit seiner Frau Greta und dem einjährigen Sohn Ernst nach Berlin. Vier Jahre zuvor war der Weltkriegsteilnehmer aus der Reichswehr ausgeschieden, und ein Jahr zuvor hatte Jünger das Studium der Zoologie an der Universität Leipzig abgebrochen, um sich endgültig als freier Schriftsteller zu etablieren. Doch wird er als Schriftsteller beidem, der soldatischen Existenz wie der Zoologie, ein Leben lang zugewandt bleiben. Jüngers Übersiedelung nach Berlin fällt in die aktivste Zeit seiner publizistischen Tätigkeit als Wortführer eines sogenannten »Neuen Nationalismus«. Als Mitarbeiter und Herausgeber von »national-revolutionären« Zeitschriften wie der »Standarte« dem »Vormarsch«, »Arminius« und Ernst Niekischs »Widerstand« artikuliert er seine antiaufklärerischen und antidemokratischen politischen Schlußfolgerungen aus dem Weltkriegserlebnis; und er tut dies mit dem Pathos und dem Eifer des Sprechers einer ganzen Generation. »Wir Nationalisten«, schreibt er in seiner Programmschrift »Das Sonderrecht des Nationalismus«, »wir haben in einer harten Schule erkannt, daß das Leben ungerecht ist und ungerecht sein muß, wenn es sich erhalten will«. Hauptgegner der Jüngerschen Attacken sind die bürgerliche Demokratie, der Liberalismus und das, was er die »Phrasen der Aufklärung« nennt. Sein Ziel ist es, die Gegner der bürgerlichen Demokratie aus allen Lagern in der einen großen und »nationalen Bewegung« zusammenzufassen und mit ihnen den neuen Staat als »Staat der Frontsoldaten« zu bilden. Jünger definiert ihn im Dezember 1926 wie folgt: »Er wird national sein. Er wird sozial sein. Er wird wehrhaft sein. Er wird autoritativ sein.«

Politische Überzeugungen wie diese halten den Autor allerdings nicht davon ab, die unterschiedlichsten Kontakte zu pflegen. Bei Ernst Niekisch lernt er den »kindlich-gutmütigen Anarchisten« Erich Mühsam kennen und korrespondiert einige Male mit ihm. Auf den literarischen Abendgesellschaften des Verlegers Ernst Rowohlt, der sich »ein Vergnügen daraus machte, pyrotechnische Mischungen auszutüfteln«, begegnet Jünger neben Bertolt Brecht und Arnolt Bronnen auch Thomas Wolfe und Ernst von Salomon. Eine enge Freundschaft verbindet ihn mit Carl Schmitt, dem späteren Paten seines zweiten Sohnes Alexander. Begegnungen mit Josef Goebbels verlaufen eher enttäuschend, und Jünger ist nicht geneigt, dem Werben der Nationalsozialisten nachzugeben und zum Parteiliteraten zu werden. Davor bewahrt ihn sein Individualismus und ein aristokratischer Purismus, der ihn sagen läßt: »Reine Bewegung, aber nicht Bindung fordern wir.« Das war bei den Nazis nicht zu haben. Auch wenn Jünger 1931 in einem Artikel mit dem Titel »Die Reinheit der Mittel« bekennt: »Wir wünschen dem Nationalsozialismus von Herzen den Sieg, wir kennen seine besten Kräfte, deren Begeisterung ihn trägt, und deren Wille zum Opfer über jeden Zweifel erhaben ist«, so vergißt er nicht hinzuzufügen: »Aber wir wissen auch, daß er seinen Sieg nur dann erringen kann, wenn seine Waffen aus diesem reinsten Metall geschmiedet sind, und wenn auf jeden Zusatz aus den brüchigen Resten einer vergangenen Zeit verzichtet wird.«

Es ist letztlich die ungenügende »Reinheit« der nationalsozialistischen Politik und Ideologie, die Jünger veranlaßt, sich mehr und mehr von der Tagespolitik und der nationalistischen Publizistik zurückzuziehen. Die Teilnahme der NSDAP an den Parlamentswahlen stört ihn ebenso wie ihre Propagierung des »Völkischen«. In einem Brief an seinen Bruder Friedrich Georg vom 6. 10.1927 prophezeit er den Nationalsozialisten, daß ihre »Verbindung mit den Massen grob-mechanisch und instinktiv-barbarisch« sein wird. Ein Reichstagsmandat, das ihm die Nationalsozialisten 1927 und 1933 anbieten, lehnt Jünger ab. Ob seine von Karl Otto Paetel überlieferte Begründung »er halte das Schreiben eines einzigen guten Verses für verdienstvoller als 60 000 Trottel zu vertreten« authentisch ist, wissen wir nicht. Sicher aber ist, daß sich Jünger auch der gleichgeschalteten »Deutschen Akademie der Dichtung« verweigert. Einer Berufung vom 9.6.1933 entzieht er sich – nach mehrmonatiger Bedenkzeit – mit der Begründung, daß er den »wesentlich soldatischen Charakter« seiner schriftstellerischen Arbeit durch akademische Bindungen nicht beeinträchtigen will«. Und er bittet zugleich darum, »meine Ablehnung als ein Opfer aufzufassen, das mir meine Teilnahme an der deutschen Mobilmachung auferlegt, in deren Dienst ich seit 1914 tätig bin«. Im Oktober 1933 übersiedelt Jünger nach Goslar. Daß der Weggang von Berlin keine unmittelbare Reaktion auf die Hausdurchsuchungen durch die Gestapo war, denen sich der vermeintliche »Nationalbolschewist« Jünger ausgesetzt sah, bekräftigte der Autor viele Jahre später in seinem entomologischen Erinnerungsbuch »Subtile Jagden«: »Daß ich, der außer Ehrungen wenig zu befürchten hatte, in dieser Schicksalsstunde aufs Land zog, war vermutlich richtig – ob es recht war, darüber kann man verschiedener Meinung sein.«

Was aber haben die Berliner Jahre dem Schriftsteller Ernst Jünger außer dem Abschied vom publizistischen Kampf für den »Neuen Nationalismus« eingebracht? Wohl vor allem eines: seine Aufzeichnungen »Das abenteuerliche Herz«. Ein Werk, das Alfred Andersch »das einzige Buch des Surrealismus in Deutschland« genannt hat und dessen »magische Deskriptionen« er zu loben nicht müde wurde. Es ist auch ein Buch über die Großstadt Berlin, in deren moderner Physiognomie Jünger dämonische Ausdrucksformen erblickt. »Etwas äußerst Bedrohliches besitzt der Straßenlärm, der sich immer deutlicher auf ein dunkles, heulendes U, auf den schrecklichsten aller Vokale einzustimmen beginnt. Wie könnte es auch anders sein, da in den Signalen und Aufschreien der Verkehrsmaschinen die unmittelbare Androhung des Todes eingeschlossen ist.« Ganz ähnlich wie vor ihm Georg Simmel registriert Jünger »die völlig erstarrte, automatische und gleichsam narkotisierte Haltung« des Großstadtmenschen in der Menge. Überwältigt von der Vielzahl der Sinneseindrücke scheint der Großstädter gänzlich entrückt, versunken und verloren wie allenfalls ein Chinese in einer Opiumhöhle. Für Jünger ist das großstädtische Berlin ein Ort diabolischer Auszehrung. Er entdeckt, »daß ein Großstadtcafé einen teuflischen Eindruck erwekken kann« und daß der moderne Vergnügungs-, Literatur-, Museums- und Hygienebetrieb« den Kältetod stirbt.

Berlin und das moderne Großstadtleben – das ist für Ernst Jünger ein Leben in der »arktischen Zone des Gefühls«. Die Großstadtmenschen sind »Mumienköpfe, die mit polierten metallischen Masken überzogen sind«, und das kollektive Leben ist bloß ein mechanisches Getriebe, eine Maschine. Eine Maschine allerdings, »die einen satanischen Eindruck« erweckt. Wohl erkennt Jünger die neuen Lebens- und Wahrnehmungsqualitäten der Moderne, doch sieht er sie mit traumtiefen Abgründen und einem dämonischen Treiben im Bunde. Ein Treiben, das ihn ebenso fasziniert wie es ihn abstößt. Am Ende unterliegt die Faszination der Furcht, und der Autor zeigt sich überzeugt davon, »daß dieses Treiben durch eine kräftigere, eine heroische Bestimmung beherrscht und gerichtet werden muß«.

Das Programm dieser heroischen Übertrumpfung und Beherrschung abgründiger und irritierender Modernitätserfahrungen entwirft Jünger in seiner theoretischen Studie »Der Arbeiter«, das zweite wichtige Werk der Berliner Jahre und 1932 erschienen. Im »Arbeiter« treibt Jünger den Teufel mit dem Beelzebub aus, setzt den maskenhaften Menschen der »absoluten Zivilisation«, die ihm wie »Maschinen des Bösen« vorkommen, die starre Panzerhaut des soldatischen »Arbeiters« gegenüber, den ins »Stahlbad« getauchten nachbürgerlichen Typus. Mit diesem sucht er die bürgerliche Welt in eine Art Arbeitslager von planetarischem Ausmaß zu überführen: »Je zynischer, spartanischer, preußischer oder bolschewistischer im übrigen das Leben geführt werden kann, desto besser wird es sein.« Der Autor selbst freilich verabschiedet sich von Berlin und seiner Wohnung in der Hohenzollernstraße und zieht sich vorerst nach Goslar und in den Harz zurück: »Das war für meine Prosa günstig und ebenso für meine Studien und Neigungen.« Hier lebt er ganz wie ein Stubengelehrter des 19. Jahrhunderts, widmet sich wieder verstärkt seinen natur- und insektenkundlichen Interessen, lernt auf den Harzer Hängen »eine neue Art der Bewegung, nämlich die des Skilaufens«, bereitet sich auf einen weiteren Umzug nach Überlingen am Bodensee vor

(1936), wo er sich an die zweite Fassung des »Abenteuerlichen Herzens« macht, in der er noch einmal und aus der Ferne den Dämonen Berlins seine Reverenz erweist. So in der Traumerzählung über ein Steglitzer »Schlemmergeschäft«, das sich, so ist zu vermuten, in der Schloßstraße befunden hat, und wo es möglicherweise auch später noch »Violette Endivien« zu kaufen gab. Allerdings nicht, wie in Jüngers Erzählung, als spezielle Zukost für ebenfalls in diesem Geschäft zu erwerbendes und »auf der Jagd erbeutetes« Menschenfleisch. Jüngers Traumkommentar zu den kannibalischen Steglitzer Eßgewohnheiten: »Ich wußte nicht, daß die Zivilisation in dieser Stadt schon so weit fortgeschritten ist.«

Christopher Isherwood

Herr Issyvoo, die Nazis und die Jungs

Michael Rutschky

Der eindrückliche Beitrag, den die Berliner Imagination dem englischen, seit 1939 amerikanischen Romancier Christopher Isherwood (1904-1986) verdankt, ist ein doppelter. Erstens dieses berühmte Buch mit dem Titel »Goodbye to Berlin«, zuerst 1939 erschienen. Eine Unmenge Menschen wird gar nicht wissen, daß sie damit wohlvertraut sind: dank dem Film »Cabaret« – Regie Bob Fosse –, der 1972 herauskam und das Berlin der frühen dreißiger Jahre nach dem Schema »Tanz auf dem Vulkan« vorführt. Die jungen Menschen aus aller Herren Länder gehen hemmungslos ihrem Vergnügen nach, während im Hintergrund das Verhängnis...

Siegfried Kracauers Buchtitel »Von Caligari zu Hitler« resümiert diese Dramaturgie genau. Dr. Caligari wurde von dem virtuosen Joel Grey gegeben, der, äußerst diskret dem Erscheinungsbild von Dr. Goebbels nachgebildet, den Maître de plaisir in diesem Etablissement, das die Welt ist, macht und mit dem Couplet »Life is a Cabaret« – seinerzeit ein echter Hit – die fatalistische Pointe der Geschichte verkündet. Man konnte auf den Gedanken kommen, das ingeniöse Machwerk sei eigentlich für die Augen von Dr. Kracauer bestimmt gewesen, wie er da in der Filmabteilung des

New Yorker Museum of Modern Art seine Filmgeschichte ausarbeitete, damit sie »From Caligari to Cabaret« heiße.

Christopher Isherwoods Buch »Goodbye to Berlin«, wie der Literaturfreund den Kinogeher mit überlegenem Lächeln belehren kann, mußte für den Film unter Rücksicht auf Darstellbarkeit natürlich wesentlich vereinfacht werden. »Leb wohl, Berlin« besteht aus sechs Geschichten, die sich als fortlaufende autobiographische Erzählungen eines jungen Engländers inszenieren, der in der Nollendorfstraße 17 abgestiegen ist, in der Pension von Frl. Schroeder, die ihn »Herr Issyvoo« tituliert. Von hier aus unternimmt er, den seine Freunde »Chris« oder »Christoph« nennen, Streifzüge durch Berlin, bei denen er auch Liza Minnelli – Quatsch, Sally Bowles kennenlernt, eine verwirrte, gleichzeitig höchst energisch ihrem Boheme-Ideal folgende Landsmännin, die beim Tauentzien um die Ecke in der Bar »Lady Windermere« auftritt und mit Freunden und Einheimischen dieselbe Art hoffnungsloser kleiner Abenteuer erlebt, wie sie auch Chris Issyvoo zustoßen.

Keine Liebesgeschichte entsteht zwischen den beiden. Überhaupt scheint der Erzähler die Fremde, die fremde Stadt mit den Augen eines unschuldigen Schuljungen, mit den Augen von Erich Kästners Emil Tischbein zu bestaunen. »Down there on a Visit«, dort unten zu Besuch, wie ein anderer Roman Isherwoods betitelt ist. Dies hier die berühmte Erzählermaxime von »Goodbye to Berlin«: »I am a camera with its shutter open, quite passive, recording, not thinking.« Sie besitzt eine merkwürdige Plausibilität, obwohl sie genauerer Prüfung nicht standhält: eine Kamera mit geöffnetem Verschluß produziert geschwärzten Film.

Dagegen sind die Abenteuer von Herrn Issyvoo im Berlin der Vornazizeit deutlich gezeichnet. Der freche Otto mit dem prachtvollen Oberkörper und dem mickrigen Untergestell, den er bei der Sommerfrische auf Rügen kennenlernt, als Begleiter des eifersuchtsgequälten Engländers Peter Wilkinson, und dem er in eine Mietskaserne der Wassertorstraße folgt, als zahlender Logiergast seiner Familie, der Nowaks, verwahrloste Proletarier; plötzlich war ihm Frl. Schroeders Pension zu teuer geworden. Fest in meiner Imagination eingerichtet hat sich Ottos Bruder Lothar, der mit Fleiß aus dem sozialen Sumpf emporstrebt – sowie durch den festen Glauben an die Sache des Nationalsozialismus. Ich muß stets an ihn denken, wenn ich die Wassertorstraße in SO 36 überquere, auf dem Weg ins Kino »Babylon«, Dresdener Straße.

In Wahrheit lebten die Nowaks nicht in der Wassertor-, sondern in der Simeonstraße, wie deren unteres Ende damals noch hieß, und nicht nur Ottos Brustkorb, sondern auch seine Schenkel waren prächtig. Dies ist der zweite Beitrag zur Berliner Imagination, den wir Christopher Isherwood verdanken. Er betrifft die sexualgeographische Lage der Stadt, deretwegen sich der beginnende Romancier 1929 zum ersten Mal hierher begibt: »Berlin meant Boys.« Seit Isherwood 1976 unter dem Titel »Christopher and his Kind« seine Autobiographie veröffentlicht hat (sie ist bei Bruno Gmünder auch auf deutsch erschienen), besitzen wir den Klartext zu »Goodbye to Berlin«. Es ist nicht nur der drohende Nationalsozialismus, der dieser Stadt ihre Tiefenschärfe verleiht; Berlin ist für Christopher das endlich entdeckte Sodom. Der Zugang öffnet sich in der Zossener Straße 7, ein Lokal namens »Cosy Corner«, zum gemütlichen Eck; dem Katalog der großen »Eldorado«-Ausstellung von 1984 (»Homosexuelle Frauen und Männer in Berlin 1850-1950«) habe ich entnommen, daß es bis zirka 1927 »Nosters Restaurant zur Hütte« hieß.

Wystan Hugh Auden, den als alten Mann in ausgelatschten Pantoffeln meine Freundin K. noch auf der Bismarckstraße gesehen hat, Anfang der sechziger Jahre, vor der Deutschen Oper – die Uraufführung von Hans Werner Henzes »Elegie für junge Liebende«, zu der Auden das Libretto verfaßt hat, stand bevor –, Auden, den er 1939 aus dem explodierenden Europa ins kalifomische Exil begleiten wird, hatte Isherwood die Tür ins schwule Berlin eröffnet. Überhaupt spielte Auden in puncto Literatur wie Lebensführung den Maître de plaisir dieser Literatengruppe, ein stets leicht verschmutzter, kettenrauchender junger Schullehrer, der die englische Lyrik revolutioniert hat.

In der Bibliothek des British Council findet sich das Standardwerk über »British Writers of the Thirties«, verfaßt von dem Oxforder Literaturprofessor Valentine Cunningham, ein wahrhaft erschöpfendes Werk von 530 großformatigen Seiten, in dem ich es mir während einer längeren Grippe gemütlich machen konnte. Dies um so leichter, als von der gefährdeten Vornazizeit, die Herr Issyvoo beschreibt, über das paradiesische Sodom, das endlich entdeckt zu haben Christopher sich 1976 rückblickend begeistert, bis zu dem Amerika-Haus und dem British Council in der Hardenbergstraße, wohltätigen Einrichtungen der Siegermächte über Hitlers Reich, eine dieser imaginären Avenuen führt, wie sie der Berlinophile so schätzt.

Christopher Isherwoods Romanwerk selbst zeichnet sich durch eine solche Vielfalt imaginärer Durchblicke aus, die von Fiktion zu Selberlebensbeschreibung hinüber und herüber gehen. So tritt »Christopher« als Erzähler auch in »Down there on a Visit« auf, und hier lernen wir Waldemar alias Eugen kennen, von dem uns in »Christopher and his Kind« verraten wird, daß er im wesentlichen die Reprise von Otto Nowak aus »Goodbye to Berlin« sei. Während der dort unterschlagene und erst in der Autobiographie präsentierte wahre Berliner lover den Namen Heinz getragen haben soll, der hübsche Bursche mit der eingeschlagenen Nase, der die grundsätzliche Liebesbedingung so vieler Schwuler aus der englischen upper und middle class erfüllte, nämlich von unten zu kommen. Heinz hat, auf der Flucht vor seinem Einberufungsbefehl, Christopher durch Europa begleitet, auch auf die griechische Insel, wo wir Waldemar alias Eugen begegnen, bis er den Nazis dann doch in die Hände fiel. Einer Verurteilung wegen Homosexualität entging er, weil der Anwalt die Liebschaft zur »zwanghaften mutuellen Onanie« umdeklarierte, zu der Heinz der dekadente Engländer verführt habe, eine schöne Allegorie auf Herrn Issyvoo, die Nazis, Christopher, die proletarischen Jungs, Sodom, Berlin.

Nach dem Krieg hat Christopher Waldemar in Berlin noch einmal wiedergesehen, samt Frau und Kind. »Waldemar versicherte mir immer wieder, daß sie die Amerikaner (zu denen Christopher jetzt zählte) liebten, die Russen haßten, keine Kommunisten waren (wie einst Auden und sein ganzer Klüngel). Beschwörend erklärte er mir, daß sie ihre gegenwärtige Wohnung schon vor dem Krieg bezogen hatten. War es ihre Schuld, daß die Stadt geteilt worden war, so daß sie jetzt im Russischen Sektor leben mußten? Selbstverständlich wären sie viel lieber auf ›unserer‹ Seite. Aber sie konnten doch nicht alles stehen und liegen lassen und im Westen neu beginnen, jedenfalls in diesem Augenblick noch nicht. Es war nur natürlich, daß Waldemar glaubte, er müsse sich mir so erklären. Und doch schämte ich mich für uns beide.«

Arnold Zweig

Ein fremder, vertrauter Planet

Ilse Lange

Berlin war dem 1887 im schlesischen Glogau geborenen Arnold Zweig aus seinen Studentenjahren wohlvertraut. Hier hatte der junge Student der Philosophie und moderner Sprachen, von dem die Eltern erwarteten, er möge den Beruf eines Oberlehrers ausüben, seinen Lebensweg längst selbst bestimmt. Nachdem 1912 sein Roman »Die Novellen um Claudia« in literarischen Kreisen Aufsehen erregt hatte, verkündete er dem Vater: »Ich bin in erster Linie ein Schriftsteller, der seinen Namen hat und der in Zukunft wohl noch einen besseren sich machen wird.« Berlin gewann auch dadurch eine besondere Anziehung für ihn, daß er hier seine spätere Frau traf, die Malerin Beatrice Zweig, weitläufig mit ihm verwandt.

Der Erste Weltkrieg wurde zur entscheidenden Zäsur. Vorerst befand sich der junge Mann noch in einer euphorischen Stimmung, als er im August 1914 an seine Göttinger Studienfreundin Helene Weyl schrieb: »Ich nehme meinen leidenschaftlichen Anteil an unseres Deutschlands Geschick als Jude, auf meine mir angeborene jüdische Art mache ich die deutsche Sache zu meiner Sache.« Ein zutiefst Gewandelter kehrte im Dezember 1918 nach Berlin zurück. Das sinnlose Opfern für die als inhuman erkannten »Kriegsziele«, die Auswirkungen der russischen Februar- und Oktoberrevolution, die erlebte Nähe der ostjüdischen Bevölkerung hatten seine politische Sicht grundlegend verändert. Für sich und seine junge Frau, die er im Sommer 1916 geheiratet hatte, erhoffte er nun die Erlösung und den befreienden Beginn des Schreibens im Süden Deutschlands, in Bayern. Im September 1923 kehrten sie, entmutigt von den sich mehrenden Anzeichen des Antisemitismus in Bayern und durch die Inflation verarmt, aus Starnberg nach Berlin zurück. In dieser Stadt erwartete Zweig mehr Liberalität zu finden, ein besseres Arbeitsklima, die Nähe von Kollegen und Gesinnungsgenossen, neue Verlagsbeziehungen. Bestimmend für den Umzug war das Angebot einer festen Anstellung in der Redaktion der »Jüdischen Rundschau«.

Schließlich glückte zweierlei fast zur gleichen Zeit: die Zweigs konnten ein Haus im Siedlungsprojekt Eichkamp beziehen, und der Durchbruch zum großen Roman gelang. Die Fabel dazu hatte er schon seit 1917 im Kopf, als er in Kowno durch einen Unteroffizier der Justizabteilung von der Erschießung eines geflohenen russischen Kriegsgefangenen erfuhr, der als vermeintlicher Überläufer trotz erwiesener Unschuld vom deutschen Generalstab übergeordneten Interessen geopfert wurde, um deutsche Nachahmer abzuschrecken. Den Plan, über den Vorfall einen Roman zu schreiben, hatte Zweig schon 1924 gefaßt. Aber erst zwei Jahre später erlangte er die innere Freiheit und die äußere Ruhe, um den Roman »Der Streit um den Sergeanten Grischa« um die Jahreswende von 1926 zu 1927 an fünfundsechzig Vormittagen diktieren zu können. Eine Psychoanalyse zur Überwindung der durch die Kriegserlebnisse aufgestauten Arbeitshemmung und eine Geldanleihe, die ihn von den ständigen Alltagssorgen für einige Zeit befreite, waren dafür Voraussetzungen. Der Roman erschien im Oktober 1927 im Verlag Gustav Kiepenheuer und gehörte zu den erfolgreichsten Büchern des Jahres. Der Welterfolg des in viele Sprachen übersetzten Romans hatte für Zweig noch eine entscheidende Nebenwirkung: der bisher in erster Linie als zionistisch engagiert geltende Autor stellte sich damit eindeutig an die Seite der linken, pazifistischen Verteidiger der Weimarer Republik. Seine verstärkte Mitarbeit an der »Weltbühne« und anderen linken oder liberalen Zeitungen und Zeitschriften, sein Eintreten für E. J. Gumbel und Carl von Ossietzky hatte die Angriffe von rechts intensiviert. Trotz des linken Engagements ließ sich Zweig nicht in ein ideologisches Schubfach einpassen; seinen Äußerungen nach konnte man seine politische Haltung als links von der SPD deuten.

1930 wurde die dramatische Ausformung des Grischa-Stoffes unter der Regie von Alexander Granowski im Theater am Nollendorfplatz mit so hervorragenden Schauspielern wie Hermann Thiemig, Friedrich Kayssler und Marianne Hoppe uraufgeführt. Erneut spiegelte sich Erfolg oder Mißerfolg in der Reaktion der politischen Richtungen. Besonders hart trafen ihn die Angriffe der Linken, die in dem Stück eine preußenfreundliche Haltung zu erkennen glaubten. Mit den Kommunisten hatte er ohnedies in diesen Monaten eine scharfe Kontroverse in der »Weltbühne« auszufechten, als er sich mit dem Beitrag »Die Moskauer Hinrichtungen« in die Debatte um den Prozeß und die Verurteilung von 48 sowjetischen Spezialisten als angebliche Saboteure im Dienste ausländischer Auftraggeber einschaltete.

Freundschaften entstanden in den Berliner Jahren oder wurden gefestigt: die wichtigste, lebenslange verband ihn mit Lion Feuchtwanger, der sich in Dahlem angesiedelt hatte. Man besuchte sich oder begegnete sich auf Spaziergängen »zwischen den niedern Häusern Eichkamps hin, ein Stück an der Avus entlang und durch den Tunnel unter ihr«. Bei Feuchtwanger traf er auch Bertolt Brecht »in seiner Lederjacke, mit Großmutters Brille, stets voll Leben, sarkastischen Späßen, streitsüchtig und klar im Kopfe wie kaum je ein großer Lyriker«. Mit Karl Federn arbeitete er im PEN-Club und vor allem im SDS zusammen, und an Werner Hegemann, dem »bedeutendsten Außenseiter deutscher Literatur« schätzte er vor allem dessen »stillen unerbittlichen Kritizismus«. Die erste persönliche Begegnung mit Sigmund Freud fand 1929 in Berlin-Tegel statt, nachdem Zweig ihm zwei Jahre zuvor eine Untersuchung über den Antisemitismus »Caliban oder Politik und Leidenschaft« gewidmet hatte.

Berlin war für Arnold Zweig längst zu einem zentralen Kristallisationspunkt geworden. Eine Reihe seiner Roman- und Novellenfiguren sind liebevoll und genau gesehene Bewohner dieser Stadt: Rosi und Hildebrand Müller etwa aus der Erzählung »Einen Hut kaufen« oder Otto Temke, der Junge, der seine Untergrundbahn in einem Rausch ohne Haltepunkte durch Berlin sausen läßt. Pont und Anna siedelte er hier an ebenso wie die Familie des Kunsthändlers Carl Steinitz in der Erzählung »Über den Nebeln«. Die in diesen Jahren entstehenden Kapitel für den Roman »Die Zeit ist reif« widerspiegeln die Anziehungskraft dieses »häßlichen Steinwesens«, das 1914 gleichwohl »die Abneigung des ganzen Reiches, der ganzen Erde« gleichmütig ertrug. Für die Weiterarbeit am Romanzyklus über den Ersten Weltkrieg, der längst zu Zweigs Lebensaufgabe geworden war, ließ er sich 1930 von dem Architekten Harry Rosenthal ein lichtdurchflutetes Atelierhaus bauen: Eichkamp, Kühler Weg 9, mit Blick auf den Grunewald.

Die Machtübernahme durch die Nationalsozialisten, auch von Zweig vorausgesehen, aber in ihren barbarischen Auswirkungen und in der Dauer doch unterschätzt, änderte alle Lebenspläne. Er verließ Berlin vierzehn Tage nach dem Reichstagsbrand, eindringlich gewarnt von Dr. Kurt Rosenfeld, dem Nachbarn aus Eichkamp. Ende des Jahres 1933 war die zeitweise getrennte Familie in Haifa wieder beisammen.

Fünfzehn Jahre später, im Sommer 1948, folgte Zweig der Einladung Johannes R. Bechers zu einer Kulturbundtagung nach Ostberlin. Man empfing ihn in der äußerlich noch unsichtbar geteilten Stadt mit Dankbarkeit und großen Erwartungen. Auf dem Empfang im Club der Kulturschaffenden in der alten Stadtmitte fand sich die Berliner Prominenz und die gesamte Presse ein, Einhellig positiv war das Echo auf diese anrührende Veranstaltung, auf der Zweig seine »Worte an die Freunde« mit dem Satz begonnen hatte: »Es ist so vieles, was in diesen paar Tagen auf mich eingestürmt ist, daß ich Ihnen nur sagen kann, ein Mensch, der auf einen alten, auf einen fremden und doch bekannten Planeten gestürzt ist, kann sich in diesem von H. G. Wells erfundenen Berlin nicht desorientierter und gleichzeitig erschütterter, vertrauter fühlen als ich jetzt.«

Noch hatte er sich für eine endgültige Rückkehr nicht entschieden. Die beiden Eichkamp-Häuser, die Zweig 1933 unter den zwanghaften Umständen der Flucht verkauft hatte, ohne je den Erlös zu erhalten, schienen juristisch verloren zu sein; seine Frau reagierte auf Umsiedlungspläne nach Berlin mit tiefer Depression. Die Briefe an Lion Feuchtwanger lassen die schwere Krise jener ersten Berliner Monate deutlich werden, während sich für ihn als Schriftsteller schon bald überaus gute Bedingungen abzeichneten. Der Aufbau-Verlag druckte in rascher Folge seine Romane über den ersten Weltkrieg, auch die im Exil erschienenen Teile »Erziehung vor Verdun« und »Einsetzung eines Königs«, und bereitete Sammlungen seiner Novellen vor.

Die kulturelle Vielfalt der ersten Nachkriegsjahre, die politischen Auseinandersetzungen, der lang entbehrte ständige Austausch mit den aus ihren Exilorten zurückgekehrten Freunden und Kollegen, Bertolt Brecht, Friedrich Wolf, Ernst Busch, Anna Seghers, Hanns Eisler, Wolfgang Langhoff, die Hoffnung, Entscheidendes, Neues mitbewirken zu können, trugen wesentlich dazu bei, ihn in Berlin wieder heimisch werden zu lassen. Der Umzug nach dem nördlich gelegenen Niederschönhausen in ein nicht zu großes, gut proportioniertes Haus, typisch für die einst gutbürgerliche Gegend, ließ die Gedanken an Rückkehr nach Haifa auch bei Beatrice Zweig allmählich verblassen.

Arnold Zweig wirkte in den letzten beiden Lebensjahrzehnten neben seiner schriftstellerischen Arbeit in vielen Gremien mit, in der Deutschen Akademie der Künste und im PEN-Club zeitweise als deren Präsident, aber auch im Schriftstellerverband, im Friedensrat, in der Kulturbundfraktion der Volkskammer – für heutige, viel jüngere Schriftsteller vermutlich unfaßbar. In der DDR kannte ihn jedes Schulkind, denn seine berühmtesten Romane waren Schullektüre. Nicht immer gelang es, die Schwierigkeiten, die er selbst hatte, zu überwinden. Die Präsenz der sowjetischen Besatzungsmacht blieb lange spürbar, vermutlich bis zuletzt. Sollte man sich also fügen, wenn der Name Trotzkis dort nicht mehr gedruckt werden durfte, wo er in früheren Ausgaben selbstverständlich stand – konnte man gutheißen, daß der Roman »De Vriendt kehrt heim« 1956 in der DDR nur erscheinen konnte, wenn außer besagtem Trotzki auch die Passagen gestrichen wurden, die Sigmund Freuds Lehre zu ausführlich darstellten?

Für Zweig blieb vorrangig, daß seine Romane der Nachhitler-Generation zugänglich waren, darum fügte er sich den vorgeschlagenen Änderungen. Er mußte sich auch damit abfinden, daß seine Essays zur Kulturgeschichte und zum Judentum, die ihm wichtig waren, der Öffentlichkeit versperrt blieben. Lange hatte er gehofft, die Absetzung des Defa-Films nach seinem antifaschistischen Roman »Das Beil von Wandsbek« rückgängig machen zu können – von sowjetischer Seite war 1951 befürchtet worden, bei den Zuschauern könnte sich falsch verstandenes Mitleid mit dem Helden, dem Henker, einstellen. Doch die Rücknahme des Verbots bestimmter Szenen gelang erst nach seinem Tode. Die rüde Behandlung der aus Israel nach Ostdeutschland zurückkehrenden linken Juden, die schaurigen Vorgänge in Prag während und nach den Prozessen gegen Rudolf Slansky und andere alte Kommunisten und die erschreckenden Berichte aus Moskau über jene antisemitischen Ungeheuerlichkeiten, die kurz vor Stalins Tod allgemeines Entsetzen auslösten – war das alles nicht dazu angetan, an den hehren humanistischen Zielen dieser angeblich besseren Welt zu zweifeln?

Arnold Zweig hat in Niederschönhausen, in der Homeyerstraße 13, gern gelebt und gearbeitet. Er liebte den Garten, die Plätze und Parks der Umgebung; er kam gut aus mit seinen neuen Nachbarn. Als er 1968 starb, hinterließ er viele Spuren – man sollte sie bewahren. Sie können vieles aussagen über die Brüche und Erschütterungen dieses Jahrhunderts deutscher Geschichte. Seine letzte Ruhe fand er, zusammen mit seiner Frau, auf dem Dorotheenstädtischen Friedhof in der Chausseestraße, in der Nähe vieler alter Weggefährten. Er selbst hat es so gewünscht und auch, daß man auf dem Weißenseer Jüdischen Friedhof eine Tafel auf das Grab seiner Schwiegereltern stelle, die ihrer beider Namen trägt und auch den seiner Schwägerin Miriam und den seines von den Nazis ermordeten Schwagers Hans Zweig.

Uwe Johnson

Mit Lust in die Nesseln gesetzt

Peter Nöldechen

»Flüchtling« mochte er nicht sein. Als Uwe Johnson am 10. Juli 1959 im Britischen Sektor Berlins aus der S-Bahn stieg, verstand er das als Umzug. Auffälligstes Gepäckstück war seine Koffer-Schreibmaschine. Zehn Tage vor seinem 25. Geburtstag begann er in Westberlin, das er stets in einem Wort schrieb, einen neuen Lebensabschnitt. Aber die mitgebrachten Erfahrungen aus der DDR, »Dinge, die der Regen nicht abwäscht«, bestimmten nicht nur die nächsten fünfzehn Jahre, die er – mit Unterbrechungen – in Berlin lebte.

Ganz freiwillig war die »Rückgabe einer Staatsangehörigkeit nach nur zehnjähriger Benutzung« nicht. Die D.D.R., wie er immer schrieb, hatte Johnson zwar in Güstrow Abitur machen, in Rostock und Leipzig studieren lassen, aber nach der Ablehnung seines ersten Buches keinen Platz für ihn. Seine »Mutmaßungen über Jakob« erschienen 1959 bei Suhrkamp in Frankfurt (Main) – der erste literarische Versuch über die deutsche Teilung.

Der neue Verlagschef, Siegfried Unseld, half Johnson in Berlin mit einer Zuzugsgenehmigung des Bezirksamts Zehlendorf, wo er zunächst möbliert wohnte (Spechtstraße 5). Unterlagen aus Güstrow ist zu entnehmen, daß Johnson sich dort erst am 30. September abmeldete – nach Leipzig. Unseld erleichterte den Neuanfang mit monatlichen Honoraren von 600 Mark für das noch nicht erschienene Buch und Diskretion. Daß Johnson ab November 1959 in Friedenau lebte – zunächst in der Niedstraße 14, dann in der Stierstraße 3 – erfuhren nur Freunde. Fast zehn Jahre lebte er »unbehelligt in einem Postfach« (Postamt 41). Als er 1966 nach New York ging, vermietete er die Wohnung. Nach der Rückkehr aus New York 1968 zog er wieder in die Stierstraße, dann zurück in die Niedstraße, als Nachbar von Günter Grass in Nr. 13. In der Stierstraße sah man das nicht ungern. Seine zeitweiligen Untermieter, die »Kommune I«, und er selbst trugen manche Unruhe in das bürgerliche Haus. In New York begann Johnson 1967 mit der Niederschrift der »Jahrestage – Aus dem Leben von Gesine Cresspahl«. Dieses erst 1983 abgeschlossene Hauptwerk ist mehr als ein Familienepos: zwischen New York und dem fiktiven Jerichow in Mecklenburg – identifizierbar als Klütz/Kreis Grevesmühlen – wird deutsche, mecklenburgische Geschichte zwischen dem Ende der Weimarer Republik und der DDR bis 1968 kenntlich.

Johnsons erzählerisches Medium ist jene Gesine Cresspahl, die schon in den »Mutmaßungen über Jakob« auftaucht. Mit Johnson verbindet sie eine fiktionale gemeinsame DDR-Vergangenheit, der Schmerz über den Verlust der mecklenburgischen Heimat und eine Art »Vertrag«: der »Genosse Schriftsteller« soll ihre Erinnerungen erkunden. Gesines Tochter Marie, die in New York eine Mary zu werden droht, ist dabei das kritische Korrektiv.

»Jahrestage« sind einmal: die Gegenwart zwischen dem 20. August 1967 und dem gleichen Datum 1968, das Leben der Fremdsprachen-Sekretärin Gesine, beschäftigt bei einer New Yorker Bank. Dazu gehören der Vietnam-Krieg, die Ermordung von Martin Luther King und Robert Kennedy, die Erschütterungen, die sie in der US-Gesellschaft auslösen. Zum anderen sind die »Jahrestage« Erinnerungen an das 1952 von der SED aufgelöste Land Mecklenburg-Vorpommern. Johnson verschweigt dabei weder die NS-Verbrechen noch Übergriffe der sowjetischen Besetzer.

Die Fixierung Johnsons auf Mecklenburg (und Manhattan als Gegenpol) ließ kaum Platz für Berlin oder die Bundesrepublik. Beide tauchen schemenhaft auf, im Spiegel der »New York Times«, Gesines Zeitungslektüre. Da wird etwa Willy Brandt, »der allbekannte Antifaschist«, ironisch bedauert wegen der Koalition mit Kanzler Kiesinger. Dazu gehört auch ein Telefonat zwischen Gesine in New York und ihrer Freundin Anita in Westberlin nach dem Anschlag auf Rudi Dutschke. Da vergleicht Johnson zwischen dem studentischen Aufbegehren in Deutschland und den Farbigen-Aufständen in New York sowie dem Verhalten der Polizeien. Andere Berlin-Bezüge stammen aus der Schulzeit von Gesine (und Johnson) in Güstrow, das hinter dem fiktiven Gneez erkennbar ist. Von Walter Ulbricht spricht Johnson nur sarkastisch als dem »Sachwalter«. Da tauchen Bully Buhlan und die Rias-Schlagerparade auf, die man bei geschlossenen Fenstern hörte. Genüßlich breit malt Johnson aus, wie FDJ-Freunde ihre Teilnahme am Pfingsttreffen 1950 zu verbotenen Abstechern nach Westberlin nutzten.

Als Johnson 1974 Berlin endgültig den Rücken kehrte und sich auf der Insel Sheppey in der Themse-Mündung niederließ, wo er in der Nacht zum 24. Februar 1984 starb, war er wohl ähnlich verdrossen wie viele ehemalige DDR-Bürger heute. Er hatte im Westen mehr soziale Gerechtigkeit erwartet, eine »bessere Bundesrepublik«, schrieb er schon 1970 im Nachwort zu Barbara Grunert-Bronnens Sammelband »Ich bin Bürger der DDR und lebe in der Bundesrepublik«. Die in der DDR entbehrte Meinungsfreiheit produziere »selten Wirklichkeit«. Selbst die Wahl zum Vizepräsidenten der Akademie der Künste (1972) hielt ihn nicht. Er verzichtete auf die Wiederwahl.

In der Annahme, Vernunft sei »berlinisches Verhalten«, hatte er sich schon im August 1961 in die Nesseln der veröffentlichten Meinung der Halbstadt gesetzt. Im Aufsatz »Berliner Stadtbahn« beschrieb er das absurde Gegeneinander der »beiden Städte Berlin« mit dem Satz »Echtes Ausland ist selten so fremd«. Im gleichen Jahr folgte die Kontroverse mit Hermann Kesten (von Springer-Zeitungen lustvoll aufgegriffen). Kesten bezichtigte Johnson, in Mailand den Bau der Mauer gerechtfertigt zu haben, und der CDU/CSU-Fraktionschef im Bundestag von Brentano, übernahm das ungeprüft, um Johnson ein Villa-Massimo-Stipendium streitig zu machen. Erst ein Tonband seines Verlegers Feltrinelli widerlegte die Anfeindungen.

Ähnlich paradox waren die Kontroversen, die Johnson 1964 auslöste. »Um sich ein wenig zu revanchieren für die Gastfreundschaft«, rechnete er Westberlin in der »Zeit« vor, wie teuer der vom DGB am 17. August 1961 ausgerufene S-Bahn-Boykott war: »Die Verwaltung... bestellt sich eine politische Demonstration und läßt sie von den Schwächsten bezahlen« und werde dafür vom Westen gelobt. Das wurde als Provokation empfunden. Mit solcher Kritik mischte sich Johnson in Ost-West-Probleme, als die Zeit dafür nicht reif war, lange bevor Egon Bahr und Willy Brandt jenes Umdenken begannen, das 1972 zum deutsch-deutschen Grundvertrag führte. Er war ein streitbarer politischer Publizist. Verständnis fand er bei einem Außenseiter: Wolfgang Neuss. Dem gab er Tips für sein Kabarett im Haus am Lützowplatz. Die ambivalente Haltung zu Westberlin erklärt vielleicht, warum Johnson 1977 vor der Deutschen Akademie für Sprache und Dichtung zwar alle Flüsse aufzählte, an denen er weniger lange gelebt hatte, aber die Spree unterschlug.

Publizistisch erfolgreich war Johnson in Berlin als Rezensent des DDR-Fernsehens im »Tagesspiegel«, Juni bis Dezember 1964. »Um etwas an dem kaputten Selbstverständnis der Stadt zu reparieren«, hatte er die Redaktion überredet, das von anderen Verlagen boykottierte »Ostprogramm« abzudrucken und als Gegenleistung Besprechungen vereinbart. Das funktionierte: Ab September druckte die »Hörzu« das Adlershofer Programm. Am Ende seiner Kritikertätigkeit gab Johnson dem Verlag das dafür gemietete Fernsehgerät zurück.

Solche Tagesarbeit führte wohl dazu, daß eine geplante »Geschichte der beiden Städte Berlin seit dem August 1961« ungeschrieben blieb. Darin sollten jene Westberliner Studenten eine Rolle spielen, die sich »Reisebüro« nannten und Ende 1961/Anfang 1962 Johnsons spätere Frau Elisabeth, geborene Schmidt, mit einer nichtdeutschen Identität über das dänische Gedser aus der DDR herausgeholt hatten. Die Hochzeit war wenig später im Römer, in Frankfurt am Main, mit Siegfried Unseld als Trauzeuge.

Einer der damals Beteiligten erinnert sich an einen »namhaften Betrag«, mit dem Johnson dem »Reisebüro« mehr als die Selbstkosten bezahlte. Außerdem dankte er mit signierten Exemplaren der »Mutmaßungen«. Johnson beeindruckte bei der Fluchthilfe der Versuch, »zumindest sinnbildlich etwas abzubüßen von den Untaten, die ein hochgestellter Beamter als Nazi, und der eigene Vater, über die Deutschen gebracht hatte«, und der Mut, »wenigstens bei diesem Anlaß einmal republikanische Maximen in Taten umzusetzen«.

Die Erzählung »Zwei Ansichten« (1965) wie die Geschichte »Eine Kneipe geht verloren« vom gleichen Jahr enthalten Elemente seiner Recherche im Fluchthelfer-Milieu. Dort ist die Tätigkeit der »Kuriere« beschrieben, die »Ausleihe« westdeutscher und ausländischer Ausweise wie die Beschaffung identitätsstiftender Tascheninhalte. Für diese Berlin-Geschichte plante Johnson, beginnend mit dem 13. August 1961, ein Kalendarium. Er wollte Lücken in der Erinnerung seiner Figuren, die – mit veränderten Namen – für Authentizität sorgen sollten, mit Berichten aus der Tagespresse schließen: Erzählformen, die er später in »Jahrestage« verwendete.

Es gibt noch andere Übereinstimmungen zwischen »Zwei Ansichten« und »Jahrestage«. So wie Johnson Gesine in New York seine eigene Adresse (243 Riverside Drive) »schenkt«, ist in der Erzählung sein Atelier-Arbeitszimmer in der Friedenauer Niedstraße erkennbar. Das war das Zimmer, »dessen halbes Dach aus Glas war«, in dem die gerade über Dänemark in Westberlin eingetroffene Ostberliner Krankenschwester D. bewirtet wird. Im zweiten Band der Jahrestage (Seite 988) benutzt er sogar, leicht verfremdet, unter dem 14. April 1968 die Telefonnummer seiner untervermieteten Wohnung für das schon erwähnte Telefonat zwischen Gesine in New York und Anita: »Acht-fünf-fünf-drei, fünf-...«, angemeldet über das Fernamt. Im Westberliner Telefonbuch war Johnson von 1960/61 bis 1969/70 – ohne Angabe des Stadtbezirks und der Straße – unter der Nummer 85 53 88 eingetragen (und danach bis 1974/75 unter 851 53 88). Hier findet sich auch ein winziger Hinweis auf seinen Wohnbezirk, wahrscheinlich sogar der einzige in seinem ganzen Werk. Die Leitung zwischen New York, Ortszeit »Sechs am Nachmittag«, und Berlin ist so klar, daß Anita meint, Gesine rufe aus dem »Friedenauer Hospiz« an und wolle sie »üzen« (veralbern) »über zwei Blocks«.

Seiner Tochter Katharina, damals knapp sechs, schrieb Johnson 1968 das Gedicht »Berlin für ein zuziehendes Kind«. Es bündelt seine Erfahrungen in New York, trotz aller Distanz eine Liebeserklärung an die Stadt.

Wenn 2034, zu Johnsons 100. Geburtstag, Schüler fragen: »Wie war das mit der deutschen Teilung?«, könnten Johnsons Bücher eher Antwort geben als Politiker-Memoiren. Für die »Wiederherstellung einer Wirklichkeit, die vergangen ist«, ist Verlaß auf seine exakten Recherchen, seine präzisen Beobachtungen und sein »homerisches Gedächtnis«, das Max Frisch beeindruckte.

Johnson hat die Geschichte der Spaltung Deutschlands und Berlins ausgeleuchtet. In beiden Teilen Berlins lag er damit während des Kalten Krieges quer zur öffentlichen Meinung und zur SED-Ideologie. Seine Bücher wurden in der DDR unterschlagen. Erst im November 1989 brachte der Aufbau-Verlag unter dem Titel »Ein Reiseweg wohin« einen Sammelband heraus. Da war der bedeutendste Autor, den die DDR hervorgebracht hatte, fünf Jahre tot. – Sollte das vereinigte Berlin am Haus Stierstraße 3 nicht eine Erinnerungstafel anbringen? So reich ist die Stadt nicht, daß sie Johnson dem Vergessen überlassen könnte.

Anna Seghers

Reise in das Elfte Reich und Ankunft in der DDR

Sibylle Wirsing

Anna Seghers starb am 1. Juni 1983 in einem Ostberliner Krankenhaus. Danach lief alles wie in ihren Geschichten ab, die sie am liebsten vom Schluß her aufgerollt hat. Die Trauerfeier im Konrad-Wolf-Saal der Akademie der Künste und das anschließende Staatsbegräbnis auf dem Dorotheenstädtischen Friedhof konnten gut ein solcher Kunstgriff sein, der von vornherein durchblicken läßt, daß der Fall erledigt ist, der Aufstand beendet, das Militär fort, die Fischer auf See, ihr Hungerlohn unverändert und das Dorf wie immer: »St.Barbara sah jetzt wirkich aus, wie es jeden Sommer aussah.« Vor dem Friedhofsgitter hatten sich die Schaulustigen versammelt, keine Massen, sondern grüppchenweise ältere Ostberliner, zumeist Frauen, Rentnerinnen oder Verehrerinnen oder einfach Anlieger, um den Einmarsch der Oberhäupter und die Ankunft der Verstorbenen abzuwarten. Denn sie war ja nicht unvolkstümlich gewesen, wenn auch weit weg von den Menschen hier in der Mittagshitze auf der Chausseestraße; von den Machthabern ganz zu schweigen.

Dafür, daß sie dem Apparat nicht geheuer war, bürgten ihr langes Leben und intimes Mitwissen, nicht nur ihre Mitgliedschaft seit 55 Jahren, erst in der KPD und dann der SED, sondern auch ihre Beziehungen rund um die Welt. Das Mißtrauen gegenüber der Genossin blieb wach, obwohl sie sich selber an ihre Parteidisziplin und -treue gefesselt hatte und das Schweigen beherrschte wie ein Geheimagent. Jetzt hatte man die alte Frau sicher im Sarg, abgekoppelt von der Kultfigur. Das Heiligtum geriet erst später ins Wanken, als Walter Jankas »Schwierigkeiten mit der Wahrheit« dazu den Anstoß gaben, und es ging dann mit der kapitulierenden DDR in Scherben.

Ihr Charisma: »Mit eisig ruhiger, frauenhaft weicher und doch fester, gar nicht sanfter Stimme sprach Anna Seghers Sätze von einer Kunstform, wie man sie in freier Rede niemals zu Gehör bekommen hatte. Mit geradem, ruhigem Blick sah sie die gewaltige Masse der Zuhörer an und baute ohne die geringste Pause, ohne die mindeste sprachliche Stockung Satz auf Satz.«

Der Zeuge ist Franz Leschnitzer, ein Genosse und Kollege von ihr. Er überliefert ihren Auftritt bei einer Kundgebung der »Gesellschaft der Freunde des Neuen Rußland«, 1931 in Berlin. Sie verteidigt Stalin, seine sogenannten Schädlingsprozesse, die er in Moskau gegen nonkonforme Cliquen der Sowjetindustrie in Gang gesetzt hat. Der Einsatz von seiten der KPD richtet sich gegen die Empörung in der deutschen Öffentlichkeit. Der Ruf der Sowjetunion steht auf dem Spiel. Auch die bürgerliche Linke hat gegen die Moskauer Strafprozesse protestiert. Dagegen führt die Referentin Seghers ins Feld, daß sie an Ort und Stelle mit den Menschen gesprochen hat: »Wir besuchten Frauenmeetings, in denen die Frauen zum Schädlingsprozeß Stellung nahmen. Für sie war es selbstverständlich, daß ihr Staat, der proletarische Staat, Schädlinge unschädlich macht.«

Leschnitzer schwärmt von dem Redefluß der Verteidigerin:

»Seine Windungen legten sich gleich der Fallbahn einer Wurfschlinge um die imaginären Gurgeln aller realen Schädlinge des sozialistischen Aufbaus der Sowjetunion. Die tiefere Bedeutung der Moskauer Strafprozesse wurde uns allen bewußt.« Ihre Apologie, die unter dem Titel »Der Prozeß« auch gedruckt erschien, wurde später übergangen – sie fehlt in den Sammelbänden der Reden und Aufsätze von Anna Seghers. Dagegen ist ihre Erzählung, die sich in derselben Zeit mit der Justiz in den USA auseinandersetzt, mit dem berüchtigten Prozeß gegen die Arbeiter Sacco und Vanzetti, ein fester Bestand des Frühwerkes: »Auf dem Wege zur amerikanischen Botschaft«.

Sie war 1925 mit ihrem Mann nach Berlin gekommen, dem ungarischen Wirtschaftswissenschaftler Lászlò Radványi, der hier im Auftrag der Partei die Marxistische Arbeiterschule aufbaute. Der Kleist-Preis für ihre Erzählung »Der Aufstand der Fischer von St.Barbara«, die 1928 bei Gustav Kiepenheuer erschien, galt der Hoffnung auf ein freies Talent. Hans Henny Jahnn, der Preisverleiher, verteidigte seine Entscheidung gegen die Angriffe von rechts, indem er die »Kraft des Menschlichen« über die »Tendenz« erhob. Die Autorin, die im selben Jahr der Partei und dem Bund der proletarisch-revolutionären Schriftsteller beitrat, hatte solche Abwägungen hinter sich gelassen. Für sie ging es um den Einwand aus ihren eigenen Reihen. Hier war nicht die »Linke-Leute-Literatur« gefragt, sondern das richtige Klassenbewußtsein. Johannes R. Bechers Warnung vor den »Sympathisierenden« gab den Ton an. Er meinte die Literaten, die als Salonkommunisten mit der Mode gingen: »Das Abenteuern und Kokettieren mit uns.«

Anna Seghers kokettierte nicht. Sie wollte ihre bürgerliche Herkunft und Schreibweise überwinden und glaubte an die Möglichkeit der Verwandlung. Das war ihr Abenteuer. Und von seinem Reiz konnte sie unmöglich lassen. Die Grenz- und Identitätswechsel, das Pseudonym, die Verstecke und Spiegelungen der einen in der anderen Person und der Gegenwart in der Vergangenheit gehörten zu ihr und wurden mit der Emigration politische Realität. Der Flucht verdankte sie den Stoff und die Substanz für ihre großen Erfolge, »Das siebte Kreuz« und »Transit«, die von der Verfolgungsjagd handeln, vom deutschen Terror und von dem Wahnsinnsabenteuer, ihm zu entkommen.

Über die Frage, wie man nun als klassenbewußter Erzähler schreiben soll, hatte sich Anna Seghers in den Berliner Jahren vor 1933 mit ihrem Mentor Georg Lukács auseinandergesetzt. Die Unterhaltung geht im Exil über die Entfernung weiter. Lukács in Moskau und sie in Paris führen den berühmten Briefwechsel, der als ein Grundtext für das Verständnis von sozialistischem Realismus gilt. Anna Seghers ist mit dem Stand der Argumente unzufrieden: »Meine Einwände allein können nicht die Ursache für eine gewisse Leere sein, die diese lange und dichte Diskussion nun doch in mir hinterläßt.« Die Frustration hat sich seither über den ganzen Diskurs ausgebreitet. Spannend ist nicht mehr, was hier vorgebracht wurde, sondern daß es vorgebracht werden konnte: die Unterscheidung zwischen Dekadenz und Reaktion einerseits und dem Verbund von Fortschrittlichkeit, Volkstümlichkeit und Humanismus andererseits, den Realismus auszeichnen soll.

Anna Seghers, die im Gegensatz zu Lukács kein dialektischer Geist ist, muß sich bei ihrer Selbstorientierung an Gut und Schlecht halten und dabei voraussetzen, beide seien von Natur aus unverwechselbar. So konnte sie ihrem Aufsatz über den Moskauer Prozeß die Notwendigkeit zugrundelegen, »daß Schädlinge unschädlich gemacht werden müssen.« Und den Roman »Das siebte Kreuz« konnte sie im Spannungsfeld der Menschenjagd so anberaumen, daß dem Held Georg Heisler am Ende mehr gelungen ist, als nur sein Leben zu retten. Die geglückte Flucht setzt ein moralischen Zeichen. Sie hat über den Vorsatz des Nationalsozialismus triumphiert, alles zu vertilgen, »was wert ist, vertilgt zu werden«. Die Häftlinge im Lager wärmen sich an der Vorstellung, daß Heisler entkommen ist. Sie fühlen, »daß es im Innersten etwas gab, was unangreifbar war und unverletzbar«.

Die Einteilung in gute und schlechte Menschen, Staaten und Welthälften ermöglichte es Anna Seghers, ihre zweite Lebenshälfte in den Dienst des stalinistisch-sozialistischen DDR-Aufbaus zu stellen, so weit ihre Kräfte reichten. Beim Abschied vom Heinrich-Heine-Club, dem Treffpunkt der deutschen Emigranten im mexikanischen Exil, sagte sie über ihr Motiv zum Aufbruch: »Deutschland darf künftig kein Wintermärchen mehr sein, sondern helle, harte Wirklichkeit.«

Bei ihrer Rückreise 1947 nach Berlin machte sie sich auf ein verwüstetes Land und zerrüttetes Volk gefaßt. In ihrem Erzählungenband »Der Ausflug der toten Mädchen«, der im Jahr zuvor erschienen war, hatte sie ahnungslos vorausgesehen, wie sich der frühere Massenmörder in einen Massenmenschen verwandelt: »Unterwegs auf einer Landstraße oder in einer Kneipe, oder im Staub einer Arbeitsstelle, einer unter vielen, unbehelligt, kahl, ohne Kainszeichen.« Aber was sie dann vorfand überstieg alles: »Die paar anständigen Menschen, die ich lebend traf, stechen von den übrigen ab, wie vielleicht die ersten Christen von den Zuschauern in einer römischen Arena.«

Kommt man in ihre Wohnung, die sie später in Adlershof bezog und der Nachwelt als Gedenkstätte hinterließ, sind Ordnung und Umsicht der beherrschende Eindruck: die für ein Schriftstellerleben geschaffene Bequemlichkeit, das zweckmäßige Dasein scheinbar noch immer wie damals, als es hier in der festen Absicht geführt wurde, den sozialistischen Staat und seiner werdenden Gesellschaft eine Stütze und Vorbild zu sein. Welche Schwierigkeiten sie dabei mit der gebotenen Wahrheit und herrschenden Wirklichkeit durchgemacht hat, ermißt keiner. Stephan Hermlin sagte dazu: »Ich wußte, daß Anna Seghers tief in ihrem Innern unter Bergen von Schweigen Worte und Schreie verbarg, die niemals laut wurden.« Einmal habe sie mitten aus einem solchen Schweigen heraus und scheinbar ohne Zusammenhang einfach ihrem Herzen Luft gemacht, nur die vier Worte: »Mein geliebtes jüdisches Volk«. Wie in Erinnerung an ihre ermordete Mutter, sagt Hermlin, und im Bewußtsein der Heimatlosigkeit trotz aller Heimkehr. Anklagen dürfe sie nur einer, Walter Janka, der vergeblich auf eine Aussage von ihr wartete, als er 1957 vor Gericht stand und der Schauprozeß gegen die angeblichen Staatsverräter über die Bühne ging.

Aber das politische Stillschweigen der Anna Seghers betrifft nicht nur den einen Fall. Es breitet sich durch ihre Belletristik der DDR-Jahrzehnte aus und geht alle an, denen sie als Schriftstellerin zum Guten verhelfen wollte.

Die Orden auf den roten Kissen in der Parade hinter ihrem Sarg sprachen für und gegen sie. Offenbar war es ihr bis zuletzt nicht gelungen, in das legendäre Land hineinzukommen, wo alles umgekehrt ist. Sie selber hat über das Refugium berichtet: »Reise in das Elfte Reich«. Die Abzeichen, die einem hier reichlich angesteckt werden, verweisen nicht auf hohe Verdienste, sondern auf alle diejenigen Verpflichtungen, die man erst noch erfüllen muß. Von jemandem, der sich damit Zeit läßt, sagt das Sprichwort: »Der Mann hat noch viele Orden abzulegen.« Das Ziel ist die leergeräumte Brust.

Johannes Bobrowski

Ich werde hier nicht anwurzeln

Karlheinz Dederke

Anfang der sechziger Jahre war in der Stadtbahn auf der Strecke von Friedrichshagen bis Friedrichstraße ein dicker Mann im Cordanzug zu beobachten, der in ein kleines Ringbuch schrieb. Wenn er sein teigiges Gesicht hob, blickten seine sanften braunen Augen ins Weite. Während der Zug durch die lädierte Stadtlandschaft ruckelte, verfertigte er Verse über östliches Gelände: die Ebene bei Shmany, das Dorf Tolmingkehnen... Und im Union Verlag, Charlottenstaße 79, dicht am Checkpoint Charlie, machte er weiter, bis jemand kam und das Heft in der Schublade verschwinden mußte.

Es war der Lektor des CDU-eigenen Verlages, Parteimitglied, Mitte der Vierzig, Familienvater, Tilsiter von Geburt, seit einem Vierteljahrhundert Berliner. Dieser Johannes Bobrowski hatte, wie er wußte, sein Vaterland an den Schuhsohlen mitgenommen. Er lebte und arbeitete in der »Hauptstadt der DDR«, aber er verweilte im Herzen am Strom, der Memel, auf den Wiesen und Höhenzügen um den Fluß Jura, auch im Hohen Chor zu Königsberg. Der Sproß des Ostlands fand sich damit ab, in Berlin zu bleiben. »Nie werde ich hier anwurzeln.« Immerhin hielt er Hühner und konnte abends mit seinen Kindern das Käuzchen die Straße entlangfliegen sehen, die Friedrichshagener Ahornallee, wo er in Nummer 26 wohnte. Er hatte vier Zimmer im Erdgeschoß des einstöckigen Hauses gemietet, eines gelben Backsteinbaus der Jahrhundertwende.

In seinen Gedichten, seinen Erzählungen und Romanen vergegenwärtigte er wieder und wieder die verlorene Heimat, nicht zur wehmütigen Erinnerung; denn anders als viele Ostdeutsche beklagte er nicht den Verlust, sondern billigte ihn. Zum »Schattenland«, das er beschwor, gehörten für ihn seine Kinderparadiese, aber auch die zerstörten oder untergegangenen Lebensräume aller Ostvölker, schon der vom Deutschen Ritterorden gemordeten Pruzzen, der im Rassenwahn verfolgten Litauer, Esten, Polen, Russen, der massenhaft vernichteten Juden und Zigeuner. »Und das soll ein (unsichtbarer, vielleicht ganz nutzloser) Beitrag sein zur Tilgung einer unübersehbaren Schuld meines Volkes.« Den Anstoß zur Wahl des Dichtungsthemas hatte der Soldat Bobrowski durch seine Erlebnisse an der Ostfront erhalten, wo 1941 erste Oden auf die nordrussische Landschaft, auf das zertrümmerte Alt-Nowgorod entstanden. Als gläubiger Protestant lehnte er den Nationalsozialismus ab, bequemte sich aber ohne Widerstand dem Regime an. Die Gefangenschaft hatte der Stabsgefreite im Kohlenbergbau des Donezgebiets zu ertragen. Vor der Entlassung 1949 lag der neunmonatige Aufenthalt in einer Antifa-Zentralschule an der Wolga. Der Heimkehrer bezeichnete sich als Kommunist und blieb auch dabei bis ans Ende seiner Tage. Für ihn vertrug sich das durchaus mit seiner Gewißheit: »Ich lebe aus der Gnade.« Erst 1952 entstand zugleich mit der Überwindung traditioneller Ausdrucksformen der Entwurf eines umfassenden Gedichtzyklus über die osteuropäische Welt, eines »Sarmatischen Divans«. So lange hatte für seine Gedichte das Ideal der Innerlichkeit gegolten, dem er in der Nachfolge Klopstocks und Hölderlins zustrebte. Ungewöhnlich für unsere Zeit – wie seine Vorliebe für Buxtehude in der Musik, in der Prosa für Johann Georg Hamann und Jean Paul, einen Hang zum apart Altertümlichen verratend. Trotzdem ist aus dem Heimatdichter und wispernden Naturlyriker ein moderner Dichter geworden, der seine Odenstrophen in freie Rhythmen verwandelte. Das moderne Gedicht habe nichts Anheimelndes, erklärte er nun. »Es ist beunruhigend, manchmal beängstigend, bedrohlich.« Wie aber konnte man sich mit solchen Ansichten in einem Lande behaupten, wo auch die Dichtkunst zum Aufbau des Sozialismus beitragen sollte, wo Elogen auf das Positive, Ermutigende, zu Verherrlichende der neuen Zeit gefragt waren und nicht Elegien über das Verschwundene? Warum wurde nicht jemand als Formalist erledigt, der öffentlich erklärte, für ihn sei die moderne Lyrik keine Fehlentwicklung? Offenbar wurde Bobrowski geschont, nachdem er in der Bundesrepublik und im Ausland als literarische Größe anerkannt war.

1961/62 erschienen die ersten Gedichtbände »Sarmatische Zeit« und »Schattenland Ströme«. Davor war der damalige Cheflektor eines Kinderbuchverlages als Autor weithin unbekannt geblieben. Erst Peter Huchel, dem Bobrowski im Juni 1955 fünfzehn Gedichte übersandte, wußte sofort: »Ecce poeta!« Von da an sorgte Huchel als Chefredakteur von »Sinn und Form« dafür, daß immer wieder Gedichte in der Zeitschrift abgedruckt wurden. Das Echo der literarischen Welt des Westens auf die neuartig kühnen Versgebilde war stark und dauerhaft; im Osten nahm man den Eigenbrötler zögernd zur Kenntnis. Sarmatien, die spätantike Bezeichnung für ganz Osteuropa, wurde zum Begriff für die Seelenlandschaft des Ostens. Es gelang mit hochgestimmter Sprache, »die Dinge leuchtend zu machen«. Bobrowski aber sah bald ein, daß eine »lyrische Aufarbeitung« der Vergangenheit unmöglich ist. Er hat dann den Gedanken aufgenommen, daß seine Absicht sich in epischer Form eher erreichen ließe, mit »Details«, »deutlicher Ausarbeitung der Szenerie«, »Charakterisierung der Personen«. Er experimentierte mit Erzählungen und Kurzgeschichten, offene Formen bevorzugend, die Gefahren des Satirischen meidend, und machte sich ab 1962 daran, in einem Roman »Levins Mühle. 34 Sätze über meinen Großvater« zu schreiben, wie geredet wird. »Außerdem geht das auch auf die Syntax. Ich bemühe mich da um verkürzte Satzformen, um im Deutschen nicht sehr gebräuchliche Konstruktionen, die alle etwas Handliches haben.« In der Familiengeschichte westpreußischer Bobrowskis fand er den Stoff, bei dem er Macht vor Recht gehen läßt, indem der Großvater, ein deutscher Mühlenbesitzer, der um 1875 die Mühle eines jüdischen Konkurrenten zerstört hatte, vor einem deutschen Gericht angeklagt wird und seinen Prozeß so lange hinziehen kann, bis der Jude ruiniert ist. Das Buch erschien gleichzeitig in der Bundesrepublik und der DDR und fand weiten Anklang, wurde in zwölf Sprachen übersetzt. Diesmal hieß es sogar in der DDR, der Autor schließe eine ganze Welt auf. Er erhielt 1965 aus der Hand des Altkommunisten Alfred Kurella, seines Zeichens Sektionssekretär der Akademie der Künste, den Heinrich-Mann Preis.

Kurz darauf, im Juni, begann der Preisträger mit der Niederschrift eines neuen Romans »Litauische Claviere«, der in und um Tilsit spielt. Zwei Deutsche und zwei Litauer wollen eine Oper über Donelaitis, einen litauischen Dichter des 18. Jahrhunderts, ins Werk setzen. Währenddessen fallen bei nationalen Feiern ihre Landsleute übereinander her – es ist 1936. Kritiker haben das balladeske Dämmerlicht bemängelt, in dem Vergangenheit, Gegenwart und Zukunft verschwömmen. Andere hoben die Meisterschaft hervor, mit der Vergangenes und Gegenwärtiges, Wirklichkeit und Überwirklichkeit miteinander verfugt seien. Der Dichter hat dies nicht mehr vernommen: Am 28. Juli schrieb er das letzte Kapitel zu Ende, zwei Tage später wurde er ins Krankenhaus eingeliefert; am 2. September 1965 war er tot.

Woran ist Johannes Bobrowski, erst 48jährig, so plötzlich gestorben? Der Allgemeinzustand war schon in den letzten Jahren schlecht gewesen: Der berühmte Autor war deutlich überbeansprucht. Er ließ nicht ab, zu planen und zu produzieren; dazu geriet er zunehmend in die Mühle des intrikaten »gesamtdeutschen« Kulturbetriebs: Die Termine für Lesungen, Vorträge, Parties, Tagungen, die Bittgänge um Passierscheine und Visa häuften sich. Seiner Friedrichshagener Versunkenheit und Weltferne jäh entrissen, strengte er sich an, in beiden Teilen Deutschlands präsent zu sein, bei Tagungen der Gruppe 47 wie auf Bitterfelder Konferenzen zur Kampagne »Greif zur Feder, Kumpel!« Der Preisträger der Gruppe 47 von 1962 wurde gut Freund mit Günter Grass, Ingeborg Bachmann, Uwe Johnson ebenso wie mit Stephan Hermlin, Christa Reinig, Erich Arendt. Es ärgerte ihn, jeweils von einer Seite in Anspruch genommen, gleichsam »vereinnahmt« zu werden. »Ich selber werde mich nicht auf ostdeutsch firmieren lassen, sowenig wie auf ›heimlich westdeutsch‹. Entweder ich mach deutsche Gedichte oder ich lern Polnisch.«

Noch mehr griff es ihn an, wenn er für die Politik in Anspruch genommen wurde, etwa als Aushängeschild des SED-Regimes für dessen Toleranz. Apolitisch wie Bobrowski war, hielt er die DDR für das bessere deutsche Land, litt gleichwohl nach dem Mauerbau 1961 sehr unter der Trennung von seinen Freunden um die Kreuzberger Galerie »Die Zinke«, dem Malerpoeten Bruno Günter Fuchs, den er besonders ins Herz geschlossen hatte, von Robert

Wolfgang Schnell, Christoph Meckel. Der Alkohol wurde zuletzt die »Patentlösung«. Zur Aufnahme in den Schriftstellerverband, die er bis 1963 vermieden hatte, ging er betrunken, »um besser den Clown zu spielen«. Ganz aus dem Geleise warfen den unbeholfenen Lavierer Gelegenheiten, bei denen es ihm nicht mehr gelang, die Loyalität gegenüber dem Staat mit dem Einstehen zu befreundeten Menschen in Einklang zu bringen. So geschah es bei Peter Huchel, als dieser 1962 die Leitung von »Sinn und Form« wegen der SED-Hetze gegen ihn, der das kulturelle Leben in der DDR nicht berücksichtige, abgab. Bobrowski hielt sich von ihm fern. Er erfuhr, daß Huchel darüber tief verletzt war. Es wird das eines der sich nun wiederholenden Male gewesen sein, als das Sofa in seinem Zimmer ihn nicht in die entrückten Gefilde an seinem Strom forttrug, sondern ihn in Verzweiflung über seine Schwäche, äußerem Druck nachzugeben, zurückließ. »Mein Unvermögen, in derartigen Situationen überhaupt zu reagieren« hat er, sich entschuldigend, an Peter Huchel geschrieben. Gewöhnlich reichte es, zur zirpenden Begleitung des Clavichords Barockchoräle zu singen, um den Unmut zu vergessen, in seinem Zimmer, das ihn mit den alten Möbeln, dem winzigen Schreibsekretär, dem freundlichen Kachelofen besänftigend umgab. Nur hier unter seinen Büchern, den von seinen Künstlerfreunden gemalten Bildern, die vier Kinder und die Frau in unmittelbarer Nähe, seine »Leute«, zu denen auch die engsten Freunde gehörten, konnte er nach innen leben, was ihm selten gelang.

Sein Arzt hatte ihn lange auf Leberschaden behandelt, während der Blinddarm vereiterte, so daß es schließlich zur Perforation kam. Woran also ist Johannes Bobrowski gestorben?

Witold Gombrowicz

Der Tiergarten riecht nach Tod

Stefan Eggert

Der polnische Dramatiker und Romancier Witold Gombrowicz kam 1963 auf Einladung der Fordstiftung für ein Jahr nach Berlin. Fast ein Vierteljahrhundert hatte er in Argentinien verbracht, wohin er eigentlich nur eine kurze Reise machen wollte, doch der Einmarsch der Deutschen Wehrmacht und der Roten Armee in Polen verhinderte eine Rückkehr für lange Zeit. Vor seinem Aufenthalt in Berlin erkundete Gombrowicz für einen Monat Paris, diese für die südamerikanische Literatur so wichtige Metropole. Berlin suchte er mit unguten Erwartungen auf. Kurz nach dem Bau der Mauer beschränkte er sich beim Besuch auf Westberlin, eine Stadt, sehr nah an der polnischen Heimat, eine Stadt im Aufschwung und Aufbau begriffen, nach Trümmern, Krieg und Faschismus. Das alles konnte einen polnischen Autor nicht unberührt lassen und es ist aufschlußreich, wie der unkonventionelle Blick eines aufmerksamen und unbestechlichen Individualisten die Berliner Wirklichkeit durchdringt. Witold Gombrowicz hat seine Eindrücke von Berlin ausführlich in seinem Tagebuch beschrieben, das neben seinen Romanen und Theaterstücken sein Hauptwerk darstellt.

»Nach dem Pariser Wirrwarr – wohltuende Ruhe, wohltuende Stille. Sommerfrische.« Witold Gombrowicz wird in der Akademie der Künste im Tiergarten einquartiert, dann am Hohenzollerndamm und endlich in einem Hochhaus im Hansaviertel. Er befreundet sich zuerst mit der ebenfalls eingeladenen Ingeborg Bachmann: »Wir spazierten, beide etwas verwundert oder betört von dieser Insel (in einem kommunistischen Ozean), oder vielleicht von etwas anderem, wir sahen nicht viel, beinahe nichts, ich entsinne mich, daß mich die Menschenleere in Berlin erstaunte.« Gombrowicz hat sich hier oft an Orten aufgehalten, die Anfang der sechziger Jahre wahrhaftig noch menschenleer wirkten, besonders im Vergleich zu Pariser Verhältnissen. Doch gerade in dieser entspannten Atmosphäre holt den mittlerweile erfolgreichen Autor die Vergangenheit ein. Gombrowicz geht oft durch den Tiergarten, die Gerüche erinnern ihn an Polen. »Dies war schon polnisch, wie in Maloszyce, in Bodzechow, Kindheit, ja, ja, dasselbe, ist es doch nicht mehr weit, dieselbe Natur... die ich vor einem Vierteljahrhundert verlassen hatte. Tod. Der Kreis hatte sich geschlossen, ich war zu denselben Gerüchen wiedergekehrt, also Tod. Tod.«

Die Begegnung mit dem Tod ist nicht nur metaphorisch zu verstehen. Der 1904 in Maloszyce geborene Witold Gombrowicz erleidet in Berlin eine ernsthafte Krankheit. Eine hartnäckige Grippe zwingt ihn zu einem zweimonatigen Krankenhausaufenthalt, wobei seine Gesundheit mit Antibiotika zusätzlich belastet wird. Gombrowicz ringt mit sich, ob er nach Polen fahren soll, man rät ihm, es zu tun, da er dort noch viele Freunde habe. Aber er wird, obwohl ihn sein Leben lang die polnische Kultur nicht loslassen wird und er sich unentwegt mit der polnischen »Seele« beschäftigt, nie wieder polnischen Boden betreten.

In Berlin inspiziert er auch das facettenreiche Kulturleben, das ihn gleichzeitig fasziniert und verunsichert. »Es hageln auf mich Einladungen: Ausstellungen, Konzerte, Opern... ob Berlin für sich beschlossen hat, Paris zu sein?« Er befreundet sich mit Uwe Johnson und Peter Weiss, mit Max Hölzer – einem heute leider fast vergessenen Dichter – und mit Günter Grass, dessen damals gerade erschienene »Blechtrommel« hohe Auflagen erreicht, was Gombrowicz respektvoll anerkennt. Gombrowicz beklagt indes die eigene unzureichende Kenntnis der deutschen Sprache, doch verweist er gleichzeitig auf die mangelnde Beherrschung des Französischen und Spanischen bei seinen deutschen Kollegen. Vergeblich versucht er, der als Literat vom argentinischen und polnischen Café als Mittelpunkt des kulturellen Austausches schwärmt, ein Künstler-Café bei »Zuntz« am Kudamm zu installieren. Dort »amtiert« Gombrowicz an Dienstagen und Donnerstagen, und fast scheint sich so etwas wie das »Romanische Café« aus den zwanziger Jahren wiederzubeleben.

»Mir schien«, bemerkt Gombrowicz zu seinem nicht einfachen Verhältnis zu den deutschen Kollegen, »daß sie sich im allgemeinen nicht mitteilen wollen, der Gedankenaustausch, wie irgendwelcher andere, war ihnen nicht sehr vonnöten, jeder wußte das Seine, und das, was er wußte, äußerte er durch das, was er produzierte: Bücher, Artikel, Bilder, oder ein anderes Schaffen. Ein allgemeiner Skeptizismus gegenüber jedem unmittelbaren Kontakt, nicht im Rahmen einer umrissenen Meinung. Ihre Blicke begegneten sich, aber stets auf etwas, niemals in der Art, daß Augen sich in Augen versenkten.« Gombrowicz formuliert dies keineswegs als Vorwurf, sondern er konstatiert unterschiedliche Mentalitäten. Uwe Johnson nennt er im positiven Sinne den »nordischen Nordländer«, aber bedingt durch eine beiderseitige Verschämtheit beschränkt sich ihr Gespräch »auf unter uns übliche Themen, also auf Tabakpfeifen, Knöpfe und Aufschläge von Jacken«. An Grass schätzt er das humorvolle und unkonventionelle Auftreten, doch vergeblich versucht er ihn zu einer philosophischen Diskussion zu bewegen. »Wir waren hermetisch, sie für mich, ich für sie. Ein wenig wie Pferde auf einer Weide.«

Andererseits verwirrt Gombrowicz die Ernsthaftigkeit, mit der in Berlin kulturelle Veranstaltungen betrieben werden. Walter Höllerer etwa, dem Professor für Germanistik und Herausgeber der »Akzente«, fühlt er sich freundschaftlich verbunden. Gombrowicz unterstellt ihm etwas ironisch »die fröhliche Seele eines Burschenschaftlers« und hebt sein »lautes und studentisches Lachen« hervor. Bei einer Lesung vermißt er das befreiende Lachen des Professors; »die deutsche Tüchtigkeit sprühte aus seinen Augen, seinen Bewegungen, seinen Worten,« und auch das Publikum wirkt auf den Clown Gombrowicz (wie er sich selbst nennt) sehr ernst und verkrampft. Höllerer und die anderen Vortragenden und Zuhörer scheinen ihm ganz in einer kulturellen Funktion und Rolle aufzugehen, während Gombrowicz aus Buenos Aires einen eher spielerischen Umgang mit der Kultur kennt. Verschiedene Mentalitaten treffen auch da aufeinander, bewirken zwar eine beiderseitige Verwirrung, aber keine Feindschaft.

Diese Toleranz und Bereitschaft zur Aufmerksamkeit hat Gombrowicz nicht erwartet. Paradoxerweise drängt sich Gombrowicz immer dann das Bild des häßlichen Deutschen ins Bewußtsein, wenn sie ihm besonders sympathisch sind: die zum Hitlergruß gereckten Hände, die Haken an der Decke der Hinrichtungsstätte in Plötzensee gehen ihm nicht aus dem Sinn. »Deutsche Hände in Berlin«, von Gombrowicz mißtrauisch beobachtet, was ist durch sie alles geschehen, aber wie harmlos sehen sie nunmehr aus? Auf einer Silvesterparty (bei Christo, der damals in Berlin lebte) bewundert Gombrowicz die junge Generation, die sich ohne Glauben an irgendeine Ideologie einer gewissenhaften Arbeit widmet, als »Weltbürger und Europäer«. Er notiert angesichts dieser zivilen Jugendlichkeit deren »Artigkeit und unermeßliche Korrektheit. Tiefe Moralität in den Augen. Gutmütigkeit, Ruhe, Wohlwollen durchdringen die Stadt.« Mit erstauntem Skeptizismus beschreibt der Vivisekteur Gombrowicz nicht ohne Ironie das zum

Wohlstand sich entwickelnde Berlin als eine Idylle, obwohl er die von einer Mauer eingeschlossene Insel durchaus als »neuralgischen Punkt« in der politischen Weltszenerie erkennt.
Doch Gombrowicz kann nicht umhin, seinem wohlwollenden Porträt eine Dissonanz beizumischen, denn die Freundlichkeit der Berliner erklärt er sich auch mit seiner Herkunft. »Klar. Als Pole drücke ich ihnen auf dem Gewissen. Sie fühlen sich schuldig.« Für Gombrowicz ist eine Kollektivschuld der Deutschen zwingend geboten. Und Berlin repräsentiert für ihn Deutschland, in dem er allein die junge Generation unbelastet sieht, obwohl er die Älteren nie persönlich angreift. Das »Phänomen Hitler« versucht Gombrowicz auch als ein psychologisches Faszinosum zu begreifen. Allerdings ist er nicht bereit, die Verbrechen der Deutschen in Polen zu verzeihen, er will sich von ihrer Gastfreundschaft nicht verführen lassen. Gombrowicz denkt zuweilen in nationalen Kategorien: »Der Pole ist durch Niederlagen geformt, der Deutsche – durch Siege.«

Der Aufenthalt eines emigrierten polnischen Autors in der »Frontstadt« Westberlin, dessen Werke größtenteils in Polen verboten worden sind, wurde damals natürlich zu einem Politikum umgebogen. In einer polnischen Zeitschrift wird ein privates Gespräch zwischen ihm und einer polnischen Leserin unautorisiert und sinnentstellend wiedergegeben, um den polnischen Emigranten adliger Herkunft moralisch zu diskreditieren. Gombrowiczs Richtigstellung wird verspätet und mit zurechtgestutzten Zitaten aus einem Tagebuch abgedruckt, nachdem er in polnischen Zeitungen für seine »Kollaboration mit dem deutschen Imperialismus« attackiert worden ist. Kurioserweise war ausgerechnet das Tagebuch in Polen verboten, ging dort aber von Hand zu Hand.

Daß Gombrowicz Polen nicht aufsuchte, ist somit verständlich. »Sie schlachten mich dort, wo ich nicht bin,« resümiert er resigniert. Am Ende seines Besuches erkennt er seine innere Verwandtschaft mit Berlin, obwohl seine Erwartung eine ganz andere gewesen ist: »Ich gestehe, daß in meiner polnischen Seele Berlin einen Sturm hat entfachen müssen – einen Sturm der Rachsucht, des Entsetzens, der Sympathie, der Bewunderung, der Verdammung, der Angst... aber nein. Berlin wurde für mich zu einem Rätsel der Verwirklichung... und der Nichtverwirklichung.«